# 中國學術思想 研究輯刊

## 三一編
林慶彰 主編

## 第 5 冊

### 當代儒學關於《論語》詮釋之典範轉移
#### ——規則倫理學、德性倫理學還是角色倫理學

廖怡嘉 著

花木蘭文化事業有限公司

國家圖書館出版品預行編目資料

當代儒學關於《論語》詮釋之典範轉移──規則倫理學、德性
倫理學還是角色倫理學／廖怡嘉 著 ── 初版 ── 新北市：花木
蘭文化事業有限公司，2020〔民 109〕
目 2+190 面；19×26 公分
（中國學術思想研究輯刊 三一編：第 5 冊）
ISBN 978-986-485-995-5（精裝）
1. 論語 2. 研究考訂
030.8 109000229

ISBN-978-986-485-995-5

中國學術思想研究輯刊
三一編 第 五 冊 ISBN：978-986-485-995-5

當代儒學關於《論語》詮釋之典範轉移
──規則倫理學、德性倫理學還是角色倫理學

作 者 廖怡嘉
主 編 林慶彰
總 編 輯 杜潔祥
副總編輯 楊嘉樂
編 輯 許郁翎、張雅淋 美術編輯 陳逸婷
出 版 花木蘭文化事業有限公司
發 行 人 高小娟
聯絡地址 235 新北市中和區中安街七二號十三樓
電話：02-2923-1455／傳真：02-2923-1452
網 址 http://www.huamulan.tw 信箱 hml810518@gmail.com
印 刷 普羅文化出版廣告事業
封面設計 劉開工作室
初 版 2020 年 3 月
全書字數 169790 字
定 價 三一編 25 冊（精裝）新台幣 50,000 元

# 當代儒學關於《論語》詮釋之典範轉移
## ——規則倫理學、德性倫理學還是角色倫理學

廖怡嘉　著

## 作者簡介

廖怡嘉，淡江大學中國文學學系研究所文學博士、碩士，中央大學中國文學系學士。現任淡江大學、馬偕護專、健行科技大學兼任講師。研究領域為先秦儒道思想、漢學研究、中西比較哲學、詮釋學。著有〈郭象對莊子逍遙義之不同的理解——從「調適而上遂」到「獨化於玄冥」〉、〈我們該如何理解與學習論語中的聖人〉、〈周敦頤《通書》義理之重新詮釋〉、〈為什麼「仁者樂山，知者樂水」〉、〈論儒者之風範〉等論文。

## 提　要

　　本文主要以反省主體性哲學為主的儒學之規則倫理學，是否切合、適用於當今的《論語》詮釋，並討論近幾年來，學界對亞里斯多德德性倫理學的關注。進一步，從德性倫理學與安樂哲提出的儒家角色倫理學兩者解讀《論語》與規則倫理學三者之間展開對比。

　　規則倫理學詮釋的儒學強調反求諸己，逆覺體證，回歸主體性的自由無限心，此即為每個人內在的道德良知本心。然而，德性倫理學反對理論化詮釋儒學，認為要回歸古典哲學中亞里斯多德的德性倫理學，運用實踐智慧的義，方能夠更貼近情境化的靈活處變。而且贊同用德性倫理學詮釋儒學，一方面詮釋《論語》中的「仁」為理性與情感兼備，另一方面認為還需要加入後天的習慣養成，才能培養一個人完整而全面的美德、德性。

　　安樂哲提出角色倫理學更是以反基礎主義、本質主義的立場，來批判規則倫理學與德性倫理學在詮釋儒家時，對儒家思想的窄化以及不相應之處，並強調人與人之間的分位關係。

　　藉由比較三個系統並進行主題式分析，嘗試為《論語》在後現代語境的詮釋下，尋找一更開放、更兼容並蓄的論述脈絡，更貼近中國哲學的實踐特色，使經典意義得以釋放，成為我們現當代文明困境的資糧與滋養。

# 引子：初衷

　　也許對於嚴格的學術論文而言，下面這段文字似乎無關緊要，但對於我來說，這樣的自我表白卻是意義深遠的。

　　衷心期盼這本論文不僅僅只是一篇架構井然、說理嚴謹、條理分明的文章，而是如巴舍拉《空間詩學》那般充滿著文字的想像魔力，引領著讀者迴盪在各種關於《論語》的閱讀思考中，獲得一點點感動與啓發。

　　如果《論語》在我們這個時代，只能被當作一本充滿道德教訓或教條的教科書，那實在是件無比可惜的憾事。我常在想，《論語》是不是也能是一篇溫暖的詩篇、是一首深情動聽的老歌、是一把樸實無華的寶劍、是一帖有病治病、無病強身的溫和藥方？它滲透在我們生活中如此細微，我們能否讀出其中的別樣風味？

　　至今，我們是否能感受到《論語》中那散發著古老而令人懷念的味道，在熟悉的迴廊走道中，穿梭著抑揚頓挫的琅琅童音，背後伴隨著蕭穆莊嚴的鐘鼓絲竹聲，一切一切，彷彿流淌在世世代代的中國人的血液與魂魄裡，迴盪不已。

引子：初衷

第一章　導　論 ……………………………………… 1

　　第一節　問題之提出 ……………………………… 1

　　第二節　歷史背景之梳理與廓清 ………………… 2

　　第三節　研究方法與步驟 ………………………… 9

第二章　規則倫理學與德性倫理學之《論語》詮釋
　　　　比較 ……………………………………… 15

　　第一節　「仁」是形上超越的道德原則還是有教養
　　　　　　的德性 ……………………………… 16

　　第二節　「天」是形上超越之根據還是人神合一 … 24

　　第三節　「義」是應然的價值判斷還是一種實踐
　　　　　　智慧 ……………………………………… 27

　　第四節　「禮」是先驗原則之客觀化還是後天的
　　　　　　習俗 ……………………………………… 34

　　第五節　「孝」——家庭是踐形的道德義務還是
　　　　　　培養德性之場域 ………………………… 41

　　第六節　小結 ……………………………………… 44

第三章　規則倫理學與角色倫理學之《論語》詮釋
　　　　比較 ……………………………………… 47

　　第一節　「仁」是固定不變的本質還是學做一個成
　　　　　　熟的人 ………………………………… 50

　　第二節　「義」是自律道德的應然義務還是在關係
　　　　　　中合宜恰當的表現 …………………… 59

　　第三節　「禮」是應然的道德規範還是優美的文化
　　　　　　載體 ……………………………………… 65

　　第四節　「聖」是主觀境界的完美呈現還是修養
　　　　　　圓熟的溝通大師 ………………………… 72

　　第五節　「孝」——「家庭」是道德主體證成之所
　　　　　　還是角色關係的開端 ………………… 78

　　第六節　小結 ……………………………………… 84

第四章　德性倫理學與角色倫理學之《論語》詮釋
　　　　比較 ……………………………………… 89

　　第一節　「道」是追求人類幸福的目的地還是一條
　　　　　　有待開闢的道路 ………………………… 90

目
次

第二節 「性」是成爲有德者的潛能還是在關係中
學習成爲一個人 ……………………………96

第三節 「義」是一種實踐智慧還是開創合宜生活
的能力 …………………………………… 104

第四節 「禮」是社會習俗的不成文規約還是角色
關係的體認 ………………………………111

第五節 「孝」——「家庭」是責任、義務與友愛
還是老少愛敬之情 ……………………… 118

第六節 小結 ………………………………………… 124

第五章 當代儒學倫理學《論語》詮釋顯題化…… 127

第一節 規則倫理學詮釋《論語》的特色與困境
——規則（rule）、原則（principle）是
道德實踐的唯一標準 …………………… 128

第二節 德性倫理學詮釋《論語》的發展及問題
——德性主體無法避免理論化、普遍化的
質疑 ……………………………………… 135

第三節 角色倫理學詮釋《論語》的妥適和反思
——在關係中不斷變動的過程是否淪爲
經驗的相對主義 ………………………… 146

第四節 還有哪些後現代語境下的《論語》倫理學
詮釋——他者倫理學、關愛倫理學、示範
倫理學 …………………………………… 155

第五節 小結 ………………………………………… 165

第六章 結論——當代儒學倫理學定位之商榷及
反思 ……………………………………… 169

參考書目 ……………………………………………… 179

# 第一章 導 論

## 第一節 問題之提出

「儒學」（Confucianism）的內涵包羅萬象，諸如政治儒學、文化儒學、哲學儒學、宗教儒學……等等，本文主要討論範圍主要是在中西對比的脈絡下對儒家哲學的研究，聚焦於《論語》在後現代語境下的倫理學型態爲何。

傳統中國學術發展至今，面對西學東漸，中學西傳，東西文化頻繁而密切的交流，已難以回到過去以考據、注疏爲主的經學傳統。儒學在現代的解讀，也勢必遭受西方文化的衝擊與影響，這是難以擺脫的命運。然而，前輩學者諸如牟宗三、徐復觀、勞思光、李澤厚等諸位先生，多採康德哲學的論述架構，以「主體性」作爲儒學的核心觀念以展開詮釋。

牟宗三先生在《中國哲學十九講》〔註1〕中定位儒家爲「開闢價值之源，挺立道德主體」，將「仁」視爲人之自覺心、道德主體，進一步展開一套邏輯清晰而嚴整的道德形上學，標明以主攝客，主體自覺挺立成爲既普遍又超越的必然性，涵蓋一切實然的存在界。然而，此論述架構在面對後現代思潮質疑主體吃掉客體、精神意志壟斷一切，造成封閉而獨斷的系統結構，樹立一元標準，而排除多元對話的可能，我們該如何回應？

首先，將「主體性」作爲儒學的主要特色，不免將西方哲學「應然／實然」、「理性／感性」、「形上／形下」、「價值／事實」、「主體／客體」……等二分的架構帶入儒學解釋當中，而架構出截然二分、無法溝通的二層存有論

---

〔註 1〕牟宗三：《中國哲學十九講》（臺北：臺灣學生書局，2002 年 8 月）。

的難題。連帶地，儒家倫理學也在訴諸「規則倫理學」的架構中，無法對當前多元文化的種種困境有恰當的回應。

而在目前儒學研究中，除了傳統的規則倫理學之外，以余紀元、陳來為代表的「德性倫理學」，反對以康德的規則倫理學解釋儒學，而回溯到亞里士多德以「品德」、「德性」為關注焦點，不強調規則，而著重於德性的培養，展開關於人性的潛能及其發展與實現、自我的修養、人際之間的互動關愛、家庭價值、政治的素養與責任等問題的討論。

另外，作為中西文化交流重鎮的夏威夷大學教授安樂哲與羅思文則提出了「儒家角色倫理學」，從不同的問題提法切入，對照亞里士多德的德性倫理學，更強調儒學尊重差異、相互依存卻能保留多元和諧共存的開放性。

本文寫作將反省以主體性哲學為主的「規則倫理學」，是否切合、適用於當今時代問題的《論語》詮釋，並討論近幾年來自從麥肯泰爾《德性之後》〔註2〕被熱烈討論後，學界對亞里斯多德「德性倫理學」的關注，並進一步對「德性倫理學」與安樂哲提出的「儒家角色倫理學」兩者在解讀《論語》，與規則倫理學相較之下有何開展。對比三個系統進行主題式分析，並嘗試為《論語》在當代倫理學的諸多詮釋中，尋找一更開放、更兼容並蓄的論述脈絡，使經典意義得以釋放，成為我們現當代文明困境的資糧與滋養。

## 第二節　歷史背景之梳理與廓清

先秦儒學研究孔子思想，當以《論語》為最基本而重要的文獻材料。而關於《論語》的歷代注解，有何晏《論語集解》、皇侃《論語義疏》、朱熹《四書章句集注》、劉寶楠《論語正義》……等等龐大的注疏傳統。而邢昺的《論語注疏》、朱熹的《論語集注》或是清代劉寶楠的《論語正義》等等，都是以集注、集疏的方式註解《論語》。在經學領域，註解家在註解《論語》時，所依循的是注疏傳統。其中，以朱熹《四書章句集注》在歷史上的影響最深也最廣，一方面他繼承傳統的解經方式，另一方面亦有所創新，將宋明理學家對天道心性的豐富討論帶入文本中閱讀與詮釋中，是宋代承先啟後的《論語》著述版本。並另有朱子與其弟子之間的問答紀錄，《論語或問》。

---

〔註 2〕Alasdair MacIntyre, After virtue: a Study in Moral theory（Indiana: University of Notre Dame, 1981）.

當代突出的學術研究成果，專書部分包括楊伯峻《論語譯注》〔註3〕、錢穆《論語新解》〔註4〕、李澤厚《論語今讀》〔註5〕等重要的白話翻譯本，全面的疏通文本字義，其中，李澤厚先生的《論語今讀》亦加入不少個人的理解與創見，並且融入西方哲學的討論比較，十分有特色。

在國際漢學界，西方翻譯《論語》的著作，長期盛行的譯本為：James Legge（1893）、Arthur Waley（1938）、劉殿爵（D. C. Lau, 1979）。此外尚有 Dawson Raymond（1993）、Chichung Huang（1997）、Simon Leys（1997）、E. Bruce Brooks and Taeko Brooks（1998）、安樂哲（Roger T. Ames）與羅思文（Henry Rosemont 1998）、顧立雅（Greel H. G）的《孔子與中國之道》〔註6〕（Confucius and Chinese way）、E. Slingerland（2003）。其中，Legge（理雅各）的版本在漢學界最為廣泛通行，而劉殿爵的版本則獲國際公認為標準英文譯本，西方不少研究中國文史哲的學者，亦多以他的譯作為研究必讀入門，影響甚鉅。

而劉殿爵的學生安樂哲、羅思文的《《論語》的哲學詮釋：比較哲學的視域》〔註7〕以及郝大維（David L. Hall）、安樂哲（Roger T. Ames）以《通過孔子而思》〔註8〕（Thinking through Confucius）、《儒家角色倫理學——一套特色倫理學詞彙》〔註9〕（Confucian Role Ethics: A Vocabulary），從整個中西文化的差異切入，反對將西方邏輯思維、基礎主義、主體哲學等框架，帶入中國傳統經典的閱讀與詮釋。他以類比的關聯性思維詮釋文本，通過對中西文化特色的區別，分析邏輯思維與審美思維對文本展開，存在著迥然不同的意義。安樂哲、郝大維、羅思文等人反對運用柏拉圖、亞里斯多德以來的基礎主義、本質主義詮釋《論語》等中國傳統經典，將之削足適履地套用在西方哲學架構中，並指出此基礎主義、本質主義下的規則倫理學在解釋《論語》，有失允當的理論預設為何。而面對 Lee H. Yearley、Philip Ivanhoe、余紀元（Jiyuan Yu）《德性之鏡：孔子與

〔註3〕楊伯峻：《論語譯注》，北京：中華書局，2006 年 12 月。

〔註4〕錢穆：《論語新解》（臺北：東大出版社，2004 年 7 月）。

〔註5〕李澤厚：《論語今讀》（臺北：允晨文化，2002 年）。

〔註6〕此書於一九六〇年由紐約哈伯・托奇出版公司出版。有高專誠譯本，顧立雅（Greel H. G）：《孔子與中國之道》（鄭州：大象出版社，2000 年 10 月）。

〔註7〕〔美〕安樂哲、羅思文著，《《論語》的哲學詮釋：比較哲學的視域》（北京：中國社會科學出版社，2003 年 3 月）。

〔註8〕〔美〕安樂哲、郝大維著，何金俐譯：《通過孔子而思》（北京：北京大學出版社，2005 年 8 月）。

〔註9〕〔美〕安樂哲著，孟巍隆譯：《儒家角色倫理學：一套特色倫理學詞彙》（濟南：山東人民出版社，2017 年 3 月）。

亞里士多德的倫理學》〔註10〕、萬百安（Van Norden）、柯雄文等人提出以亞里士多德德性倫理學解讀儒家，安樂哲與羅思文則以關係—過程哲學以及焦點—場域的模式，提出一套爲《論語》等先秦儒學量身訂做的「儒家角色倫理學」。

除此之外，赫伯特·芬格萊特（Herbert Fingarette）的《孔子：即凡而聖》〔註11〕（Confucius: the Secular as Sacred）是值得關注的一本重要研究書籍。他以存在主義的論述方式解構傳統主體哲學對於孔子心性論的架構，並提出了「禮」在儒學成德之學不可或缺的重要性。書中討論人格的養成與他人、社群之間的關係，從而探究儒家的「自我」概念，究竟是一自由無限心的獨立個體，還是必須落在人我關係之間互動，而自我在人群中又是如何保持「和而不同」？另外，芬格萊特在書中也論及聖人作爲權威的典範人格的意義，從西方的視角切入《論語》的解讀，十分富有啓發性。

當代新儒家學者牟宗三先生以及其弟子蔡仁厚、楊祖漢、李瑞全、李明輝等學者，通過康德義務論來展開儒家道德形上學與規則倫理學的論述架構。牟先生在《中國哲學十九講》〔註12〕與《心體與性體》〔註13〕中，對比儒家思想與康德體系，試圖建立一「主體性」爲主的道德形上學。而後，許多學者紛紛對此論述體系提出質疑，如袁保新《從海德格、老子、孟子到當代新儒家》〔註14〕一書反省「主體性」哲學對儒學詮釋的困境，而試圖改用海德格存在的進路，解構主體哲學對傳統經典解釋的框架。以及陳榮華《葛達瑪詮釋學與中國哲學的詮釋》〔註15〕、楊儒賓《儒家的身體觀》〔註16〕、《從五經到新五經》〔註17〕、張祥龍《海德格爾思想與中國天道》〔註18〕、《從現象學到孔夫子》〔註19〕、王慶節《解釋學、海德格與儒道今釋》

---

〔註10〕〔美〕余紀元著、林航譯：《德性之鏡：孔子與亞里士多德的倫理學》（北京：中國人民大學出版社，2009 年 3 月）。

〔註11〕〔美〕赫伯特·芬格萊特著，張華、彭國翔譯：《孔子：即凡而聖》（南京：江蘇人民出版社，2002 年 9 月）。

〔註12〕牟宗三：《中國哲學十九講》（臺北：臺灣學生書局，2002 年 8 月）。

〔註13〕牟宗三：《心體與性體》（共三冊）（臺北：正中書局）（2006 年 3 月）。

〔註14〕袁保新：《從海德格、老子、孟子到當代新儒家》（台北：臺灣學生書局，2008 年 10 月）。

〔註15〕陳榮華：《葛達瑪詮釋學與中國哲學的詮釋》（臺北：明文書局，1998 年 3 月）。

〔註16〕楊儒賓：《儒家身體觀》（台北：中央研究院中國文哲研究所籌備處），1996 年。

〔註17〕楊儒賓：《從《五經》到《新五經》》（臺北：國立臺灣大學出版中心），2013 年 4 月。

〔註18〕張祥龍：《海德格爾思想與中國天道》（北京：三聯書局，1996 年 9 月）。

〔註19〕張祥龍：《從現象學到孔夫子》（北京：商務印書館，2011 年 10 月）。

〔註20〕、《道德感動與儒家示範倫理學》〔註21〕……等等學者，試圖從後現代的語境重新展開儒學的詮釋脈絡。

其中，陳榮華認為以「意識」來說明道德帶有太強「主體性」意味，轉從亞里士多德的實踐智慧與高達美（Gadamer）的應用詮釋學，解消由柏拉圖以來的二元對立。張祥龍以海德格詩性的語言揭露方式，對儒學展開一連串的豐富討論，論述中充滿啓發性，有別於西方邏輯嚴密的系統架構，但也非毫無根據地隨意抒發，而是在後現代語境下用日常語言釋放經典的深層意義。張祥龍《海德格爾思想與中國天道》〔註22〕強調情境的變動與意義的生成，反對將人性當作固定現成不變的本質。書中強調事物或事情本身的脈絡有跡可循，但無法全盤訴諸普遍主義，他認為儒學非普遍主義，但也並不淪為相對主義。而王慶節與袁保新、張祥龍的詮釋進路相近，以海德格哲學與詮釋學來闡發儒道義理，特別提出了系譜學的自我觀念，有別於西方傳統哲學中自給自足的孤立自我。另外，在其著作《道德感動與儒家示範倫理學》〔註23〕中提出了示範倫理學做為新的倫理學解釋模式，深具創造性與洞見。而楊儒賓從「身體觀」、「氣論」討論儒學中身心一體的關係，不僅彌補過去儒學研究過於強調心靈與精神意志層面的心性之學，同時也逐漸發展出新的論述潮流。上述諸多研究論著皆對牟宗三先生主體性哲學提出了批判與反省，並有正面而積極的回應。

另外，關於中西文化比較的重要專著，有李晨陽《道與西方的相遇》〔註24〕、安樂哲《自我的圓成：中西互鏡下的古典儒家與道家》〔註25〕、《和而不同：中西哲學的會通》〔註26〕、哈佛燕京學社主編《波士頓的儒家》〔註27〕、劉笑敢《詮釋與定向》〔註28〕等書。

---

〔註20〕 王慶節：《解釋學、海德格爾與儒道今釋》（北京：中國人民大學出版社，2004年）。

〔註21〕 王慶節：《道德感動與儒家示範倫理學》（北京：北京大學出版社，2016年，9月）。

〔註22〕 張祥龍：《海德格爾思想與中國天道》（北京：三聯書局，1996年9月）。

〔註23〕 王慶節：《道德感動與儒家示範倫理學》（北京：北京大學出版社，2016年，9月）。

〔註24〕 李晨陽：《道與西方的相遇》（北京：中國人民大學出版社，2005年6月）。

〔註25〕 〔美〕安樂哲著、彭國翔譯：《自我的圓成：中西互鏡下的古典儒家與道家》（河北：河北人民出版社，2006年7月）。

〔註26〕 〔美〕安樂哲著，溫海明等譯：《和而不同：中西哲學的會通》（北京：北京大學出版社，2009年11月）。

〔註27〕 〔美〕哈佛燕京學社主編：《波士頓的儒家》（南京：江蘇教育出版社，2009年10月）。

〔註28〕 劉笑敢：《詮釋與定向——中國哲學研究方法之探究》（北京：商務印書館，2009年3月）。

自英國學者安思康（G. E. M. Anscombe）於 1958 年發表〈現代道德哲學〉一文（Anscombe, 1958: 1～19; 1981: 26～42）而引起學界對亞里斯多德之德性倫理學（virtue ethics）的熱烈討論與重視。尤有甚者，在麥肯泰爾《德性之後》（After Virtue）興起了一波復古思潮，以恢復古希臘時期的全人教育，更全面地發揮人的各種潛能的亞里斯多德哲學，引動兩岸三地以及國際漢學界運用德性倫理學來詮釋儒學。以德性倫理學來解釋儒家思想逐漸蔚然成風，這個潮流似乎隱然成為我們當今這個時代的詮釋典範。早期台灣的沈清松率先提出儒家德性倫理學之說，而大陸的陳來、余紀元，以及香港黃慧英、英冠球等人皆將儒家與亞里斯多德的德性倫理學相提並論。這些學者反省規則倫理學解讀儒家有其弊病，而提出德性倫理學更適合詮釋儒家倫理學。德性倫理學的反理論傾向，更重視實踐的特殊情境，較之規則倫理學對人的品格德性方面更加多樣而豐富的展開。而亞里斯多德認為人是政治的動物，較諸規則倫理學更強調社群關係，並且重視情境化的實踐智慧，避免過於理論化的紙上談兵。

有身體現象學大師之稱的法國哲學家梅洛龐蒂（1908～1961）其成名代表作《知覺現象學》〔註 29〕開始提出以身體為主體的理論，將主體哲學由抽象的理性心靈、精神、意志，轉向具體的肉身、身體，試圖為「在世存有」形構出時空感受、欲望活動以及意義指向的存在結構。而「身體觀」作為近幾年華人哲學界研究中國哲學的重要議題，始於約四十年前杜維明先生談「體知」〔註 30〕，而後楊儒賓先生於 1996 年出版《儒家身體觀》是第一本專門探討儒家身體觀的專書。而後，也有許多學者群起回應並加入討論，最新的研究成果見於《中國哲學研究的身體維度》〔註 31〕，集結了兩岸以及海外漢學界諸多優秀學者如：王慶節、張祥龍、何乏筆、李明輝、鄧育仁、賴錫三……等人關於中國哲學身體觀的最新研究成果，可藉由「身體觀」的討論，發現中國哲學研究逐漸從現代性過渡到後現代思潮的趨勢。

本文的論述架構由三個倫理學之間的比較逐漸展開。

---

〔註 29〕 〔法〕梅洛・龐蒂、姜志輝譯：《知覺現象學》（北京：商務印書館，2001 年 2 月）。
〔註 30〕 杜維明：〈儒家「體知」傳統的現代詮釋〉、〈論儒家的「體知」——德性之知的涵義〉、〈從身、心、靈、神似層次看儒家的人學〉、〈身體與體知〉，見郭齊勇、鄭文龍編：《杜維明全集》（武漢：武漢出版社，2002 年），卷五。
〔註 31〕 楊儒賓、張再林主編：《中國哲學研究的身體維度》（臺北：臺大人社高研院東亞儒學研究中心，2017 年 10 月）。

　　在規則倫理學詮釋《論語》方面，主要以牟宗三先生以康德義務論的規則倫理學脈絡爲主，參考李瑞全《儒家道德規範根源論》第四章〈儒家之原始典型：孔子之基本型態〉〔註32〕，以及李明輝：《儒家與康德》〔註33〕、期刊論文〈儒家、康德與德行倫理學〉〔註34〕……等相關著作。

　　在德性倫理學詮釋《論語》方面，則以余紀元《德性之鏡：孔子與亞里士多德的倫理學》〔註35〕和英冠球期刊論文〈《論語》反映的倫理學型態——從德性倫理學的觀點看〉〔註36〕，以及黃慧英《從人道到天道——儒家倫理與當代新儒家》〔註37〕爲主。此外，曾經主編《中國哲學百科全書》〔註38〕的柯雄文，在對比儒家思想以及亞里斯多德德性倫理學時，與其他「以西釋中」的學者相較，他不從「仁」—「德性」、「禮」—「風俗習慣」……等德目等概念詞彙來切入，反而從具體的典範人物——「君子」來展開析論，有其獨到的見解。書中以雅斯培（Karl Jaspers）「典範人物」概念來詮釋儒家的「君子」概念，主張以「君子」爲典範，恢復「禮」的美感與秩序，努力在後現代質疑、批判、否定、解構的思潮中，爲傳統儒家思想尋求一正面積極的定位，以面對當代所面臨的種種困境與衝突，其貢獻卓著。

　　而提出儒家角色倫理學，以東西文化比較重鎮的夏威夷大學安樂哲爲倡導者。主要參考其著作：《《論語》的哲學詮釋：比較哲學的視域》〔註39〕、《期望中國》〔註40〕、《通過孔子而思》〔註41〕、《自我的圓成：中西互鏡下的古

〔註32〕李瑞全：《儒家道德規範根源論》（新北市：鵝湖出版社，2013 年），頁 135～188。

〔註33〕李明輝：《儒家與康德》（增訂版）（臺北：聯經出版事業股份有限公司，2018 年 11 月）。

〔註34〕李明輝：〈儒家、康德與德行倫理學〉，《哲學研究》第 2 期（2012 年），頁 111～117。

〔註35〕〔美〕余紀元著、林航譯：《德性之鏡：孔子與亞里士多德的倫理學》（北京：中國人民大學出版社，2009 年 3 月）。

〔註36〕英冠球：〈《論語》反映的倫理學型態——從德性倫理學的觀點看〉，《國立政治大學哲學學報》第二十四期（2010 年 7 月），頁 107～136。

〔註37〕黃慧英：《從人道到天道——儒家倫理與當代新儒家》（新北市：鵝湖月刊社，2013 年 10 月）。

〔註38〕這本哲學工具書被沈清松教授譽「爲英語世界有關中華哲學劃時代的里程碑，而且充滿著博學眞知與啓發人心的智慧。」

〔註39〕〔美〕安樂哲、羅思文著，《《論語》的哲學詮釋：比較哲學的視域》（北京：中國社會科學出版社，2003 年 3 月）。

〔註40〕〔美〕安樂哲、郝大維著，施忠連等譯：《期望中國》（上海：學林出版社，2005 年 5 月）。

〔註41〕〔美〕安樂哲、郝大維著，何金俐譯：《通過孔子而思》（北京：北京大學出

典儒家與道家》〔註42〕、《和而不同：中西哲學的會通》〔註43〕、《生民之本：孝經的哲學詮釋及英譯》〔註44〕、《儒家角色倫理學：一套特色倫理學詞彙》〔註45〕……等專著，以及期刊論文：〈早期儒家是德性論嗎？〉〔註46〕、〈《論語》的「孝」：儒家角色倫理學與代際傳遞之動力〉〔註47〕。

安樂哲從宏觀角度切入中西文化比較的問題，孜孜不倦、不厭其煩地提醒當代治中國哲學的學者，在借用西方哲學的理論架構與中國哲學做對比、會通以梳理中國哲學的義理內容時，會不自覺地以西方哲學的理論爲標準來衡量中國哲學，導致中國哲學在西方哲學的理論概念要求下似乎有所欠缺不足。他進一步指出中國哲學重實踐、整體觀的特色不同於西方哲學偏重理論與個體性。而後，學界有許多學者相繼或加入討論，或提出質疑批判，使得儒家角色倫理學隱然有儒家倫理學新興的典範意味，與儒家德性倫理學在後現代思潮衝擊下，爲儒家倫理學尋求新的定位與論述方法。

除此之外，還有學者在後現代語境下的其他倫理學詮釋《論語》與儒家思想，如列維納斯他者倫理學的著作：伍曉明《吾道一以貫之——重讀孔子》〔註48〕通過列維納斯他者哲學展開與儒家當代倫理學的相互詮釋之試探，還有李凱《孟子倫理思想研究——以列維納斯倫理學爲參照》〔註49〕。以及女性主義下展開的關愛倫理學，以李晨陽〔註50〕爲代表。另外，還有王

版社，2005 年 8 月）。
〔註42〕〔美〕安樂哲著、彭國翔譯：《自我的圓成：中西互鏡下的古典儒家與道家》（河北：河北人民出版社，2006 年 7 月）。
〔註43〕〔美〕安樂哲著，溫海明等譯：《和而不同：中西哲學的會通》（北京：北京大學出版社，2009 年 11 月）。
〔註44〕〔美〕安樂哲、羅思文著，何金俐譯：《生民之本：孝經的哲學詮釋及英譯》（北京：北京大學出版社，2010 年 6 月）。
〔註45〕〔美〕安樂哲著，孟巍隆譯：《儒家角色倫理學：一套特色倫理學詞彙》（濟南：山東人民出版社，2017 年 3 月）。
〔註46〕安樂哲（Roger T. Ames）羅斯文（Henry Rosemont .Jr），謝陽舉譯：〈早期儒家是德性論嗎？〉《國學學刊》第一期（2010 年），頁 94～104。
〔註47〕安樂哲（Roger T. Ames）羅斯文（Henry Rosemont .Jr）：《論語》的「孝」：儒家角色倫理學與代際傳遞之動力〉，《華中師範大學學報》第 52 卷第 5 期（2013 年 9 月），頁 49～59。
〔註48〕伍曉明：《吾道一以貫之——重讀孔子》（北京：北京大學出版社，20013 年 3 月第二版）
〔註49〕李凱：《孟子倫理思想研究：以列維納斯倫理學爲參照》（北京：人民出版社，2016 年 12 月）。
〔註50〕李晨陽：《道與西方的相遇》（北京：中國人民大學出版社，2005 年 6 月）。

慶節〔註51〕提出了極具啓發性的「示範倫理學」，以典範人物之示範作用興發每個人向善、向上之機，與提倡德性倫理學的柯雄文〔註52〕說的「典範人物」亦可相通，互爲印證。

　　此外，陳榮灼〔註53〕曾撰文比較朱子與哈伯瑪斯，爲儒家倫理學與哈伯瑪斯溝通倫理學開啓一個新的嘗試。其後，林遠澤〔註54〕提出儒家「後習俗責任倫理學」以柯爾柏格正義倫理展開的六個序階爲詮釋脈絡，以及哈伯瑪斯溝通倫理學的互爲主體性的理論框架，來證成儒家倫理學在實踐行動上有其普遍性，基本上仍不脫康德義務論下規則倫理學的架構。然而，林遠澤通過哈伯瑪斯講「主體際性」、「互爲主體」，較康德哲學之主體不可更動，更具有後現代的觀點。主體焦點可轉移，而意義就在主體之間的溝通中湧現，主體不再是隔絕客體與歷史文化的獨體，而有了更豐富的含意，這是林遠澤提出「後習俗責任倫理學」詮釋儒家的貢獻。

## 第三節　研究方法與步驟

### 一、研究方法

　　依詮釋學的觀點，經典的詮釋是開放的，但不是任意隨便的，它受限於詮釋者的歷史性，同時藉由每個時代的詮釋典範綻放出經典的智慧之光。本文的研究方法主要參照傅偉勳先生創造性的詮釋學，以及袁保新提出的經典詮釋之詮釋原則、標準，立基於這樣「創造性詮釋方法學」，來檢視不同詮釋體系、架構，並且盡可能展開、釋放文獻解讀的多元意義。

　　傅偉勳先生在《從創造性的詮釋學到大乘佛學》中提出了「創造性的詮釋學」，分五個層次：

　　　1. 「實謂」層次——「原思想家（或原典）實際上說了什麼？」

　　　2. 「意謂」層次——「原思想家想要表達什麼？」或「他所說的意思到底是什麼？」

---

〔註51〕王慶節：《道德感動與儒家示範倫理學》（北京：北京大學出版社，2016年，9月）。

〔註52〕〔美〕柯雄文著，李彥儀譯：《君子與禮：儒家美德倫理學與處理衝突的藝術》（南京：江蘇人民出版社，2017年3月）。

〔註53〕陳榮灼：〈朱子與哈伯馬斯——倫理學的新方向〉，《當代儒學研究》第13期（2012年12月），頁139～170。

〔註54〕林遠澤：《儒家後習俗責任倫理學的理念》（臺北：聯經出版社，2017年4月）。

3. 「蘊謂」層次——「原思想家可能要說什麼？」或「原思想家所說的可能蘊涵是什麼？」

4. 「當謂」層次——「原思想家（本來）應當說出什麼？」或「創造的詮釋學者應當為原思想家說出什麼？」

5. 「必謂」層次——「原思想家現在必須說出什麼？」或「為了解決原思想家未能完成的思想課題，創造的詮釋學現代必須踐行什麼？」〔註55〕

袁保新進一步對傅偉勳先生這五個詮釋層次，提出關於完整的詮釋架構所需的六點詮釋原則作為補充：

1. 一項合理的詮釋，其詮釋本身必須在邏輯上是一致的。

2. 一項合理的詮釋必須能夠還原到經典中，取得文獻的印證與支持，而其詮釋觀點籠罩的文獻愈廣，則詮釋就愈成功。

3. 一項合理的詮釋應儘可能運用經典本身無疑義的文獻來解釋有疑義的章句，用清楚的觀念來解釋不清楚的觀念。

4. 一項合理的詮釋應該將經典本身視為在思想上一致和諧的整體，避免將詮釋對象導入自相矛盾的立場。

5. 一項合理的詮釋，必須一方面將詮釋主題置於它們隸屬的特定時代與文化背景來了解，但另一方面也要能抽繹出它不受時空拘限的思想觀念，而且儘可能用現代語言與哲學經驗傳遞給讀者。

6. 一項合理的詮釋，對其詮釋方法與原則應有充分的意識，並願意透過與其他詮釋系統的對比，調整修正其方法與原則。〔註56〕

依據上述的詮釋方法學，幫助對比不同的《論語》詮釋系統時，能夠逼顯出不同詮釋體系的問題與其精彩之處。本文寫作的方式，主要是從後設哲學的觀點與立場檢視規則倫理學、德性倫理學、角色倫理學，以及其他倫理學在詮釋《論語》時所呈現的特色與問題。主要是以前三個倫理學為主要討論的對象，並就《論語》中幾個重要的核心觀念，如：「天」、「性」、「仁」、「義」、「禮」、「孝」，幫助我們更聚焦這些倫理學在解讀《論語》時所展開

---

〔註55〕傅偉勳：《從創造的詮釋學到大乘佛學》（臺北：東大圖書公司，1999年5月），頁1～46。

〔註56〕袁保新：《老子哲學之詮釋與重建》（台北：文津出版社，1991年9月），頁77。

的理路脈絡以及背後的理論預設架構。

何以選取「天」、「性」、「仁」、「義」、「禮」、「孝」這些觀念作爲聚焦討論的焦點，是由於這些觀念能夠更凸顯兩種詮釋系統的不同特色，使討論不至於疏而無當、過於籠統概括，並且有適當的著力點，對《論語》文本的不同詮釋脈絡，進行精確細緻的分析與比較論述。

## 二、研究步驟

關於本論文的論述次第如何展開，以下就各章節的架構，做個簡明扼要、提綱挈領式的說明。

第一章爲總綱，首先說明論文緣起於問題意識之提出，此爲研究動機。關於當代《論語》的詮釋典範，究竟是康德的規則倫理學？還是亞里斯多德的德行倫理學？抑或是安樂哲提出的儒家角色倫理學？本文之研究目的不在於以某一特定倫理學爲《論語》倫理學找出唯一、正確的標準答案，或某一倫理學之理論嚴謹、邏輯一貫，勝過其他倫理學，而是在比較的過程中逼顯其特色，並反省檢視其背後的理論預設與《論語》本身的調性是否可相通、相應。

藉由「創造性詮釋方法學」的研究方法，一方面從宏觀的中西比較哲學切入，另一方面由細膩的《論語》文獻解讀，梳理不同詮釋體系下《論語》倫理學所呈現的內涵、樣貌以及其影響。

第二章，首先比較以牟宗三先生引領的規則倫理學之詮釋典範，指出規則倫理學是以先驗的純粹理性、主體性「仁」爲基礎，依此展開一切的道德活動。第一節中，討論規則倫理學解讀「仁」即無條件爲善的自由意志，它自我立法給出道德法則，並要求我們有服從此法則、規範的義務，才不致被感性、欲望所牽引而不由自主地墮落、迷失。而德性倫理學則是以追求幸福、美善的人生爲終極目標，多方發展、培養各種能力與美德，使自己成爲一個有教養的人。德性倫理學解讀「仁」不僅止於理性的道德原則，同時也包含了關愛之情；不只是關注行爲的動機，也考量行爲的後果；不是純粹先驗的，富含著經驗對於德性人格之教養、養成。

第二章的第二節，討論「天」在規則倫理學是形上超越之根據、原理，是仁心在逆覺體證之下可證得天人合一、德福一致的終成原則。德性倫理學中，亞里斯多德講「人神合一」的「神」不是指上帝或外在的人格神，而是我們內在純粹的思辨理性，近似康德的先驗的純粹理性，都是以精神、意志之提升、

超越為主。然而，德性倫理學最高的「人神合一」境界，不能夠擺脫現實經驗，必須要藉由後天的經驗、習慣來養成整全、完善、美好的德性主體。

　　第二章的第三節，討論「義」在規則倫理學與德性倫理學是如何被理解。依康德規則倫理學，「義」乃我們每個人應盡的義務，是無條件為善的自律道德判斷。此道德判斷不受到任何經驗與後果考量的左右，純然是我們內在的存心、動機，自我要求去行道德，自我承擔此道德責任。「義」在康德義務論倫理學，表示一應然的判斷，不管現實中的情勢如何、結果會如何，只依據道德本心告訴我應該怎麼做，有雖千萬人吾往矣的決斷力。德性倫理學不似規則倫理學這般剛猛，它考量更加全面而周密，既考量動機，也要參酌後果。余紀元通過德性倫理學將「義」解釋為亞里斯多德說的「實踐智慧」，是在最高層次思辨理性之外有一實踐理性，實踐理性藉由經驗與實踐智慧，幫助我們在具體情境落實道德行為時，能夠更靈活而有彈性。

　　第二章的第四節，討論「禮」在規則倫理學看來，只是「仁義」的先驗原則自我要求之表現，是內在的先驗原則之客觀化，其根源在「仁」。因此，禮樂制度一旦僵化、出問題，就需要回到根源處，從仁心根本上著手，振救禮樂僵化的弊病。德性倫理學則將「禮」定位成後天的風俗與習慣，除了尊重現行的約定俗成之規章，同時也強調養成良好的習慣能幫助我們有美好的品德、德性。

　　第二章的第五節，討論「孝」與「家庭」的意義。依康德規則倫理學，牟先生將「孝」定義為「踐形」的義務表現，是仁心發用於父母子女的家庭關係中自然呈現的結果。因為基於仁之道德主體性，自我要求面對父母要行孝的責任義務，因此，我們面對父母應該要無條件孝順父母，此即道德意識由內聖到外王的踐形表現。德性倫理學以「友愛」來定位父母子女的關係，家庭是藉父母將孩童教育為品行高貴的未來城邦公民。

　　第三章，比較規則倫理學與角色倫理學在「仁」、「義」、「禮」、「聖」、「孝」這五個重要觀念，在詮釋《論語》有何不同內容呈現。

　　第三章的第一節到第三節，首先就《論語》中最核心的一組詞彙：「仁」—「義」—「禮」進行各自的理論架構與脈絡之疏解，釐清「仁」、「義」、「禮」這三個儒家的重要觀念在康德的規則倫理學及安樂哲的角色倫理學中所各自呈現的敘述脈絡與深層義涵。

　　第三章的第四節討論「聖」。「聖」作為「仁」—「義」—「禮」的具象化表徵，更容易為我們理解。然而，究竟《論語》中講「聖」是一個完美無

缺的聖人境界，還是一個修養純熟的人格成就？在兩種不同的視角下，他們是如何描述從心所欲不踰矩的孔子？我們也能從他們對孔子的形象之刻畫勾勒中，更清楚地展現兩者的差異性。

第三章的第五節，聚焦於「孝」這個在特殊文化語境下的儒家重要價值觀念。在康德的規則倫理學「孝」是內聖的仁心落實於外王事業中之表現，在家庭爲「孝」，在國家爲「忠」，是自律道德之應然義務。安樂哲的角色倫理學特別強調「孝」與家庭在儒學中的重要地位。他從字源分析「孝」由「老」與「子」構成，是雙向互動的上慈下敬。他認爲「孝」並非單向的無條件付出，也不是西方「欠債—償還」的利益關係，而是純然發自內心的深刻情感。這種父母與子女之間相互關懷之情，是連結角色關係最原初的開端。我們就在家庭中開始學習如何做人處事、待人接物，如何成爲一個有教養、成熟的人。

第四章比較亞里斯多德的德性倫理學與角色倫理學解讀《論語》時，兩者有何不同特色。第一節，首先要討論《論語》的「道」，德性倫理學和角色倫理學是如何理解先秦儒家的「道」？「道」論代表了各自理論體系的基礎，從他們如何解釋「道」的內涵意義，就可以清楚地看出兩者理論預設的差異。接著第二節討論《論語》中孔子極少提到卻十分重要的「性」。人性在德性倫理學的解讀下，是每個人天生就具備的潛能，具有普遍性以及目的性，朝著特定的目的發展前進。安樂哲認爲人性不是固定不變的本質，也不是個朝著固定目標前進的潛能，而是在互動的關係中，逐漸深化文化涵養的變化氣質。角色倫理學表示「性」是在關係中學習如何成爲一個成熟而有教養的人。

第四章的第三節，關於「義」的討論，德性倫理學說「義」是實踐智慧，強調具體實踐的情境化原則。而角色倫理學同樣強調「義」是在具體殊異的情境中，就在成爲一個人的過程中不斷地形成的一種恰宜感，是從關係互動中被培養出來的恰宜感，感應著自己的舉止與整個情境是否恰如其分地相融，是「宜我」同時又「宜境」的恰到好處。角色倫理學將「義」定義爲開創合宜的生活能力。然而，德性倫理學說的「實踐智慧」與角色倫理學說的「開創合宜的生活能力」，兩者是否能相通，文中將說明其同異之處。

第四章的第四節討論「禮」，聖人在德性倫理學中作爲社會、城邦中的一員，是如何能自身的習慣與外在的禮儀中最高程度地實現他們的本性，並且影響改變他人？而角色倫理學又是如何在關係中互動來塑造自己有禮的行爲？「禮」在角色倫理學不再被理解爲行爲規範，而是一種歷史傳承保留下

來優美的文化載體，我們又是如何汲取其中的涵義，來幫助我們在與他者相處時，更為融洽與和諧？這兩種不同理論架構關於「禮」的細緻解說也許能幫助我們展開更多思考的可能性。

第四章的第五節，討論《論語》中的「孝」在德性倫理學是父子主從關係的服從與友愛，在家庭中培養自制的習慣與規範以遵循社會禮儀；還是角色倫理學從對家庭成員的尊重引出代代相傳的動力來源？角色倫理學強調「孝」是一個人學習成人的開端，並且回過頭使家族繁榮興旺，薪火相傳且生生不息的力量。亞里斯多德德性倫理學強調早期的習慣化對人格養成有很大的影響，所以也重視家庭關係，強調父親對孩童的理性引導。家庭是培養兒童與青少年良好的習慣的場所，使之成為未來城邦的優秀公民為目的。

第五章以「當代儒學倫理學《論語》詮釋顯題化」為標題，檢視規則倫理學、德性倫理學、角色倫理學，以及其他倫理學，在詮釋《論語》倫理學各自呈現的特色以及其侷限。第四節介紹其他《論語》倫理學，有他者倫理學、關愛倫理學、示範倫理學，展現它們在《論語》詮釋下的不同關注焦點與特色。

第六章為結論，總結全文之討論成果，並期盼在當代研究《論語》的學者人才輩出，透過後現代的批判反思，在繼承與創新中，當代《論語》倫理學的研究能夠後出轉精、日新又新！

# 第二章　規則倫理學與德性倫理學之《論語》詮釋比較

　　牟宗三先生（AD1909～1995）在《中國哲學十九講》第四講〈儒家系統之性格〉中說儒家思想不只講道德，亦牽涉存在的問題，他對儒家系統的展開是照著康德的道德哲學來講的。而道德從抽象的精神意識落實到生活世界，便展開了豐富的倫理秩序。其言：

> 依儒家的立場來講，儒家有中庸、易傳，它可以向存在那個地方伸展。它雖然向存在方面伸展，它是道德的形上學（moral metaphysics）。他這個形上學還是基於道德。儒家並不是 metaphysical ethics，像董仲舒那一類的就是 metaphysical ethics。董仲舒是宇宙論中心，就是把道德基於宇宙論，要先建立宇宙論，然後才能講道德，這是不行的，這在儒家是不贊成的，中庸、易傳都不是這條路。……孔子雖然把天包容下來，但是他不多講話，「夫子之言性與天道，不可得而聞也」。（論語公冶長篇）。孔子的重點是講仁，重視講仁就是開主體，道德意識強就要重視主體。〔註1〕

牟先生認為傳統儒家哲學乃奠基於仁這主體性，以此主體性涵蓋統攝一切的活動與存有。並且連結康德哲學來展開此主體性的論述，其言：

> 正宗儒家肯定這樣的性體心體之為定然地真實的，肯定康德所講的自由自律的意志即為此性體心體之一德，故其所透顯所自律的道德法則自然有其普遍性與必然性，自然斬斷一切外在的牽連而為定然的，無條件的，因此才能有「存心純正，不為別的，但為義故」

---

〔註1〕牟宗三：《中國哲學十九講》（臺北：臺灣學生書局，2002 年 8 月），頁 76～77。

的道德行為，如「有殺身以成仁，無求生以害仁」，「所欲有甚於生，
所惡有甚於死」等語之所示……由「所欲」、「所樂」向裡收，直至
「所性」而後止，這才真見出道德人格之尊嚴，這也就是康德所說
的「一個絕對善的意志在關於一切對象上將是不決定的」一語之意，
必須把一切外在對象的牽連斬斷，始能顯出意志底自律，照儒家說，
始能顯出性體心體地主宰性。〔註2〕

這個自主自律的道德主體，之所以純粹而且絕對，是由於它斬斷了與一切外
在對象的聯繫，而凸顯其不受外在干擾、影響的尊嚴與價值，並且能夠主宰
一切。牟先生用康德的自律倫理學來闡發儒家的仁學、成德之教，其後學李
瑞全、李明輝、楊祖漢等人也順著牟先生的理路，將儒家倫理學定位為康德
義務論的規則倫理學（又稱規範倫理學、律則倫理學 principle ethics）。

　　自英國學者安思康（G. E. M. Anscombe）於 1958 年發表〈現代道德哲學〉
一文（Anscombe, 1958: 1～19; 1981: 26～42）而引起學界對亞里斯多德之德性
倫理學（virtue ethics）的熱烈討論與重視。以德性倫理學來解釋儒家思想逐漸
蔚然成風，如早期台灣的沈清松，大陸的陳來、余紀元，香港有黃慧英、英
冠球等人。這些學者反省規則倫理學解讀儒家有其弊病，而提出德性倫理學
更適合詮釋儒家的倫理學。本文選取李明輝與李瑞全兩位教授的立場與觀點
作為規則倫理學解讀《論語》的代表，並以余紀元和英冠球為德性倫理學解
讀《論語》之代表。因其著作中較能夠針對《論語》文本內容詳細地展開討
論，立論清晰，而更能在兩種不同理論相較中凸顯各自的特色與衝突矛盾之
處，更顯張力。以下就兩方各自面對《論語》中重要的語詞概念進行解讀時
的論述互相比較，以逼顯其《論語》詮釋下對儒家倫理學所呈現的不同脈絡，
並檢視是否與《論語》文本解讀有矛盾、扞格不通之處，或是能否更貼近我
們的生活世界，更能說明我們眼前的困境並提供解決之道。

# 第一節　「仁」是形上超越的道德原則還是有教養的德性

　　以「仁」作為《論語》中孔子很重要的核心價值，當無疑義，然而，對
於「仁」的詮釋卻是眾說紛紜、莫衷一是。牟宗三先生說仁是先驗的理性，

〔註2〕牟宗三：《心體與性體》（第一冊）（臺北：正中書局，2006 年 3 月），頁 137～138。

是普遍的依據，是道德自我立法的自律法則，不受外在決定，然而錢穆先生卻說仁是一種道德情感，面對兩位國學大師對仁的說法有著天壤之別，而我們究竟該如何理解仁？唯有理解先秦儒家這個十分重要的核心觀念，方能更加深入而豐富地揭示闡揚先秦儒學。

　　李瑞全於其著作《儒家道德規範根源論》第四章〈儒家之原始典型：孔子之基本型態〉中定義仁有二義：一是個別的德目，與智、勇等德行並列；一是全德之名，統攝一切德目，是一切德行的價值根源。其言：

> 　　孔子所謂我們要有仁，即能實現仁，只在於我們要不要實現它，此即表示仁是我們完全可以自我決定是否要實現的價值，此即意涵仁是我們生命之中本自具有的東西。換言之，仁是我們生命中的道德本質。〔註3〕

仁作為生命中的道德本質，是本自具有、不假外求的，同時又是自主自決的。禮樂則是後天人為製作的，蘊涵收攝在這本自具有、不假外求的仁心之下。仁這一具有普遍性、理性的主體性，不只是一切德目之根源，同時還具備感通的動能，可說是具有動力的第一因，此內在的動力促使我們無條件去行道德義務，命令我們採取行動。然而，這個動力不屬於道德情感，不只是一種移情作用或同情心，而是理性的主體性。李瑞全說明仁的感通義：

> 　　由我們平常在道德情境所感受到的義務的要求中，我們實實在在感受到道德命令即同時含有強烈的動力在內，直接地命令我們要採取行動……不會也不必等待情感方面的動力來協助以完成行動。由此可見，仁心之感動本身即是一種動力，不容我們拒絕，而且要求我們馬上無條件地作出回應。如果我們由於其他因素影響而不去做，或只因考量其他因素或條件才去做，則我們即會感到不安，或自知不道德而感到內疚以致羞恥，或我們知道這只是表面符同道德義務而為的行動而已。這是孔子和儒家對道德動力所感受到而更貼近義務情境的實況，不必用西方哲學知情意三分的模式去說明我們為什麼和如何會做出道德行為。〔註4〕

李瑞全雖自言不必用西方知情意三分模式說明儒家思想，然而，此處很明顯地將仁放在理性與感性二分的預設下，表示仁是理性的道德主體，仁心的感

---

〔註3〕李瑞全：《儒家道德規範根源論》（新北市：鵝湖出版社，2013年），頁140。
〔註4〕李瑞全：《儒家道德規範根源論》（新北市：鵝湖出版社，2013年），頁145。

動也是理性的自發回應，並非情感的動力。依此，在康德義務論的理論解讀下，仁作為道德根源與動力，是不受任何感性因素干擾的理性原則。即便在解釋「仁者愛人」也是如此。愛人不被當作內心的情感自然流露，而是一道德規範，要求我們應該愛護他人。見其言：

> 以愛人為例，這是最容易實行的，因為，這個規範最簡單的要求就是對他人愛護、仁慈的行動。這是人人都可以做到的事。〔註5〕

順此，他對「仁」的定位解讀如下：

> 仁的基本意義自然是對他人的苦難有所感通的表現，此一對苦難的不安的感通即成為我們義務的根源，也就是一切道德行為的根源，即是道德規範根源所在。〔註6〕

以上是李瑞全順著牟宗三先生以康德哲學解讀《論語》中孔子關於「仁」的詮解。以亞里斯多德的德性倫理學解讀先秦儒家的學者從反理論的立場，認為運用現代倫理學解讀儒學，無論是後果論的效益主義或是強調動機的康德義務論倫理學，這種藉由西方分析論證的方式把「仁」當作一普遍抽象的道德法則，難免與中國傳統以來注重具體情境、當機指點式的語言，格格不入。英冠球質疑那些依普遍的原則建構出一套儒家倫理學理論的做法，是否有削足適履、扭曲原意的問題，甚至是蹈空、無實義，將務實的儒學性格改造成抽象不能應用的純思辨體系。為了避免現代倫理學理論化的弊病，他選擇回溯古代倫理學，他特別說明：

> 「古代倫理學」的特色在於指出了，德性之運用，必然是在不同的情況下有不同的處理方式的，正當的行動並非由一般的規則所決定，而是取決於有德者對於身處境況的洞察，從而判斷他應該做甚麼。可以說，「古典倫理學」是以「德性」為中心，並強調實踐的「處境性」的。〔註7〕

古代倫理學，指的就是亞里斯多德的德性倫理學，以追求幸福、美善的人生為目標，多方發展、培養各種能力與美德，以活出美好的人生。英冠球區分現代倫理學與古代倫理學：現代倫理學以義務為中心，重「律法性格」（legalistic character），強調道德的「法則性」，以此檢視個別行動是否符合

---

〔註5〕李瑞全：《儒家道德規範根源論》（新北市：鵝湖出版社，2013 年），頁 147。
〔註6〕李瑞全：《儒家道德規範根源論》（新北市：鵝湖出版社，2013 年），頁 150。
〔註7〕英冠球：〈《論語》反映的倫理學型態——從德性倫理學的觀點看〉，《國立政治大學哲學學報》第一期（2010 年 7 月），頁 113。

法則、規則，此即規則倫理學的特色；古代倫理學重視個人的「德性」，品格與種種美德的培養，幫助我們在面對具體處境能善用「實踐智慧」更靈活彈性地處理不同的狀況，而非僅僅死板僵硬、不知變通地遵守規則，受規則所制約。

　　他認為不能夠用規則倫理學來解讀儒家義理，把「仁」視為道德判斷的準則，而是一種價值自覺的關愛之情。說仁是關愛之情，是強調其感通覺潤的情感義，這是以康德規則倫理學詮釋儒家者所反對的。而說仁是價值自覺，則可為規則倫理學者所認同，且他們更進一步闡揚此價值自覺是因我們有自由意志，自由意志之自主自律即為道德自我立法。何以二者皆強調價值自覺？乃是因為無論規則倫理學者或德性倫理學者皆強調主體性，由此主體的自主自覺所展開一切道德的行為與活動。可以說二者皆基於主體性展開理論架構，然而在方法上，規則倫理學強調依規則作行事的判準，而德性倫理學則強調人格、品德的多方培養，不訴諸於唯一標準。英冠球解說《論語》中「志於道，據於德，依於仁，游於藝。」時說：

> 我們已經可以發現孔子思想之重點確確在於德性生命的修養上，而非追求個別行動正當與否的法則公式。表面看孔子思想之更近乎德性倫理似甚顯然。〔註8〕

他從這段解釋進而推論孔子較接近德性倫理學然而，英冠球認為「仁」不屬於一種德性，而是所有德性的基礎，他說：

> ……「仁」的最基本涵義，即作為價值自覺的關愛之情，嚴格來說並不是一種「德性」。這意義的「仁」並非由習慣或工夫而生的卓越（即德性倫理學家非常重視的，希臘文「德性」一字原有的意思），而是人皆具備的能力，是善之所以可能、工夫之所以可能的條件。這「仁」是道德善的基礎，亦因此是「德性」的基礎，卻不能說「仁」本身就是德性。……反倒說這仁是行為的動機或「道德意志」更符合事實。〔註9〕

說「仁」不是一種德性，是表示它不是與智、勇、直、剛毅等諸德性並列的特殊德性，而是作為全德之名，是所有德性的基礎。英冠球認為作為一切德

---

〔註8〕英冠球：〈《論語》反映的倫理學型態——從德性倫理學的觀點看〉，《國立政治大學哲學學報》第一期（2010年7月），頁117。

〔註9〕英冠球：〈《論語》反映的倫理學型態——從德性倫理學的觀點看〉，《國立政治大學哲學學報》第一期（2010年7月），頁122～123。

性基礎的仁，是行為的動機或道德意志，這點與康德的說法很接近，差別只在於康德認為此動機或意志純粹是理性的，不摻雜任何感性的作用於其間，才足以作為一切道德規範的根源，是絕對純粹的善，而德性倫理學者則認為此道德意志亦包含著情感。

當我們溯源「仁」一詞的意涵時：陳榮捷〔註 10〕考察「仁」一詞背後的意義脈絡，說明在孔子以前，「仁」被視為君王對臣民的「仁慈」，是一具體的德性，或說特殊的德性；到了孔子，除了一些少數的例外，他將「仁」視為總德，也就是全德之名，不再當作某種特殊具體的德性，並且引用蔡元培先生說孔子的「仁」是「統攝諸德，完成人格之名」，以及胡適先生說「仁即是做人的道理」，將「仁」看成很有包容性的德。唐君毅先生也說：「案以仁為一德，與忠信禮敬智勇等相對，自古有之，而以仁統冠諸德，則自孔子始。」〔註 11〕這種區分「仁」作為特殊德行以及涵攝總德的全德之名，為絕大多數研究儒學的學者所接受，無論是規則倫理學或是德性倫理學。

余紀元在討論「仁」的諸多涵義時，特別就各種英譯何者更能恰當妥貼地翻譯「仁」來檢視，他區分「仁」作為特殊德性使用，與智、勇、信、直、毅相對時，應翻譯為「仁愛」；而作為基本德性的仁，也就是涵蓋諸德的全德之名時，應翻作「優秀」，表示「仁是使一個人真正成其為人的品質」。〔註 12〕

余紀元順著葛瑞翰將仁理解為「高貴的、有教養的優秀品質」一義，對應亞里斯多德「人的德性就是既使得一個人好又使得他出色地完成其功能的品質」而將「仁」定位為有教養的德性：

> 而「仁」雖然基於獨特的人性，卻是一種有教養的性情，亦即以修養為形式的人性。〔註 13〕

這個有教養的德性，必待後天的環境教育養成，不似康德的先驗理性屏除了所有經驗的性格，不假外求，斬斷一切與外界的關聯，自給自足。余紀元認為：

---

〔註 10〕〔美〕姜新豔主編：《英語世界中的中國哲學》（北京：中國人民大學出版社，2009 年 12 月），頁 17～20。

〔註 11〕唐君毅：《中國哲學原論·原道篇》（臺北：臺灣學生書局，2004 年 10 月），頁 71。

〔註 12〕〔美〕余紀元著、林航譯：《德性之鏡：孔子與亞里士多德的倫理學》（北京：中國人民大學出版社，2009 年 3 月），頁 54～55。

〔註 13〕〔美〕余紀元著、林航譯：《德性之鏡：孔子與亞里士多德的倫理學》（北京：中國人民大學出版社，2009 年 3 月），頁 56。

　　亞里士多德對幸福的探究和孔子對道的探究導向了同樣的方向。他們都關注德性，而德性使一個人成爲一個眞正的人。〔註14〕就道德倫理方面，康德的規則倫理學與亞里斯多德的德性倫理學都十分關注德性，只是要如何成爲有道德的人，方法與目標迥然不同：康德認爲道德的純粹理性是自主自律，無條件爲善的根源與動機，我們應當努力實踐此純粹理性，依據理性的原則行動，不考慮後果；亞里斯多德則關注如何使道德主體在政治、家庭等各方面培養使生活美滿幸福的品格與德性，而成爲一個有教養的人。

　　如果只從關注德性這點來判斷儒家是否屬於德性倫理學，似乎太過籠統不清。而亞里斯多德對於幸福的理解與孔子所說的「道」是不是一回事，後面也需要更詳盡的探討。以規則倫理學或德性倫理學詮釋《論語》者，著重於關注孔子與康德、亞里斯多德之理論通同處，而忽略了差異。余紀元也反省到這個問題，明白孔子與亞里斯多德兩者之間存在著差異性視角，然而他認爲：「它們（孔子與亞里斯多德）的洞見跨越了各自文化價值觀的界線，並理解了那些對於人的生活而言具有普遍重要性的東西。」〔註15〕

　　問題是，究竟要用康德的規則倫理學還是亞里斯多德的德性倫理學來詮釋《論語》，哪一個的框架更合適恰當？到底「仁」是形上超越的道德原則，還是有教養的德性？如果依照伽達默爾詮釋學提出的「不同的理解」〔註16〕，我們似乎只能存而不論地承認這兩種詮釋都有其各自的理據與完整的架構脈絡，不需要去追問哪一個是較好的理解。然而，比較哲學的長處就是在於他

---

〔註14〕〔美〕余紀元著、林航譯：《德性之鏡：孔子與亞里士多德的倫理學》（北京：中國人民大學出版社，2009 年 3 月），頁 57。

〔註15〕〔美〕余紀元著、林航譯：《德性之鏡：孔子與亞里士多德的倫理學》（北京：中國人民大學出版社，2009 年 3 月），頁 13。

〔註16〕伽達默爾認爲只有不同的理解，沒有較好的理解。因爲一切理解都來自我們不同的前見、前理解，所以沒有唯一固定不變的標準，但也並非沒有標準地隨機任意，而是本於傳統、基於具體的生活情境之視域，不斷進行視域融合的擴大前理解，不斷開放而與其他視域取得共識與平衡。除了「不同的理解」，張鼎國先生梳理詮釋學中上有「照原意理解」、「較好的理解」、「完全理解」以及「不再理解」，前三者都是以一固定唯一標準衡量裁決，有獨斷論之嫌，而不再理解則是放棄理解的可能，並非恰當的進路，故本文採取「不同的理解」之立場，進行對經典的提問與探索。詳見張鼎國：〈「較好地」還是「不同地」理解？——從詮釋學論爭看經典註疏中的詮釋定位與取向問題〉，《中國文哲研究通訊》第三十五期（1999 年 09 月），頁 87～109。

山之石，可以攻錯，我們藉由對比、比較，來檢視各自立場的缺失、遺漏的問題，來更完善彼此，甚至接納對方的意見而改弦易轍，不固執己見，願意調整修改、海納百川的學術態度，不正是「君子以文會友，以友輔仁」嗎？

而在上述對比兩種不同的理論框架，「仁」在康德規則倫理學的詮釋下，成了一切道德規範（禮）的根源，是斬斷所有情感與經驗的最高理性原則、無上命令，是完全自我做主，不假外求的，此道德自我立法的自律原則，保證道德動機發心的純粹，不受後果考量或情感的影響。〔註17〕而在依亞里斯多德的德性倫理學之詮釋下，「仁」是主體自覺的關愛之情，是道德行為發生的動機，同時也考量了行為後果是否能帶給我們幸福美好的人生，它被定義為富含經驗意義的「有教養的德性」，需要在各種實踐的處境下被不斷修改、調整以完善之。

儒家規則倫理學從《論語·述而》中：「仁遠乎哉？我欲仁，斯仁至矣。」〔註18〕及《論語·顏淵》：「為仁由己，而由仁乎哉？」〔註19〕來說明，仁是不假外求、無需外在經驗的累積，是我想要有就能夠達到的狀態。然而，儒家德性倫理學從《論語》其他篇章切入，認為仁總是在人我相處之間所升起的相互關愛之情，如：

> 樊遲問「仁」。子曰：「愛人。」問「知」。子曰：「知人。」樊
> 遲未達。子曰：「舉直錯諸枉，能使枉者直。」樊遲退，見子夏曰：
> 「鄉也，吾見於夫子而問；子曰：『舉直錯諸枉，能使枉者直。』何

〔註17〕 牟宗三先生雖補充可以將道德情感上提為形上超越的道德覺情，然而，在康德的理論架構下，道德情感依然是屬於他律的、經驗的，而非自律原則、先驗的。所以在這個理論框架下，感情是應該被屏斥壓抑的，唯有依自律原則無條件為善，才能將感情上提為理性之實然表現，從而豎立人的尊嚴與價值。詳見《心體與性體》第一冊，牟先生言：「道德情感可以上下講，下講，則落於實然層面，自不能由之建立道德法則，但亦可以上提而至超越的層面，使之成為道德法則、道德理性之表現上最為本質的一環。……依正宗儒家說，即在作實踐的工夫，以體現性體這個關節上，依康德的詞語說，即在作實踐的工夫以體現、表現道德法則、無上命令這關節上；但這一層是康德的道德哲學所未曾注意的，而卻為正宗儒家講說義理的主要課題。」參見牟宗三：《心體與性體》（第一冊）（臺北：正中書局，2006年3月），頁127。

〔註18〕 何晏等注、〔宋〕邢昺疏：《重刊宋本論語注疏附校勘記》（臺北：藝文印書館，1982年8月九版），頁64。本文引述《論語》原文皆出於此本，為使版面簡潔，以下引述《論語》原文僅於引文後附上篇章與頁數。

〔註19〕 何晏等注、〔宋〕邢昺疏：《重刊宋本論語注疏附校勘記》（臺北：藝文印書館，1982年8月九版），頁106。

謂也?」子夏曰:「富哉言乎!舜有天下,選於眾,舉(皋)陶,不
仁者遠矣;湯有天下,選於眾,舉伊尹,不仁者遠矣。」(《論語·
顏淵》,頁110。)

孔子回答樊遲「仁」是「愛人」。且如何「愛人」要通過利於推廣仁的「知」
來幫忙,此有智慧的利仁之方,就在使正直有德性的人來帶領其他內心受傷
而扭曲、自私而歪斜不正的人能夠走向正軌,回到健康而正向的康莊大道上。
這樣的「仁」心是需要他人共同協作配合,無法靠一己之力扭轉乾坤。在道
德實踐的過程中,要求每個人檢視自己的動機使否無條件為善,每個人依照
自律的理性原則而行,這是不切實際的。這也是為什麼德性倫理學家一直採
取「反理論」的立場,以避免理論蹈空之嫌,成為空談心性而對現實無實際
助益的緣故。

曾子曰:「君子以文會友;以友輔仁。」(《論語·顏淵》,頁111。)

君子需要友朋來輔佐、砥礪、淬鍊彼此的「仁心」,需要在師友挾持之中反躬
自省,因此,「仁」絕非自己一個人閉門造車,自給自足的自我立法,那些理
性給出的道德法則若不能與人在現實中互相磨合調整,則容易成為獨斷的暴
力,成為吃人的道德規範。

樊遲問仁。子曰:「居處恭,執事敬,與人忠;雖之夷狄,不
可棄也。」(《論語·子路》,頁118。)

孔子回答樊遲「仁」是在日常生活中,無論是獨處於住處,或是做任何事,
都要秉持著恭敬審慎的態度,在與人相處時要忠實誠懇,即使到外地也是如
此。錢穆先生解這段時說:「然仁者人道,乃人與人相處之道也。」﹝註20﹞表
達了「仁」必定具體落實在人我相處之間,不宜理解為道德自我立法的理性
原則。或有支持康德規則倫理學者將這些篇章段落解讀「仁」在此為特殊的
德性,不屬於無上律令的全德之「仁」,如此則關於《論語》中詮釋「仁」無
法達到其一致性,甚至彼此有互相矛盾的可能。

　　因此,就「仁」是個形上超越的道德原則還是有教養的德性這個問題,
如何在今日恰當地解讀「仁」,還需要更全面地考察關於「天」、「知」、「義」、
「禮」、「孝」等重要詞彙在各自的理論框架下,何者論述更加前後一致、理
路一貫,或哪一個詮釋理路更貼近文本的解讀、更能釋放《論語》深刻且豐
富的現代意義。

---

﹝註20﹞ 錢穆:《論語新解》(臺北:東大出版社,2004年7月),頁368。

# 第二節 「天」是形上超越之根據還是人神合一

牟宗三先生在《儒家的道德的形上學》說「仁」與「天」的關係：

> 孔子出來，提出二概念：一是仁，二是天；我可以一句話來總
> 括孔子的生命智慧，即「踐仁以知天」。他主觀地說仁，客觀地說天。
> 孔子由踐仁而上達天德。若「仁」不提出，《詩》、《書》中的天，很
> 可能轉成基督教型態。故中國文化不轉成基督教型態，亦因孔子之
> 故。〔註21〕

牟先生認為主觀的「仁」使得「天」得到道德的形上學之價值，而沒有轉成
道德的神學，也就是說，如果沒有主體性的「仁」來彰顯，那麼「天」就只
是一人格神意義下的天，是個他律的主宰者，逼著所有人皆須服從這個主體
以外的意志。因而牟先生秉持著「人能弘道，非道弘人」的態度，肯認孔子
言「踐仁以知天」、孟子言「盡心知性知天」、中庸的「至誠盡性」與易傳的
「窮神知化」，皆是通過主體性來彰顯客觀的天道生化之理，以主體性來保證
「天」的形上超越義。

李瑞全順著這個理路進一步展開對《論語》中「天」的論述，他認為我
們透過下學而上達乃是上達於「天」，此「天」的意義是與天地同德的無限超
越之理境，不是人格神意義下的天。而李其對於「天」的理解則落在「天命」
一詞，他對「五十知天命」之說明：

> 從志於學以至不惑，可說都是人生實踐境界之升進，「知天命」
> 則是一種生命之突破，是一超出有限的形體之限制，而接上天命的
> 無限的意義。……單詞的「命」是指命運之命，是我們所不能為力
> 的客觀限制。而「天命」之命是命令之命，是指道德之超驗的普遍
> 性與恆常性，是孔子常賦予敬畏與承當之意的命令。〔註22〕

從康德規則倫理學的脈絡來說，儒家的「天」也擔負著無上的道德律令，與
「仁」同屬於普遍性以及超越性原則，而我們應當對此道德律令感到敬畏而
順服，不得違背，甚至質疑它。只是「仁」是從弘道之人的主體上說，「天」
則是從人能弘道的客觀存在之理言，兩者皆是絕對超越而普遍的規則，如此
一來，不就成了二本？萬物的存在就有兩個不同基礎？因此，「天」與「仁」

---

〔註21〕 牟宗三：《牟宗三先生全集》第二十七冊（臺北：聯經出版事業公司，2003
年5月），頁211。
〔註22〕 李瑞全：《儒家道德規範根源論》（新北市：鵝湖出版社，2013年），頁170。

需區分主從先後的順序，究竟天與仁孰先孰後？依照康德自律倫理學來看，「天」為客觀的存在之理，有淪為外在他律的可能，無法屏除一切外在干擾而完全自我做主，李瑞全又說：

> 孔子之重要貢獻是通過生命中之仁以定住天命之內在性。因此，天命具有一種絕對的道德命令的意義。此所以讓人產生敬畏。〔註23〕

從這段敘述可以清楚了解在康德規則倫理學的架構下，自律與規則的基礎乃是「仁」，而不是「天」，沒有「仁」的主體自主自覺，則無法定住天命的內在性，天成為如同人格神的他律道德；沒有「天」，則無法確認「仁」者有德福一致的保證。與其說「天命」使人產生敬畏感，不如說無條件為善的「仁」此一先驗理性之主體性，使人不得不感到敬畏。

余紀元在比較孔子與亞里斯多德倫理學時，他將儒家的「道」類比於亞里斯多德的「幸福」概念，道與幸福都是通過德性而達到、完成此至高圓滿的境界。在亞里斯多德的理論中，獲得幸福的首要條件是思辨，是過著一種思辨的生活，其次才是實踐德性的生活。余紀元言：

> 進一步說，「誠」與思辨都把人性與神聖存在或宇宙整體系統地聯繫在一起。在孔子那裡，「誠」是天和人的統一，而對亞里士多德，思辨是神與人之間的統一。〔註24〕

在把「幸福」與「道」關聯對比後，余紀元又將「思辨」與「誠」連結起來。至誠君子能夠達到天人合一，而透過思辨，我們也能夠達到人神合一的最高理想。然而，此處亞里斯多德的「神」並非上帝這般外在的人格神，而是與康德學說相近的純粹理性。他認為理性思辨能讓我們朝著永恆不朽的最高善（圓善）實現，因此，他說人是能思辨的動物，以此區別於其他動物，故能享有幸福，是其他不能思辨的動物所望塵莫及的。

余紀元對亞里斯多德的「神」一概念的理解：

> ……神被說成是思辨理論的一個部分。亞里士多德的神不是雅典人信仰的奧林匹斯山上擬人化的眾神。它也不是基督教概念中創造世界並無條件地善的神。相反，對亞里士多德而言，神的生活由完全的思辨活動構成，其生活就是思辨活動。「神的實現活動，那最為優越的福祉，就是沉思。」（《尼各馬科倫理學》，1178b21～22）

---

〔註23〕李瑞全：《儒家道德規範根源論》（新北市：鵝湖出版社，2013 年），頁 170。

〔註24〕〔美〕余紀元著、林航譯：《德性之鏡：孔子與亞里士多德的倫理學》（北京：中國人民大學出版社，2009 年 3 月），頁 289。

> 這並不意味著神是一個實體。相反，神除了是純粹理性活動之外什
> 麼也不是。……神的屬性就是思辨的屬性。〔註25〕

余紀元解讀亞里斯多德的「神」（God）不是希臘神話的神祇，也不是創造宇宙的上帝，而是純粹思辨的理性主體，甚至說除了純粹理性之外，什麼都不是。若單就「天」的形上意義而言，康德與亞里斯多德倫理學的解釋是極其相近，都從純粹理性、純然思辨來說「天」，其不同之處在於亞里斯多德的人神合一必須借助經驗，要從經驗上落實、實踐而得到幸福。

康德的理性主體自覺則純是先驗的，是超絕於經驗之上、又作用於經驗中的自律主體。從這個相異處來看，因康德規則倫理學是以先驗主體爲主，所以能自己給出規則，道德自我立法，不假外求，讓所有人可以遵循此法則，不受感性的干擾而進一步回歸理性主體；然而亞里斯多德的倫理學雖有思辨理性給出規則，但仍須佐以各種美德的培養、後天良好習慣養成中去努力學習、薰陶，以追求幸福美滿的人生。

簡而言之，運用康德的規則倫理學詮釋儒家較爲直截，牟宗三先生認爲：當理性主體一挺立，我欲仁斯仁至矣。當我想要成爲純粹理性的道德主體時，我一逆覺體證〔註26〕，當下就能證得天人合一的最高理境，這個主體豎立的當下就是天道的呈現、聖人的化境，當下即是，無須任何後天的外力幫助。然而亞里斯多德的人神合一，雖同樣是以純粹理性的思辨爲主，但他更曲折與複雜：他區分了思辨活動與實踐活動兩種，關於思辨活動就是「神」——純粹理性的神聖存在，而生活中的具體實踐要達到人神合一則是需要藉助各種美德、品性以及習慣的培養。在亞里斯多德的德性倫理學，思辨活動優先於實踐活動，可以說思辨活動是體，實踐活動是用，兩者是不可分割的體用關係，必須要即用見體，但是又存在著存有層上的區別，就如同儒家講天人關係：天與人不相等同，天是崇高偉大的，而人是渺小卑下的，然而天道的意義就在「弘道」的人身上流露與呈現，被志於道、據於德、依於仁、游於藝的人活出來，在這裡，人參與到天道生化的流行當中，天人合一成爲我們追尋的方向與終極理想。

---

〔註25〕〔美〕余紀元著、林航譯：《德性之鏡：孔子與亞里士多德的倫理學》（北京：中國人民大學出版社，2009年3月），頁292。

〔註26〕「逆覺體證」爲牟宗三先生自鑄語，與「復其本心」相同，逆反回到純粹理性自身，回到主體性的自覺自主。牟宗三：《心體與性體》第二冊，頁492～500。

　　從本章第一節比較康德規則倫理學與亞里斯多德德性倫理學中關於「仁」的概念以及這一節關於「天」的討論，可以發現，規則倫理學與德性倫理學都強調主體的自覺。然而，規則倫理學的主體是純粹理性的，不摻雜任何感性的情感因素，是先驗的〔註27〕，此方可說是形而上的道德理性。如果有感性的情感或經驗的雜揉其間，道德就無法純粹自己作主，而受到感性欲望或是後果目的左右，不能成為自由意志，淪落為他律道德。德性倫理學主張人神合一的最高理想也是「神」──純粹理性的思辨活動，然而它認為「仁」不僅僅是純粹理性的主體，同時也包含了真情實感的關愛之情。在天人合一的討論中，並非先驗的沉思冥想等思辨活動就能夠達到人神合一的最高善，亦須後天的生活經驗輔助，需要仰賴後天的習慣養成，才能塑造培育出一個個有品德的高尚人格、謙謙君子。

## 第三節　「義」是應然的價值判斷還是一種實踐智慧

　　李瑞全在探究天命與義之間的關係時，區分了「命」有兩種意思，一種是命運之命，即對個人的有限生命所無可奈何的客觀限制；一種是知其不可而為之的天命，是我們行道的應然義務，不受任何客觀的命運所限制，而凸顯其超越義。〔註28〕他引用唐君毅先生對義命合一的解釋，說明唐先生沒有區分命的兩層涵義，而以天命之義來涵攝、超越此命之限制，進一步說義命合一之旨。李瑞全於此闡述道：

> ……換言之，天命之命令所至，乃是由我們的義所當為之事，則縱使有所限制之客觀命限在，但我們仍應全力推行天之命令，擴充此道，如是，則命運之命並非我們的限制，而是我們義命所應去推行之事。

> 在道之不行時，我們自然仍有義務去推行義所當為之事，不能接受客觀限制的定限，此即是知其不可為而為之的使命感，也是儒

---

〔註27〕牟宗三先生援引康德解讀儒家義理時，表示「在現實自然生命以上，種種外在的利害關係以外，有一超越的道德理性之標準，此即仁義、禮義、本心等字之所示。人的道德行為、道德人格只有毫無雜念毫無歧出地直立於這超越的標準上始能是純粹的，始能是真正地站立起。這超越的標準，如展為道德法則，其命於人而為人所必須依之以行，不是先驗的、普遍的，是什麼？」牟宗三：《心體與性體》（第一冊）（臺北：正中書局，2006年3月），頁119～120。

〔註28〕李瑞全：《儒家道德規範根源論》（新北市：鵝湖出版社，2013年），頁173。

家的理想主義的情懷。我們本於義務而不斷實踐，則客觀的命限即在不斷減退之中。我們多作一分努力，道德王國就前進一步。外在的困難反成我們盡義務的呼召。〔註29〕

在處理義命問題時，李瑞全以應然的「義」來涵攝實然之「命」義，與唐君毅解釋義命合一不同。唐先生以用行舍藏來說君子的出處進退無不是道，無不是義，義就落在君子接納面對任何無可奈何的特殊際遇情境，義作為一判斷去留的「知」，是對於人的有限性（命限）有所了解的，同時他也明白每個人有其各自的使命，此乃知天命也。「義」如何在「命」——人生種種際遇與處境之考驗下顯現，這是很有張力與存在感的。然而李瑞全言：「在道之不行時，我們自然仍有義務去推行義所當為之事，不能接受客觀限制的定限，此即是知其不可為而為之的使命感」時很明顯是把「義」、「命」分立，因為我們需無條件去行的道德義務，所以不接受命運的限制而思超越與突破，否定人的有限性，欲掙脫一切外在條件之干擾，勉力以主觀意志超越實存生命客觀的限制，往上提升至形上學的層面。

唐君毅先生從「即命顯義」來講義命合一，強調人如何面對錯縱複雜的處境，應之以良知本心而處之有道；李瑞全則從「攝命歸義」來表達義命對揚、義命分立的意思。在這裡，他將「義」解讀為應然的義務，無論外在客觀環境如何變遷，道德主體都應該去實踐此應然的義務，這個應然的義務是普遍性的原則，無一例外。

然而，「義」如果是這麼強制性的規範，它規範我們每個人都必須去行此義務，那麼，孔子又為何在稱讚了史魚這個典範之後，又讚嘆了蘧伯玉這個典範呢？

> 子曰：「直哉史魚！邦有道，如矢；邦無道，如矢。君子哉蘧伯玉！邦有道，則仕；邦無道，則可卷而懷之。」（《論語·衛靈公》，頁138。）

孔子稱讚史魚是如此耿直的一個人，國家有道時，他像箭矢一般筆直無畏，即使天下混亂無道時，他依舊如箭矢般直率地敢於犯顏直諫。史魚的態度可說是規則倫理學的立場，強調的無論外在客觀環境如何，我始終勉力去推行義所當為之事，這就是道德主體自我要求的義務。然而，孔子接著又稱讚了蘧伯玉，說他真是位君子阿！為什麼說他是君子呢？因為他在天下太平時，

---

〔註29〕李瑞全：《儒家道德規範根源論》（新北市：鵝湖出版社，2013年），頁174。

能夠出來當官，為國為民效力；在國家昏亂時，也能夠收斂涵藏，好好保全有用之身，不輕易地壯烈犧牲。

　　蘧伯玉可說是窮則獨善其身，達則兼善天下的代表，是「隱居以求其志，行義以達其道」的體現。然而這樣的人，在康德規則倫理學的檢視下，是不合格的，他不但沒能堅持義所當為，還屈服於命運的限制，沒有知其不可而為之地踐履其應盡之義務。

　　李瑞全在討論孟子時，將「義」定義為道德的價值判斷，羞惡之心就是判斷這個行為是不是符合規則，是不是無條件為善的自律道德，或者是有條件的他律道德？如果在行動的當下，不去考慮任何目的與後果，方符合應然的自律道德原則，才具有純粹的道德價值與意義。他說：

> 　　綜而言之，孟子固然可說是內在論，是一種道德意識內在論，因為孟子主張仁義內在，而且出於不忍人之心。但是孟子所謂義即是羞惡之心，此心即是義之判斷的根源和根據，它同時即具備推動行動者的動力，不是由動力而產生義的判斷。換言之，羞惡之心一方面即是義之判斷，另一方面也同時是義之動力的發源地。羞惡之心之動，即作判斷，即同時是動力，即是促使行動者去行動的根源力量。〔註30〕

　　袁保新在此提出不同的看法，其言：

> 　　……但以「理」「義」來概括人性的內容，則目的在強調「惻隱」、「羞惡」、「恭敬」、「是非」之心，一方面是具有「普遍性」與「規範性」，故謂之「理」；另一方面，它們作為道德情感，並非冰冷森嚴的作為靜態的法則幽居於理性的宮殿之內；相反的，我們的道德心靈自始自終都是以通達外在世界一切具體的人我、人物關係為最終目的，因此，又稱之為「義」。這裡，「義」這個概念，凸顯的是「人路也」的義涵，它要強調我們的道德心靈，總是以通達人我、物我為其最終圓成的方向。〔註31〕

袁保新認為孟子強調「義」是凸顯我們的心靈能夠走出自身，通向人我的道路，不是封閉在理性的國度裏面自給自足。他補充道：

---

〔註30〕李瑞全：《儒家道德規範根源論》（新北市：鵝湖出版社，2013年），頁246。

〔註31〕袁保新：〈人性與歷史——從當代儒學的詮釋爭議到孟子人性論的新試探〉，《宗教哲學》第八十二期（2017年12月），頁108。

　　孔孟對人性與道德的關懷，雖然並沒有排斥通過概念思考建構出關於道德的系統性的說明，但是，只要「成德」這件事基本上是一個實踐層面的問題，是一個每個個體生命必須要獨立面對、回應、解決、完成的使命，那麼，倫理學要處理的問題，就必須轉化爲一種有關「教養」、「教化」的「生命的學問」，躍昇爲一種「成德之教」。〔註32〕

　　即使孟子認可運用概念思考來幫助我們理解人性、理解道，然而，孔、孟思想始終是以「實踐」爲首出的實踐哲學，而非知識理論的架構，因此，袁保新透過對文獻的分析、探討、論證，指出孟子的道德思考不適合理解爲「規則倫理學」他說：

　　　　就孟子表示「仁義禮智非由外鑠我也」來看，它的確與自律倫理相近。但就前文的分析來看，仁義禮智在這些脈絡中，「法則」的性格不強，它作爲「道德情感」或「能力」，自始自終都是指向各式人我、人物的關係所構成的生活世界，乃道德心靈與世界感而通之的一體呈現，最終以人文世界價值秩序的完成爲目標。換言之，孟子從未像康德的嚴肅主義一樣，從「自我立法」的角度將「仁義禮智」視同先驗的道德法則，自給自足地高踞「理性」的國度，因此我們實不必因爲孟子主張道德實踐的自主性，就一定要爲孟子貼上「自律道德」的標籤。〔註33〕

　　孟子是「自律道德」的標籤可以拿掉，同理可證，「規則倫理學」的標籤也可以被撕下來，但是，換上「德性倫理學」的標籤來解讀孔孟儒家難道就百分百的合適恰當，沒有任何不妥？這需要我們再更深入詳細地探討。

　　代表儒家德性倫理學立場的英冠球，引用《論語》：「君子喻於義，小人喻於利」說明「義」是一作爲思考行動、道德判斷的依據，說它是行動德性強調實踐的特性，而「喻」有通曉、明白的意思，表達「義」還有一個理智的向度，在亞里斯多德倫理學中又叫做實踐智慧（prudence）〔註34〕。他說：

〔註32〕袁保新：〈人性與歷史——從當代儒學的詮釋爭議到孟子人性論的新試探〉，《宗教哲學》第八十二期（2017年12月），頁109。

〔註33〕袁保新：〈人性與歷史——從當代儒學的詮釋爭議到孟子人性論的新試探〉，《宗教哲學》第八十二期（2017年12月），頁110。

〔註34〕此實踐智慧 phronesis 的英譯有「prudence」、「practical intelligence」、「intelligence」、「wisdom」之翻譯。在亞里斯多德倫理學中，明確區分了實

　　　　「義」者本是正當、合宜之義，孔子用之正表示在具體處境中
作正當合宜的道德判斷，或作這種判斷的能力和經培養而強化成的
德性（通於「智」）。〔註35〕
並進一步將「義」與「實踐智慧」相提並論：
　　　　這「義」作爲道德思考並非應用法則公式以演繹道德判斷的推
理活動。孔子崇尚「中庸之德」和「中行」，而要避免「過」與「不
及」，亦顯示出「喻於義」的道德思考近似於德性倫理學者所強調的
「實踐智慧」，不是遵守外在的律則以機械地制約行爲，卻是要經踐
履工夫的磨練而成熟，隨處境而能時中地作出泛應曲當之判斷和行
動，以至於「從心所欲不踰矩」的圓熟化境。〔註36〕
用「實踐智慧」來解讀「義」，首先說明它的「中庸之德」，是使道德活動落
實在具體生活中如何能無過與不及的思考判斷；其次是強調它的情境化、處
境化原則：「義」必落實在具體情境中，不能脫離各種獨一無二的處境而存在，
它不是抽象理論性的普遍原則，而是具體實踐性的特殊處境化；第三點是實
踐智慧就落實在經驗中不斷犯錯改正、調整而使人的行爲與思考逐漸熟練與
成熟，最終達到義精仁熟的圓熟化境。

　　英冠球區別「仁」、「義」的意涵，認爲仁作爲道德的根源更加重視動機，
義的釐定則尚須考量後果。這並不是說孔子的學說就是一種目的論、後果論，
而是指當他用「義」說明道德判斷時，不僅只於存心動機而言，而要更加整
全周密地考量到各種可預期的結果是否會導向善的後果。在康德規則倫理
學，「義」僅僅只是存心動機，不能摻雜任何對於後果的考量，一旦動機不純
粹就不是無條件爲善的自律道德，而成了他律。

　　英冠球特別說明仁、義、禮之間的關係不是各自獨立，而是互相關聯、
彼此豐富的整體考量，他說：
　　　　放到儒家的義理上，對於一個行爲作道德評價，

　　　　踐智慧與理論智慧，理論智慧意即事物的形構之理，實踐智慧則是使倫理德
　　　　性在實踐的過程中更加合宜恰當的能力，可說是一種洞察力與應變能力，此
　　　　洞察力與應變力都將人導向善的目的。
〔註35〕英冠球：〈《論語》反映的倫理學型態——從德性倫理學的觀點看〉，《國立政
　　　　治大學哲學學報》第二十四期（2010年7月），頁125。
〔註36〕英冠球：〈《論語》反映的倫理學型態——從德性倫理學的觀點看〉，《國立政
　　　　治大學哲學學報》第二十四期（2010年7月），頁127。

（一）既取決於整個德性人格的價值取向和其關愛之情的動機
　　　上（仁）；

（二）亦決定於所作出的工夫修養（禮）和具體努力，以及

（三）這工夫修養或行動是否為滿足其道德心願最佳的行為選擇
　　　（義）上。

　　　所以，道德評價絕非簡單機械的計算推理，而是貫串仁、義、
禮作出的整體考量（holistic evaluation）。〔註37〕

「義」在仁與禮之間作用，幫助成就德性人格的價值與關愛之情的體現，並
且使習慣的養成更好的落實在生活中。「義」的行為判斷雖不免對後果有所預
期與推測，然而其重心仍著重在道德心願上，也就是道德主體的初衷動機上。

　　我們回顧《論語》中關於「義」的片段加以檢視分析：

　　　子路曰：「君子尚勇乎？」子曰：「君子義以為上。君子有勇而
無義為亂，小人有勇而無義為盜。」〔註38〕（《論語・陽貨》，頁159。）

從這段可見「義」的規範義，使君子與小人的行為得到約束與規範，不會奮
不顧身、不顧後果地為所欲為，而是在勇往直前的同時，思考是否自己言行
合宜恰當與否，是否有過與不及之弊。

　　　子曰：「君子義以為質，禮以行之，孫以出之，信以成之：君
子哉！」（《論語・衛靈公》，頁139。）

孔子說君子以義為其質地，用禮來施行、推行義，謙遜地表現出來，紮紮實
實、循序漸進地慢慢積累成就，真是令人讚嘆的君子啊！君子把義當成他的
內涵、質地，即「義」是君子心中不可或缺的重要德性，因為他心心念念都
是「義」，而不是「利」，所以他有別於小人，而被稱揚為君子。如孔子所說：
「君子喻於義，小人喻於利。」（《論語・里仁》，頁37。）而君子面對天下如
此錯綜複雜的各種關係，他要如何應對？孔子說：

　　　子曰：「君子之於天下也，無適也，無莫也，義之於比。」（《論
語・里仁》，頁37。）

孔子說君子面對天下的態度，沒有一定要這樣做或一定不這樣做，一切都只

---

〔註37〕英冠球：〈《論語》反映的倫理學型態——從德性倫理學的觀點看〉，《國立政
　　　　治大學哲學學報》第二十四期（2010年7月），頁128。

〔註38〕子路問孔子君子崇尚勇嗎？孔子回答他說：「君子崇尚義。君子如果只有勇而
　　　　沒有義加以節制，就容易犯上作亂；小人如果只有勇而沒有義，就會成為盜賊。」

看是不是合宜恰當。君子以義為其依歸，來面對、處理天下間各種棘手的問題，如人與人之間、族群與族群之間的衝突矛盾、利益分配……等問題，他皆秉持著「義」的原則去處理各種事務。然而，該怎麼解讀「義」？「義」究竟是公平正義、還是合理的規範，抑或亞里斯多德的實踐智慧？

筆者在此避免以合理正當的「正義」（justice）來詮表「義」，因為用正義這個詞，背後不免夾雜一套西方理論的預設立場：即為了解決社會上的種種利益衝突所提倡的社會公平與正義，容易引起誤解。而當我們從字源上來說義，宜也。義就是合宜恰當的意思。若就孔子義利分辨之處來談，義是道義、公義，是大公無私的，是合於天道造化流行的理，是考量所有人、所有存在的利益與幸福，而不僅止於自身的欲求滿足或是利益考量。「義」不是靜態抽象的形上之理，而是在生活中、各種特定情境中的動態之理，它使仁心在道德實踐中得到合宜恰當地表現與流露，而不會輕易傷人或是傷己，它也使儀節、禮俗在運用的過程中因時制宜地調整、改革，不至於僵化，成了吃人的禮教。「義」的情境化原則使禮得到活化與昇華。

當我們以康德規則倫理學來解讀「義」時，強調其應然的道德自我要求，這驅使我們必須向著規則靠攏，依照規則、原則，這件事應該這樣做、不應該那樣做。一切價值判斷皆根源於規則，即便此規則並非外在的他律道德，而是從內在的道德自我立法來說，是純粹理性自己給出的規則，所以我應該要依循我自己訂出的道德原則無條件為善，不考慮任何後果，只問存心與動機。這樣的道德判斷以正當合理性為準，它具有一種強制性的壓迫感，迫使我們都必須服從此規則，而沒有例外，任何例外都需要被排除，才能保證其合理正當性，才能保住其純粹性。

德性倫理學強調「義」作為實踐智慧的具體情境化、處境化原則，是有別於思辨理性的理論智慧，雖然它也同時具有理智的向度，但是它更注重具體情境的落實。以「義」為質的君子，依憑著仁心為其動機，表現在合適恰當的行為活動中（禮），而朝著德行圓熟的人格典範——聖人努力邁進，如亞里斯多德所說：

> 因此，正如在形成意見的方面靈魂有聰明與實踐智慧兩個部份
> 一樣，在道德的方面也有兩個部分：自然的德性與嚴格意義的德性。
> 嚴格意義的德性離開了實踐智慧就不可能產生。〔註39〕

---

〔註39〕〔美〕余紀元著、林航譯：《德性之鏡：孔子與亞里士多德的倫理學》（北京：中國人民大學出版社，2009 年 3 月），頁 234。

可以發現實踐智慧與儒家的「義」都是強調一個人在具體的生活中情境朝向完整而健全的人格修養努力，不是純粹思辨性的道德判斷，也不是普遍性的超越根據。在這一點，《論語》的倫理學型態看起來似乎更接近德性倫理學。〔註40〕

## 第四節　「禮」是先驗原則之客觀化還是後天的習俗

前面幾節討論了《論語》中「天」、「仁」以及「義」各自在規則倫理學與德性倫理學的詮釋下所展現不同的意義與風貌，然而，這些詞語概念似乎都較抽象而不易理解。「禮」則更加具體而清晰地展現儒家倫理學的精神內容，而規則倫理學和德性倫理學又是如何解讀儒家的「禮」？

孔子在面對他的時代問題：周文疲弊、禮崩樂壞，他反省禮樂制度之價值乃是基於人性中仁義的精神，見《論語》：

> 林放問禮之本。子曰：「大哉問！禮，與其奢也，寧儉；喪，
> 與其易也，寧戚。」（《論語・里仁》，頁37。）

林放問禮的根本為何？孔子讚嘆他的問題是個了不起的問題，並反省眼前的禮文儀節過於鋪張奢華，注重外在的排場，遺忘了禮節乃出於人心、人情之表現。過於注重外在排場而忽略內心情感，是本末倒置，還不如便宜行事，簡化那些繁文縟節，回歸人性根本之真性情流露。如舉行喪禮時，過於嫻熟那些禮俗流程而虛偽地行禮如儀，被形式僵化的禮節所左右，不能夠好好地抒發內心的哀戚之情，這也都是捨本逐末的行為。

李瑞全根據這段文獻解讀認為孔子談論禮、重視禮，並非將「禮」當成其主要核心思想，而是要指出「禮」這個行為規範、規則的背後有一個道德的依據，也就是「仁」，就是無條件為善的純粹理性。他說：

> 在《論語》中，禮一詞出現的次數僅略少於仁，而孔子之重視
> 禮亦彰彰明甚。此所以有西方學者以禮代表孔子的核心思想。但是，
> 孔子如果只是以禮為思想的核心，則孔子之貢獻就非常有限。而且，

---

〔註40〕 即便兩者有其相近相通之處，然而，我們亦不可忽略《論語》倫理學與德性倫理學有其相異之處，如孔子談論義是在公義與私利的脈絡中突顯人秉持道義而行的選擇能力，並不是立基於如亞里斯多德考量幸福生活的目的那樣。還有德性倫理學背後預設的主體性與本質主義框架，也不適合套用在《論語》倫理學的詮釋。

這是忽略了孔子當時面對的是一個禮崩樂壞，禮樂都變成儀式化，
甚至僵化，缺乏了精神價值與內涵，談論禮正是要為禮找出一個道
德的根據。〔註41〕

他反對如西方著名漢學家芬格萊特（Herbert Fingarette, AD1921～2018）將「禮」
當作孔子思想的核心概念，而是尋找禮樂規範的源頭，也就是「仁」。並表示：

在《論語》所表示的義理中心和價值結構上，仁之重要性幾乎
是無可置疑的。禮只是孔子用以帶出和表現仁以及義的價值。〔註42〕

他進一步解讀《論語》中「君子義以為質，禮以行之」說：

此明顯是以義是禮之本質，藉禮而表現出人所應為的事，或仁
所應盡的義務。……綜括《論語》中孔子所述，無論如何都不能把
禮看成首出獨立的價值。〔註43〕

在李瑞全的規則倫理學詮釋架構，禮是依附在仁義的自律道德與應然原則下
展開的社會規範，沒有其獨立價值，必須「攝禮歸仁」，將禮樂代表的客觀
社會制度與價值收攝在主體性的仁這個基礎上，禮才是有價值意義的。禮崩
樂壞的問題才因此得到振救，從源頭根本上徹底改頭換面，重建並樹立新的
道德秩序。

在討論宰我問三年之喪的這段，李瑞全依康德規則倫理學解讀為：

在此對話中，孔子明顯地是把三年之喪的喪禮建立在仁心的安
不安的感受上。此即是上文所謂攝禮歸仁的一個明顯的例子。守不
守一種禮的關鍵不在社會功效的考量，也不是依不依照自然規律而
行事的問題。禮樂是表現我們的義務的自我要求，是我們的仁心的
一種自然表現。這也表示孔子所謂仁在我們生命中即是在我們的心
靈的表現，此仁心決定我們的道德上應為的事。但這種表現並不是
我們的主觀情欲的表示。仁心所含的應然是具有普遍要求的行
為。……以康德的用語來說，仁心的要求具有一種普遍性，因而具
有理性的意義，雖然出於我們的自我要求，但不是我們的主觀情欲，
而是出於我們的主體性，是一種具有普遍意義的自我要求。〔註44〕

〔註41〕李瑞全：《儒家道德規範根源論》（新北市：鵝湖出版社，2013 年），頁 138。
〔註42〕李瑞全：《儒家道德規範根源論》（新北市：鵝湖出版社，2013 年），頁 138。
〔註43〕李瑞全：《儒家道德規範根源論》（新北市：鵝湖出版社，2013 年），頁 138。
〔註44〕李瑞全：《儒家道德規範根源論》（新北市：鵝湖出版社，2013 年），頁 144。

李瑞全說守禮的關鍵不在「社會功效的考量」，指的是功利主義（或稱效益主義 Utilitarianism）〔註45〕。他依康德倫理學來解讀禮樂是源於主體性的仁心之發用，是我們道德義務的自我要求之表現，是將此普遍性的自律主體客觀化地呈現展示為種種社會規範，使我們都能符合道德上的應然，而不淪為情感欲望的奴隸，所以仁必然是出自理性的，而非感性的，是自律的，而不是他律道德。此根源於仁心的禮，是出自於先驗的道德理性，不夾雜任何後天經驗的影響，而表現並作用在經驗上，成為各種被我們所遵循的規則，也就是禮。因為仁心具有普遍性，因此，禮也連帶著具有普遍意義，是適用於所有人的規範原則，它是先驗的純粹理性之客觀化，成為現實生活中人人需要遵循的道德法則、社會規範。

而德性倫理學者雖也認同「仁」是「禮」的根據，但是卻不同於規則倫理學者將外在規範的「禮」收攝在「仁」之下，將禮視為符合先驗理性的客觀化原則，追求行為的正確正當。英冠球在討論「德（仁）」與「禮」時說道：

> ……將孔子下開的儒學傳統稱之為「成德之教」，可見是準確地描述。無論為政還是修德講學，其內容都在於習禮，因為禮就是個人以至社會政治的道德規範生活秩序，這是「道之以德，齊之以禮」的微意所在。可說，「禮」與「德」在孔子的思想中是互為表裡的兩事；禮強調的較偏重外在的規範儀軌；而德則較偏重道德人格的整體修養。〔註46〕

他將「德（仁）」與「禮」視為並列的表裡關係，缺一不可。而規則倫理學者則是將「仁」與「禮」視為上下、本末的關係，禮不可沒有仁作為基礎，然而仁卻可忽略無視禮的存在。因為仁是先驗的純粹理性，是第一序的，是自給自足不假外求的自律道德，更是形上超越的普遍原則，禮只是隸屬依附於其下，是第二序的。英冠球雖然也承認「仁」是「禮」的內在依據、基礎，然而禮文事功之外在表現使內外一如，也是同樣重要的。他對《論語》中「依於仁，游於藝」的說明：

---

〔註45〕 規則倫理學的兩個主要代表為康德倫理學以及邊沁、彌爾的效益主義，參見黃慧英：《儒家倫理：體與用》指出：「Winkler 與其他反理論（anti-theory）的倫理學者所指的傳統規範理論，乃由效益主義（Utilitarianism）與康德學說分庭抗禮。」黃慧英：《儒家倫理：體與用》（上海：三聯書局，2005 年），頁 21。

〔註46〕 英冠球：〈《論語》反映的倫理學型態——從德性倫理學的觀點看〉，《國立政治大學哲學學報》第二十四期（2010 年 7 月），頁 117。

「仁」就是修德守禮的內在依據；並且又應該在現實生活中涵泳性情於六「藝」之中，以陶冶自得圓滿的生命，或將文藝才能落實於現實事功。因此，就從〈述而〉篇這短短一節總綱式的文字而言，我們已經可以發現孔子思想之重點確確在於德性生命的修養上，而非追求個別行動正當與否的法則公式。表面看孔子思想之更近乎德性倫理似甚顯然。〔註47〕

若僅就依仁游藝一段之解釋來論證孔子的倫理學更近德性倫理學，似乎太過牽強武斷。中國哲學進入現代化，在反向格義〔註48〕的過程中，通過西方的哲學理論來解讀中國傳統學術思想時，不免夾帶著一整套背後預設的立場與理論架構，為中國哲學注入新生命的同時也增加了許多「知識障」。

若僅僅從字面上來看，《論語》中的隻言片語都是在生活各個層面在講人德性上的自我修養，無論是在家庭社會、政治宗教或教育等各方面，都在努力朝著人我之間更正向穩定與美好的關係、秩序前進。然而無論是規則倫理學中康德的自律倫理學，或是效益主義的目的論，抑或是德性倫理學、角色倫理學、商談倫理學和關愛倫理學等等，都是在探討人的德性修養。只是他們各自的立基點或焦點、敘述有不同的側重，或是達成目標的路徑方法不一。如果只就孔子思想的重心是在德性生命的修養上來判斷儒家的倫理學屬於德性倫理學，似乎有些過於簡化問題。因此，我們還需要回到文獻的閱讀理解與分析中尋求更多支持的例證，幫助我們對於儒家倫理學有更清晰的思考的理路，並藉著他山之石，來活化中國哲學，尋求適用於我們這個時代的詮釋典範。〔註49〕

余紀元溯源禮的意涵與英譯，說「禮」最早意指宗教祭祀的儀式，如《說

---

〔註47〕英冠球：〈《論語》反映的倫理學型態——從德性倫理學的觀點看〉，《國立政治大學哲學學報》第二十四期（2010 年 7 月），頁 117。

〔註48〕劉笑敢：《詮釋與定向——中國哲學研究方法之探究》（北京：商務印書館，2009 年 3 月），頁 97～128。

〔註49〕如同余紀元在其著作的導論中說明為何要取名為德性之「鏡」：「比較哲學的目標是鏡映雙方，以增加自我理解與彼此的相互理解，並發現在各種現象中所含的真理因素。確立一個唯一的勝利者對一種比較而言既無必要，也沒有幫助。」〔美〕余紀元著、林航譯：《德性之鏡：孔子與亞里士多德的倫理學》（北京：中國人民大學出版社，2009 年 3 月），頁 12。這是一種面對比較哲學十分正向且開放的態度，使我們在比較中能夠有更多的選擇與更豐富的可能性，不會故步自封，也不致敝帚自珍，妄自尊大。

文》將「禮」解釋爲「履」或「示」,「履」就是鞋子,引申爲踐履、實踐的具體行動。「示」則是表達與宗教祭祀有關。杜維明〔註50〕解釋「中庸」爲「妥善侍神及爲人謀福的姿態或行爲」然而,他不從宗教性這方面來詮釋「禮」,而聚焦於其社會性。〔註51〕他選擇用「social rites」翻譯禮,並將「禮」定位爲「被社會承認的整個行爲規範、風俗、制度和生活方式。」〔註52〕

余紀元爬梳倫理學「ethics」這個字源於「Ethos」:傳統的社會與文化環境以及被廣爲接受的行爲方式。它與希臘術語 êthos 相關,êthos 即屬於品格的東西。〔註53〕在這裡,我們可以發現倫理學的字源與特定的社會習俗之約定俗成有關,遵照約定俗成的方式生活的人們能夠建構與維護一個穩定和諧的社會秩序,因而努力遵從禮節習俗的人也被認爲是有品格的人。

余紀元從亞里斯多德《尼各馬科倫理學》中看到亞里斯多德十分重視「習慣」要如何內化成爲我們的品格,而不只是盲目地、機械式地形成某種習慣,其中還有「理性」存在。他引亞里斯多德的話說:「習慣的教導在先,而理性的教導是終點。習慣的制度化是爲了發展理性。但這不意味著後者能取代前者。道德教導的最終目標是理性與習慣需要彼此一致,一致之後方能產生最佳的效果。」〔註54〕如果從這點來看《論語》中,孔子自言七十歲能「從心所欲不踰矩」的德行圓熟,也正是經過反思、反省的「仁」之理性,與嫻熟於「禮」之習慣並行不悖,仁與禮一致,進而達到義精仁熟的最佳效果,成爲大人、聖人的人格典範。

從注重「禮」與習慣養成來說孔子與亞里斯多德在道德教育、人格養成方面,同樣都是規約性的,都強調對人的行爲舉止應有所規範約束。而余紀元也說明孔子與亞里斯多德在這裡有些差異:孔子「復禮爲仁」,他欲恢復的

〔註50〕 杜維明著、段智德譯:《中庸:論儒學的宗教性》(北京市:生活・讀書・新知三聯書局,2013 年 6 月)。

〔註51〕 余紀元不從宗教性談「禮」,或許是爲了避免神學式的解讀,或者是把禮訴諸於抽象的形上根源,而更強調其社會性,表示禮是在現實生活中可被我們所運用、實踐的,強調其實踐性。

〔註52〕 〔美〕余紀元著、林航譯:《德性之鏡:孔子與亞里士多德的倫理學》(北京:中國人民大學出版社,2009 年 3 月),頁 160。

〔註53〕 〔美〕余紀元著、林航譯:《德性之鏡:孔子與亞里士多德的倫理學》(北京:中國人民大學出版社,2009 年 3 月),頁 161。

〔註54〕 〔美〕余紀元著、林航譯:《德性之鏡:孔子與亞里士多德的倫理學》(北京:中國人民大學出版社,2009 年 3 月),頁 162。

禮是周代理想社會的禮制〔註55〕；而亞里斯多德的社會禮俗習慣則是針對特定的族群，他談到中庸的德性，表達「是那些在一個特殊社會風俗之中培養的那些人」，也就是年輕的雅典貴族，是被期待為雅典立法的人，這些人繼承了雅典高尚的貴族文化，是在貴族教育下成長的特定族群。〔註56〕

余紀元在這裡將亞里斯多德與孔子之異同表述出來，並且提出雖然孔子好古而且崇尚周禮，看似注目過去，拘泥守舊，實際上卻是尊重傳統並要求我們要依照禮的精神「仁」來革新，因革損益現有的禮制；亞里斯多德表面看似提倡改變並清晰地展望未來，然而他對傳統的連續性特別強調需謹慎對待，更多時候是偏於保守而非勇於突破、革新創造的。〔註57〕

在規則倫理學家看來，「禮」的意義在孔子《論語》倫理學的思考中被收攝在仁心之中，「攝禮歸仁」是把禮作為理性（仁）的客觀化，並且在生活中具體落實的結果。禮沒有獨立的價值地位，它依附於仁心之下，仁才是最重要的內聖根源，禮教則是外王的展現。儒家的內聖外王在規則倫理學的解讀下，以內聖為基礎，外王的事功則是禮在家庭、社會、國家以及宇宙之展現表露。沒有仁，禮只是虛的形式，沒有實義，虛有其表；而沒有禮，亦不妨礙仁心之自給自足，道德之自我立法，仁心（道德理性）會自己給出法則、規矩以規範約束自身之言行舉止，使之循規蹈矩，符合法則，不隨著感性欲望起舞、流盪而恣意放肆，道德淪喪而行為失當。因此，在規則倫理學中，「禮」成為一種先驗理性的原則之外在客觀化的義務要求，要求將此理性原則落實於日常生活中。

德性倫理學者則定位「禮」是後天經驗的習慣與特定風俗，是約定俗成的，因此可以改變與調整，它不像規則倫理學那樣固定不變且有強制性，是隨時可以調整修正的。如孟子講「志壹則動氣，氣壹則動志也」一樣，心志意念足夠集中專一，則可以影響外在行為舉止的表現；同樣，習慣之養成，無論是好習慣或是不良的習慣，也都能動搖心志，改變一個人的內

---

〔註55〕 余紀元在其書第一章已表明「孔子對周禮有著深深的仰慕與讚許。禮儀化是對周禮所蘊含的價值的內化。」參見〔美〕余紀元著、林航譯：《德性之鏡：孔子與亞里士多德的倫理學》（北京：中國人民大學出版社，2009 年 3 月），頁 165～166。

〔註56〕 〔美〕余紀元著、林航譯：《德性之鏡：孔子與亞里士多德的倫理學》（北京：中國人民大學出版社，2009 年 3 月），頁 165。

〔註57〕 〔美〕余紀元著、林航譯：《德性之鏡：孔子與亞里士多德的倫理學》（北京：中國人民大學出版社，2009 年 3 月），頁 166～168。

在品格。亞里斯多德在討論禮俗的習慣化時,並沒有忽略內在的主觀理性,同時強調外在的客觀風俗習慣,兩者齊頭並進,希望能夠達到一致,內外交相養,身心一體,理性與習慣、仁與禮、內外彼此交互提升,朝向幸福美好的人生邁進。

若僅看以下幾則《論語》原文,會贊同規則倫理學將「禮」收攝到「仁」之中:

> 子曰:「人而不仁,如禮何?人而不仁,如樂何?」(《論語·八佾》,頁 26。)

> 林放問禮之本。子曰:「大哉問!禮,與齊奢也,寧儉;喪,與其易也,寧戚。」(《論語·里仁》,頁 37。)

> 子貢欲去告朔之餼羊。子曰:「賜也!爾愛其羊,我愛其禮。」(《論語·八佾》,頁 29。)

孔子一再強調禮文儀節的背後有其真情實感,禮的精神在於仁,禮樂都是為了更好地表現仁,不可為了枝微末節的禮儀規範而忽略了更根本的仁心德性。然而,當孔子說:

> 「道之以政,齊之以刑,民免而無恥;道之以德,齊之以禮,有恥且格。」(《論語·為政》,頁 16。)

表示國家政策與刑法律令只能讓人人維持在免於受刑的及格邊緣,無益於德性的厚植與增益;真正的道德感與品德人格的養成,是從後天的禮樂教化之潛移默化中,慢慢培育養成的,不是先天就自然具備的,是真積力久則入的漸修,而非逆覺體證式的開竅頓悟。

> 子入大廟,每事問。或曰:「孰謂鄹人之子知禮乎?入大廟,每事問。」子聞之,曰:「是禮也。」(《論語·八佾》,頁 28。)

孔子進入太廟執禮,無畏眾人之嘲諷,仍堅持鉅細靡遺地詢問與確認每項禮節。這段文字特別凸顯出禮有因革損益、因時制宜的特色。即便孔子早已十分嫻熟各項禮節儀軌,仍舊不敢輕忽,而講究禮節是否周到全面以及注意需要細微調整之處。這是因為他始終能把握住禮的精神,也就是謙虛恭敬的態度,不會自以為是地自滿於已知的禮數。因為有謙虛恭敬的態度,所以尊重具歷史經驗性格的前理解框架,而不敢將道德法則之制定收歸在一己之理性,不會為了維護理性的自由與尊嚴,不惜抹殺前人篳路藍縷所開創的生活方式。

# 第五節　「孝」──家庭是踐形的道德義務還是培養德性之場域

　　在討論「禮」是行為模式習慣化的教養時，亞里斯多德提出習慣化最早以家庭活動的形式出現。他認為道德教育（或者說倫理教育）來自於兩個層面：城邦和家庭。而家庭就是人最原初學習與培養德性的地方。亞里斯多德認為在家庭關係的角色中，「父親」代表撫養教育與引導兒童的角色，父親代表家庭中理性的角色，教導孩子如何約束與節制情感與欲望。他說：

　　　　　在家庭中父親的話與習慣也有約束作用。由於有親緣關係，由
　　　於父親對子女的善舉，這種約束作用比法律的更大。因為家庭成員
　　　天生對他有感情，並願意服從他。〔註58〕

在這裡，有意思的是，亞里斯多德不從父親的權威迫使孩子必須服從聽命於他，而是強調因為親緣關係及父親對孩子的關愛照顧，因此孩子自然而然、心悅誠服地願意服從他的教導與行為規範。家庭就是一個人最早學習如何遵循社會禮儀的場域，通過父親對孩子的教導培訓，使之習慣自我約束與節制的生活，而逐漸潛移默化其行為，在進入社會群體時自然而然地遵循社會規範與風俗習慣。

　　由於亞里斯多德相信早期的習慣化對人格養成有很大的影響，所以他也重視家庭關係，重視父親對孩童的教育引導力量，培養兒童與青少年從培養良好的習慣並發展沉思的能力，沉思能夠帶出理性，也就是人神合一的最高善，最終成就有德性的幸福人生。

　　孔子在《論語》中有許多討論「孝」的部分，表達了家庭中父母子女之間的愛敬之情，我們從孔子的學生有子口中得知「孝」是做人的根本，而家庭是一切美德、德性生發的原初情境。

　　　　　有子曰：「其為人也孝弟，而好犯上者，鮮矣；不好犯上，而
　　　好作亂者，未之有也。君子務本，本立而道生。孝弟也者，其為仁
　　　之本與！」（《論語‧學而》，頁1。）

懂得孝敬父母、友愛手足的人，很少會犯上作亂，因為他平時就習慣於尊長愛幼。一個人成長於長幼有序的環境中，若非特殊情況，不會突然打破

---

〔註58〕　〔美〕余紀元著、林航譯：《德性之鏡：孔子與亞里士多德的倫理學》（北京：中國人民大學出版社，2009年3月），頁195。其中引文出自亞里斯多德：《尼各馬科倫理學》（1180b5～7）。

慣性，作出驚人之舉。君子行道之根本在於仁心，仁心最早就顯現在父母子女的相處當中。「孝」就在父慈子敬之間不斷被深化，且擴大到祖先與後代子孫，並延伸到宗族與家國社會天下，甚至將天地視為我們的父母，禮敬天地，希望毋忝所生。

　　亞里斯多德沒有像儒家這麼擴大深化家庭關係的重要性，雖然兩者都很重視家庭，然而還是存在著某些差異。余紀元比較兩者而分析討論道：

　　　　亞里斯多德強調父親在教育子女方面的角色，他的首要關注在於青年人德性的修養，而非成年人的教育。相反，孔子的首要關注在於，一個成年兒子應如何訓練他自己成為一個對父母虔敬的人。這一分歧，反映了兩者有關家庭在倫理學之中有多重要的兩個更顯著的不同。首先，孔子的家庭內的禮儀化根植於人的成仁，而亞里士多德未關注這一方面，後者的德性根基於人的功能而非孝愛。其次，孔子相信在道德教育中家庭比國家更為重要，而亞里士多德認為城邦才是最重要的。〔註 59〕

這段引文裡，亞里斯多德是從父親對子女這種上對下的主導關係中實施道德教育，孔子則是以一種下對上的子女對父母的孺慕之情，而對父母感恩與敬愛。他在這裡將「孝」翻譯作「filial piety」也許不是很合適恰當。Piety 意即虔誠、虔敬，比較是從人對上帝的心來講，是有著距離感的敬畏，然而儒家講「孝」多是人與人之間的親密無間、溫暖相照，沒有人與神之間的距離感。而且西方文化在談論父母與子女的關係，總是用「友愛」friendship 來定義父子關係，在儒家看來，就好比是用朋友倫來定位父子倫，是混淆了父子關係的分際。

　　就亞里斯多德哲學來說，他傾向於本質主義〔註 60〕、基礎主義式思考，將一切事物的生成變化訴諸一終極原理基礎上，而這原理基礎是一原子式的思考模式。原子是一切組成最基礎不可再化約的單位。每一個主體猶如原子一般，都是平等而獨立的個體，彼此互相不干涉影響。亞里斯多德認為每個生命也都是一獨立存在的個體，彼此是平等的關係，沒有上下高低的區別。因此，西方提倡自由、平等、博愛更接近墨子講兼愛的愛無等差，與儒家的愛有等差，有所不同。

---

〔註 59〕　〔美〕余紀元著、林航譯：《德性之鏡：孔子與亞里士多德的倫理學》（北京：中國人民大學出版社，2009 年 3 月），頁 198。

〔註 60〕　袁保新：〈人性與歷史——從當代儒學的詮釋爭議到孟子人性論的新試探〉，《宗教哲學》第八十二期（2017 年 12 月），頁 110～112。

而以「友愛」來定位父母子女之間的關係，彼此間因為「欠債－償還」的關係而有相應的責任與義務。儒家不從義務與責任來思考父母子女的關係。家庭是父母慈愛照護子女之場所，同時也是子女孺慕愛敬父母之處，是道德情感最原初的生發場域，也是人格教養最重要的培育之所。

而儒家從《大學》講修身、齊家、治國、平天下，逐步開展內聖外王之學，在這裡可看出，家庭比社群與國家更為優先，一個仁人君子得先齊家，才能夠治國、平天下。然而，亞里斯多德將人定位為政治的動物，把政治（也就是城邦）的地位擺在家庭之前，他說：

> 政治的角色仍更為基本。城邦有著父母的教導所缺乏的強制力。法律可實行強制，且其強制力不受個人情感影響。〔註61〕

從亞里斯多德注重城邦教育的論述來看，可以發現他仍有著傳統西方哲學對普遍性的訴求，希望通過城邦的力量，強而有力地使每個人都能被塑造成德性完美的人。孔子因材施教的教法，凸顯他對人特殊的情境際遇之關注，並針對每個獨一無二的情境給出不同的建議，他沒有強烈普遍化的傾向，反而更照顧每個特殊性，讓他們都能和而不同。

主張康德的規則倫理學者對「孝道」的著墨不多，牟宗三先生在《心體與性體》中就曾子愛護身體髮膚之「孝道」加以解釋，他說：

> 在此表示「孝道」之意，固亦是一崇高之道德意識，但身體之應當保存、尊重亦不能只限於此一義。人之一己之自然生命所具之自然官能與天賦材能，人對之亦應當有一善予運用之義務，不應當自甘暴棄，妄自摧殘、墮落，以陷於「不自愛」之境，此即孟子所謂「踐形」。……此種「踐形」之義務，據康德說，亦能成一普遍的道德法則……然則，曾子之「身體髮膚，受之父母，不敢毀傷」之孝道的道德意識，實應著重其「踐形」之義，不自甘暴棄之義，此即通於普遍的道德心靈之戒懼，並不是專限於自愛身體也。〔註62〕

牟先生解釋曾子愛護身體，除了此肉身是來自父母，他用康德哲學來解讀人應當善用其身，這是一種「踐形」的義務，也是一人人應當遵守的道德法則。

---

〔註61〕〔美〕余紀元著、林航譯：《德性之鏡：孔子與亞里士多德的倫理學》（北京：中國人民大學出版社，2009年3月），頁204。其中引文出自亞里斯多德：《尼各馬科倫理學》（1180a18～24）。

〔註62〕牟宗三：《心體與性體》（第一冊）（臺北：正中書局，2006年3月），頁259。

在這裡，牟先生不從父母子女的關係、情感來討論孝道，而將孝道收攝在個人的主觀意識當中，以此主觀意識為內聖之基礎，展開的一切外王的道德生活。他又說：

> 儒家自孔子始，內聖外王為一綜體，內聖為本為體，外王為末為用，內聖是求之在我，是每一人之必然的義務，而外王是得之有命，是每一人之偶然的（有功效的）義務（康德語）。〔註63〕

從這兩段可以看出規則倫理學追求普遍性的道德法則，普遍的道德法則立基於自由自主的理性，亦即主體性上。無論是家庭、社會或國家的外王事功、事業，都是本於此道德主體。道德主體作為內聖的源頭，作用在家庭、社會各個領域，是其應然的實踐義務。

綜觀規則倫理學與德性倫理學對「孝道」的闡釋，規則倫理學簡化家庭親子關係所衍伸出的種種錯綜複雜的關聯，將一切收攝在主觀的存心意識上面，凸顯此超越性與普遍性，表現它的形上意義。而肉身、家庭、社群……都是將此主觀意識落實於生活中展開的「踐形」方式，徹底忽略了人我之間交互影響的諸多可能。

德性倫理學因其文化歷史背景，以「友愛」解釋父母與子女之間的善意關懷之關聯性，而且認為「城邦」比家庭更為重要。上述兩種倫理學都未能妥善地處理《論語》中關於「孝」的涵意。無論是規則倫理學或是德性倫理學，背後都有著強烈對於普遍性的訴求，而孔子在《論語》中討論「孝」往往更注意殊異的情境化原則，因人而異加以因材施教。

## 第六節　小結

以上關於規則倫理學與德性倫理學在「仁」、「天」、「義」、「禮」以及「孝」這些重要且關鍵的詞彙中，梳理、分析以及比較兩種理論架構對於《論語》倫理學的不同詮釋。規則倫理學聚焦在以「仁」（先驗的純粹理性、主體性）為基礎，依此展開一切的道德活動，皆訴諸於此自由意志。「仁」即無條件為善的自由意志，它自我立法給出道德法則，並要求我們有服從此法則、規範的義務，才不致被感性、欲望所牽引而不由自主地墮落、迷失。

德性倫理學則是以追求幸福、美善的人生為目標，多方發展、培養各種

---

〔註63〕 牟宗三：《心體與性體》（第一冊）（臺北：正中書局，2006 年 3 月），頁 263。

能力與美德。它特別提出「實踐智慧」能幫助我們在面對具體處境時更靈活地處理不同的狀況，不會只知一板一眼地遵守規則，依規則而行事。

康德的規則倫理學將「仁」解釋爲主體性，是自給自足、不假外求的自律道德。此自主自律的純粹理性──「仁」，需斬斷一切感性欲望的影響，無條件爲善，只問動機不問結果。而此無條件爲善的純粹理性原則，絕不包含任何形下的感性情感或是欲望，而是具有普遍性與必然性的形上超越原理。而德性倫理學者則認爲「仁」這個道德意志（或稱道德主體性）包含著關愛之情，是情理交融、感性與理性並存的有教養之德性。德性倫理學將「仁」視爲性情之教，是主體自覺的關愛之情。

同時，對照於康德規則倫理學的先驗理性，德性倫理學顯然更富有經驗性格，教養須從後天的習慣養成。因此，不同於強調異地而皆然的規則倫理學，德性倫理學更注重處境化的特殊性，提出實踐智慧落實在經驗中，而使人的行爲與思考逐漸成熟，最終達到義精仁熟的圓滿結果。

誠然，以規則倫理學詮釋儒家、解讀《論語》，強調道德的普遍性與超越性，樹立了人獨立的尊嚴與價值。規則倫理學將一切道德活動訴諸於超越的原理法則，而這些原理法則的基礎根源就在人的主體性，也就是先驗的純粹理性。此先驗的理性主體能夠排除感性欲望的影響，使人在做道德判斷時不會因感性欲望的緣故而做出不正確的抉擇。純粹理性自身給出行事的法則與判準，同時我們有依照此法則行動的義務。

當我們能夠遵從法則規範而行自己應盡的義務，則道德理性得到充分的展現與實踐，此道德規範的實踐履行即帶給我們充實的幸福感，而康德的德福一致即收在內在主體性表達自由意志的實現，而非外在客觀的福祉。因此，用規則倫理學講逆覺體證來詮釋儒家，當下就能證得天人合一的最高理境。而德性倫理學的最高理想：人神合一，尚需藉助各種美德、品性以及後天習慣的培養，不僅透過沉思冥想的方式獲致思辨理性，還須從經驗中養成良好的習慣與實踐智慧的運用，方能培養各種美德以成就幸福美好的人生。

儒家倫理學的定位究竟是屬於規則倫理學？還是更接近德性倫理學？前文的分析研究並未足以給出斬釘截鐵的肯定回答，然而，若是著眼於對儒家《論語》詮釋更周延並貼近實踐進路的脈絡而言，或許通過德性倫理學來詮釋《論語》，能引發我們更豐富的聯想與想像力，在閱讀《論語》時有更深入的體會並興發意趣，帶出更多元的討論而擴大視域融合的可能。

# 第三章　規則倫理學與角色倫理學之《論語》詮釋比較

　　順著牟宗三先生以康德倫理學來詮釋儒家的理路，李明輝在〈儒家、康德與德行倫理學〉一文針對德性倫理學對康德規則倫理學的質疑提出反駁。在文章的最末認為先秦儒家與康德理論有相異之處，即孔子肯定一個理性與情感統一的道德主體，有別於康德強調純粹理性的道德主體不夾雜任何情感的因素，不受感性之干擾。李明輝說：

> 在此，孔子並未像康德那樣，將道德主體僅視為一個理性主體，因而剝除其一切情感性。因此，先秦儒家絕非如安樂哲（R. T. Ames）等人所言，將道德判斷僅建立在美學的直觀之上，而非對道德原則的反省與運用之上。盡管孔子、孟子與康德對道德主體的架構有不同的理解，但這無礙於他們的倫理學同屬於「義務論倫理學」。的確，先秦儒家的倫理學包含許多關於「德」的討論及與此相關的豐富思想資源，但這至多只能證明先秦儒家也有一套「關於德行的倫理學」，而不能證明它本身是一套「德行倫理學」，因為它不可能同時屬於康德式的「義務論倫理學」與亞里士多德式的「德行倫理學」。〔註1〕

李明輝對康德哲學研究十分深入精詳，他曾經就康德的「道德情感」做過詳細的探討。他認為康德早期因受賀其森（Fracis Hutcheson, 1694～1747）、休謨（David Hume, 1711～1776）等人的影響，將道德情感視為某種道德動機，且未將感性與理性二分，將道德情感排除於道德主體之外，而是包含其間。然

---

〔註 1〕李明輝：〈儒家、康德與德行倫理學〉，《哲學研究》2012 年第 2 期，頁 111～117。

而，康德後期明確將感性與理性二分，說明道德主體是純粹理性的，道德情感本質上是感性的，因此不屬於道德主體。〔註2〕然而，當他運用康德規則倫理學來詮釋儒家思想，認為孔子所說的「仁」這個道德主體是情理交融、感性與理性兼備的，並非如康德所言道德主體是排除一切感性的純粹理性。

而他在批評先秦儒家絕非「如安樂哲（R. T. Ames）等人所言，將道德判斷僅建立在美學的直觀之上，而非對道德原則的反省與運用之上」這段所說的「美學的直觀」，是指安樂哲提出以「審美的」秩序來架構系統詮釋傳統儒家、道家思想。安樂哲從懷海德（Alfred North Whitehead, 1861～1947）哲學處借鑒兩種對立的秩序：「邏輯的」秩序和「審美的」秩序來區分不同的思維模式。他歸納「邏輯的秩序」特徵如下：

> 它以邏各斯（logos）開始，是關聯性的預定模式，一個「藍圖」。

其中，**一致性**比多樣性更重要：

> （1）它只把具體特殊展現到能夠滿足那個預定模式的程度；
>
> （2）如果它把特殊性減少到僅能闡明預定模式的程度，那它必然需要一個形式上的抽象過程，從具體、特殊過渡到普遍；
>
> （3）它構成一個「**封閉的**」行為，即滿足預定的規格。因此可用完整的定量術語進行描述；
>
> （4）由於需要，它會為了一致性而限制創造（creativity），導致更新（novelty）的缺乏。〔註3〕

他認為這種邏輯的秩序模式在「先驗形式主義」中表現注重抽象邏輯思維的特點，強調普遍性；與此相反的，則是審美思維，強調具體、特殊的優先性。他認為孔子和莊子同屬於「審美同構」的秩序。並說明「審美的秩序」具以下五個特徵：

> （1）它始於個體的特性（個體是一個與其他事物相關的焦點（focus），而不是一種本質的、原子一樣的東西（thing）），它與其他個體在**動態**的關係模式中進行合作，其**多樣性**優先於一致性。

---

〔註2〕李明輝：《儒家與康德》（增訂版）（臺北：聯經出版事業股份有限公司，2018年11月），頁109～113。

〔註3〕〔美〕安樂哲著、彭國翔譯：《自我的圓成：中西互鏡下的古典儒家與道家》（河北：河北人民出版社，2006年7月），頁391～392。

（2）它聚焦於用**具體、特殊的細節**來充分展現自己的方式，這些細
　　節在相互之間的關係中所表現出來的複合性產生了和諧和秩序。

（3）如果和諧的出現需要特殊個體充分展露，那它必然需要以普遍
　　的特徵過渡到具體的細節。

（4）它是一個「**彰顯**」（disclosure）的行為，具體細節在能反映其特
　　性的模式中合作，因而可用豐富的、強烈的定性語言進行描述。

（5）從本質上來看，它是**無主宰的**（anarchic）、偶然的，卻是最大的
　　**創造性**的基礎，應通過與決定性的對照來理解其創造性。〔註4〕

上述關於「審美同構」秩序的特徵，可說是後現代思潮中不追求同一性的普
遍原理，而更重視具體個別的特殊性、差異性，萬物就在彼此的差異中朝著
整體和諧，努力彰顯與展現各自不同的風貌與成就。

　　李明輝將先秦儒家定位為康德的「義務論倫理學」，反對以德行倫理學來
詮釋儒家，同時也反對安樂哲主張以審美思維來詮釋儒家。站在規則倫理學的
角度來看，安樂哲等人用關係─過程哲學來解讀儒家，是落在形下的相對主義
當中，沒有辦法把握住超越而普遍化的最終原理，從根源上定不住，終將成為
脫韁野馬，茫然而無所適從。而安樂哲則認為不應將這套身心修養之學解釋為
抽象的原理、法則，僅高懸於形上世界，與我們的日常生活格格不入，成為兩
截斷層，理論與生活實踐涇渭分明。他反省規則倫理學這種邏輯思維下的本質
主義可能衍生的種種問題，並提出了「角色倫理學」來詮釋儒家義理。

　　本章針對康德的規則倫理學與安樂哲所提出的角色倫理學在解讀《論語》
時，比較兩者的論述架構中來凸顯彼此的特色，反顯各自的差異性。

　　第一節到第三節，首先就《論語》中最核心的一組詞彙：「仁」─「義」
─「禮」〔註5〕進行各自的理論架構與脈絡之疏解，釐清「仁」、「義」、「禮」

---

〔註4〕〔美〕安樂哲著、彭國翔譯：《自我的圓成：中西互鏡下的古典儒家與道家》
　　　（河北：河北人民出版社，2006 年 7 月），頁 392～393。

〔註5〕勞思光先生歸結孔子的學說：『至此，學者可知，孔子學說中不僅「攝禮歸義」，
　　　而且「攝禮歸仁」。另一面，「義」又以「仁」為基礎。合而言之，則「仁，
　　　義，禮」三觀念合成一理論主脈，不僅貫串孔子之學說，而且為後世儒學思
　　　想之總脈。』參見勞思光：《中國哲學史》（臺北：三民書局，1981 年 1 月），
　　　頁 68。此說又見於王邦雄教授等人所撰寫的《中國哲學史》，將孔子的思想系
　　　統定位為「攝禮歸義」（禮的根本精神在義）、「攝禮歸仁」（禮樂之本在仁）。
　　　詳見王邦雄、岑溢成、楊祖漢、高柏園著：《修訂本中國哲學史》（上下）（臺
　　　北：里仁書局，2009 年 2 月修訂三版一刷）。

這三個儒家的重要觀念在康德的規則倫理學及安樂哲的角色倫理學中所各自呈現的敘述脈絡與深層義涵。進一步思考當我們回到《論語》的文獻解讀中比較兩者，何者更貼近文本，不致前後矛盾？又，何者更適用於當前的生活，能幫助我們面對多元文化的衝突與困境？

接著，在第四節討論「聖」。「聖」作爲「仁」—「義」—「禮」的具象化表徵，比起「仁」—「義」—「禮」，更加容易爲我們理解掌握，究竟聖人是一個完美無缺的聖人境界，還是一個修養純熟的人格成就？在兩種不同的視角下，他們是如何描述從心所欲不踰矩的孔子？我們也能從他們對孔子的形象之刻畫勾勒中，更清楚地展現兩者的差異性。討論了「仁」、「義」、「禮」以及「聖」這四個儒學中重要的核心觀念，最後聚焦於「孝」這個在特殊文化語境下的儒家重要價值觀念，在康德的規則倫理學以及安樂哲的角色倫理學之中如何展開其詮釋架構與論述。

在《論語》中，孔子與其弟子十分重視並時常討論「孝」這個的問題，孔子依據不同人的處境給予回應答覆。而「孝」在規則倫理學是怎麼被理解的？相較於政治、社會而言，「家庭」在規則倫理學中是道德實踐不可或缺的重要領域，還是處於理論的邊緣地帶？是可有可無的觀念還是儒學的核心價值之所在？安樂哲的角色倫理學特別強調「孝」與家庭在儒學中的重要地位，他的詮釋理路是否能幫助我們在東西方文化差異下，了解如何更好地、更恰當地與我們關係親密的家人相處？用什麼樣的態度相處？是以一種責任與義務的態度，還是一種相互關懷之情？並進一步說明我們在傳統孝文化中，如何貫穿家庭、社會、政治到宇宙。

# 第一節 「仁」是固定不變的本質還是學做一個成熟的人

牟宗三先生在援引康德哲學的概念、架構來解讀儒家哲學時，曾說：

> 這種心、情，上溯其原初的根源，是孔子渾全表現的「仁」：
> 不安、不忍之感，悱惻之感，悱啓憤發之情，不厭不倦、健行不息
> 之德，等等。這一切轉而爲孟子所言的心性：其中惻隱、羞惡、辭
> 讓、是非等是心，是情，也是理。理固是超越的，普遍的，先天的，
> 但這理不只是抽象地普遍的，而且即在具體的心與情中見，故爲具

體地普遍的；而心與情亦因其即為理之具體而真實的表現，故亦上提而為超越的、普遍的，亦主亦客的，不是實然層上的純主觀，其為具體是超越而普遍的具體，其為特殊亦是超越而普遍的特殊，不是實然層上的純具體、純特殊。……到陸象山便直以此為道德性的本心與宇宙心：這當然不是一個抽象的乾枯的光板的智心，故理在其中，情也在其中，故能興發那純粹的道德行為道德創造，直下全部是道德意識在貫注，全部是道德義理在支柱，全部是道德心、情在開朗、在潤澤，朗天照地，了無纖塵。〔註6〕

牟先生為了說明康德哲學在理論建構上過於強調理性，排除感性的情感；過於抽象，導致理論與實踐的割裂、斷層，成了純理論的思辨。故康德在形上學只能講抽象的普遍性，無法談具體的普遍〔註7〕，無法開出真實具體的道德實踐。傳統儒家則無此弊病。在牟先生看來，孔子的「仁」是真實具體的實踐活動，而非抽象的思辨活動；是理，理也包含情。這是西方重理論思辨所不及之處。「仁」是攝客歸主、去情存理的超越主體性，是能夠給出世間一切事物法則、規則的普遍依據，是一切價值之根源。

可以說，在運用康德義務論的規則倫理學看來，「仁」這個主體性，就是一切道德法則、道德行為的基礎，它即是永恆且固定不變的本質。當代精研儒學的漢學家安樂哲反對這種說法，他認為當我們把「仁」視為一種永恆普遍、固定不變的本質時，就把「仁」給實體化、實質化，而成了一種單一、排他的本體。〔註8〕他小心翼翼地避免用傳統西方哲學的術語，如：本質、潛能、始因、本源……等背後預設著本質主義、基礎主義的理論，轉而尋求氣化宇宙論那樣不斷生成變化調整的方式來解讀傳統儒家。他用懷海德的關係─過程哲學，又稱機體哲學，來強調仁（人）是個動態發展過程，並從後現代的脈絡主義展開其論述。他說：

> 人的本體性構成「存在」與儒學的「做人」人生，這二者的根
> 本不同，人們一直未曾給予足夠關注；而結果卻是，人們毫不察覺

---

〔註6〕牟宗三：《心體與性體》（第一冊）（臺北：正中書局，2006 年 3 月），頁 127。

〔註7〕牟先生在這裡引黑格爾講「具體的普遍」來區分亞里斯多德以來，西方講普遍性只有抽象的普遍，沒有所謂具體的普遍。而孔子講仁就是具體的普遍，是我們眼前真實的生命所具體呈現的。詳見牟宗三：《中國哲學十九講》（臺北：臺灣學生書局，2002 年 8 月），頁 34～35。

〔註8〕〔美〕安樂哲著，孟巍隆譯：《儒家角色倫理學：一套特色倫理學詞彙》（濟南：山東人民出版社，2017 年 3 月），頁 102～103。

地將儒家的腳用鞋拔子穿到希臘的鞋子去。〔註9〕

安樂哲反省從早期希臘時期，畢達哥拉斯將人類用「本質」（或稱「存在」）的方式說明人是一「永恆、成形、自給的靈魂」時，這種本體論的方式，蘊含著古希臘以來的個人主義。然而中國哲學並不像西方那樣強調個人、自我、獨立個體的思考，而是傾向於整體性、動態性的思考。因此，他用學著「做人」、「成人（成為一個人）」來詮釋孔子的「仁」。安樂哲認為傳統西方哲學本質意義下的個體，是彼此互不關聯、分離的個體，與中國傳統講彼此息息相關、相互作用的人我關係，有著天壤之別，不宜混為一談。當我們借用西方哲學理論來詮釋中國哲學的「反向格義」〔註10〕時，尤其要注意兩種理論之間的差異，以避免在詮釋的過程中張冠李戴，把西方哲學的理論包袱轉嫁成為中國哲學的思考牢籠。

安樂哲認為「仁」是表明人性轉化和成為仁人的過程性術語，必須放在具體的情境中詮釋，而且強調「二人」互動的人際關係交往。安樂哲強調「仁」的情境化原則，「仁」不再是高高在上的普遍原理或本質，而是落在真實具體的特殊情境中，被我們做出來（doing）、實踐出來。我們毋需通過 what 的方式定義「仁」是什麼，而是藉由 how 的追尋探索去活出我們自身，在人我互動中創造出「仁」即「二人」的動態歷程之美好和諧與平衡。「二」人的「二」，表達一種超出自身「一」的擴展、交流、溝通、互動，兩個「一」之間的距離彷彿有股張力，撐開了意義的無窮可能性。自我不是一先天自給自足的主

---

〔註9〕〔美〕安樂哲著，孟巍隆譯：《儒家角色倫理學：一套特色倫理學詞彙》（濟南：山東人民出版社，2017 年 3 月），頁 101。

〔註10〕「格義」原指佛教傳入中國，借用中國某些特定語詞、概念來詮釋佛學。袁保新在其著作序文中說中國哲學「知識化」即為「格義化」。袁保新：《從海德格、老子、孟子到當代新儒家》（台北：臺灣學生書局，2008 年 10 月），見自序，頁Ⅶ，以及〈捌、再論老子之道的義理定位——兼答劉笑敢教授〈關於老子之道的新解釋與新詮釋〉〉，頁 271～273，和〈拾、知識與智慧——從廿世紀中國哲學「格義化」談起〉，頁 303～310。近代中國學術發展，多借用西方哲學系統的語詞、概念來解讀中國哲學，劉笑敢名之曰「反向格義」：「所以我們可以稱近代自覺以西方哲學的概念和術語來研究、詮釋中國哲學的方法為「反向格義」。……袁保新也曾感嘆：「曾幾何時，當代中國人在理解本國傳統時，由於知識、語言的生態環境歪變，以至於居然要通過西方哲學的概念語言，才能使傳統的智慧稍稍為本國人理解。」……狹義的「反向格義」則是專指以西方哲學的某些具體的、現成的概念來對應解釋中國哲學的思想、觀念或概念的做法。」見劉笑敢：《詮釋與定向——中國哲學研究方法之探究》（北京：商務印書館，2009 年 3 月），頁 101～102。

體，不宜簡化地把一切客體收攝到主體上（攝禮歸仁、攝禮歸義），不是向內收攝爲一本質主體，「仁」是一超出自身、通向他者的活動。他說：

> 「仁」根本上是一種整體過程。它是自我的轉化：從只顧一己私利的「小人」鍛造爲領悟深刻關係性的「人」。「二」加之於「人」表明，「仁」只能通過共同語境下的人際交往才可獲得。孔子堅持人的品性的發展只能在人類社會中才有可能。〔註11〕

一如《論語》中所說：

> 曾子曰：「君子以文會友：以友輔仁。」（《論語‧顏淵》，頁111。）

爲什麼一位儒家的君子、仁人在修養德性時，需要師友挾持，需要良師益友互相切磋、砥礪及琢磨？如果將「仁」當作一固定不變的本質、原理，當作自給自足的先驗主體性，我們其實不需要師友等外在的助力。因爲理性可以自我立法，不假外求，當有此道德理性時，一切停停當當。依此道德原則而行，師友充其量只是作爲驗證、證成的對象，可有可無，不是十分必要。「有朋自遠方來，不亦樂乎？」我們之所以感到快樂，只是因爲朋友能夠證成我的理性主體之普遍超越性。先驗理性表現、作用在經驗中，展現爲主體對待客體（友朋）之道，是以主體來涵攝客體。

安樂哲在探討儒家的「自我」觀念時，區分了個體性的自我和關係中的自我。個體性的自我如同康德所說的純粹理性、主體性，是與其它客體分離、獨立的自我；關係中的自我則是處在人我關係、物我關係、天人關係中的「自我」。他詮釋儒家的自我爲「關係中的自我」：

> 「我」因而就是由吸收他「我」且使之成爲共同的「我」的一部分而產生的「自我之域」。……人就是「自我」與「他者」、「我」與「我們」、「主體」與「客體」、「此刻」與「彼時」之間不可分割的連續統一體。〔註12〕

有別於康德規則倫理學詮釋「仁」爲超越而內在的主體性之挺立，角色倫理學認爲「仁」是在具體的人我關係中、主客交融中，將自己修養成一個仁人君子的過程，讓自己從自私自利的小人轉化爲一個領悟到深刻依存關係性的人，成爲一個懂得爲他人著想、成熟的人。

---

〔註11〕〔美〕安樂哲、郝大維著，何金俐譯：《通過孔子而思》（北京：北京大學出版社，2005年8月），頁136。

〔註12〕〔美〕安樂哲、郝大維著，何金俐譯：《通過孔子而思》（北京：北京大學出版社，2005年8月），頁140。

　　當運用康德規則倫理學詮釋儒家的「仁」，仁作為純粹的理性原則，是我們先驗的道德主體性，不受經驗所干擾，它既超越於經驗又內在於我們之中，不假外求、自給自足。此自律原則，是道德自我立法，完全不考量任何後果或其他條件因素，只依據存心、動機而行的道德義務。安樂哲的角色倫理學將「仁」解讀為「行仁」、「為仁」或「成仁」，即如何成為一個成熟的人？我就在「我們」的關係之中如何不斷磨練、調整、修養自身，使自己在家庭、社會中成為一個有教養而文質彬彬的人。

　　在《論語》中談「仁」：

　　　　子曰：「仁遠乎哉？我欲仁，斯仁至矣。」（《論語·述而》，頁 64。）

依康德規則倫理學的解讀是：我的仁心本性即是內在於我自身的道德主體性，不需要向外在客觀環境中求，是完全自給自足的自律原則，能為一切道德行為樹立法則、規章，超越於經驗之上又作用於經驗的先驗原理，絕對而至高無上的。此絕對超越的仁心內在於我們每個人，為我們無條件為善的應然義務。在康德來說，應當蘊含著能夠，表示當我們想要實現仁就可以實現，不需要其他人事物的條件配合，是完全求之在我，能夠自我決定的。〔註13〕「仁」作為最終極的本質，是所有規則、法則（law）的根本，是不是超絕於我們主體之外，遙不可及？不，仁就在我們內在的精神與心靈之中，是既超越而又內在的本質原理，是自律道德的依據，只要我想要有就可以有的道德本心。

　　安樂哲的角色倫理學則視「仁」為一實踐的行動，而非靜態的本質。如何在每一個當下、眼前這個獨一無二的處境中去活出「仁」，比起找到那個超越而又內在的「仁」，更親切且貼近於我們的日常生活與生命存在感。用角色倫理學詮釋這句原文，便成了：「仁難道是很遙遠高妙的人生哲理嗎？非也，仁就在我們與他人的日常生活相處當中去活出來，活出我與你、我與他之間和諧共生、長生久視之道。」

　　　　子貢曰：「如有博施於民而能濟眾，何如？可謂仁乎？」子
　　曰：「何事於仁！必也聖乎！堯舜其猶病諸！夫仁者，己欲立而立
　　人，己欲達而達人。能近取譬，可謂仁之方也已。」（《論語·雍
　　也》，頁 55。）

〔註13〕參考李瑞全：《儒家道德規範根源論》（新北市：鵝湖出版社，2013 年），
　　　　頁 139～165。

這段原文中，子貢問孔子能夠博施濟眾、照顧百姓的人，能不能稱得上一位仁者？孔子二話不說，肯定道：「這樣的人哪裡只是仁人而已，這肯定就是聖人才能做到的了！連堯舜都不見得能夠做到這樣。一位仁者在做人處事、待人接物各方面，起心動念都是希望能夠做到自立並且立人，自身通透練達、世事洞明且通向他人的生命。不必好高騖遠去尋找某個玄遠深奧的大道理，就近從生活周遭去感受、體會、體悟與理解，這可以說是實踐仁、成為一位仁人君子的方法了！」然而，為什麼一位仁者需要「己立立人、己達達人」？成為仁者必須要從自身推擴到他者的原因為何？

在康德的規則倫理學看來，這是因為「仁」作為我們內在的主體性，有不容已的自我要求。純粹理性有無條件為善的道德義務，必須要這麼做也應該要這麼做才行，它隱含著一股強制性，要求我們必須要遵循、服從規則，符合規範。如楊國榮在〈論規範〉一文中說：

> 從作用的方式看，規範呈現多樣的型態。作為當然之則，規範以「應當」或「應該」為其內涵之一，後者蘊含著關於「做什麼」或「如何做」的要求。在「應當」或「應該」的形式下，這種要求首先具有引導的意義：「做什麼」主要從行動的目標或方向上指引人，「如何做」則更多地從行為方式上加以引導。與引導相反而相成的是限定或限制。如上所述，引導是從正面告訴人們「應該」做什麼或「應該」如何做，限定或限制則從反面規定「不應該」做某事或「不應該」以某種方式去做。引導與限定往往表現為同一原則的兩個相關方面，如「說真話」（引導）與「不說謊」（限定）即表現為同一誠實原則的不同體現。〔註14〕

若用安樂哲的角色倫理學來解讀「己立立人、己達達人」這段，他認為：

---

〔註14〕 楊國榮：〈論規範〉，頁4。收錄於陳嘉映主編：《教化：道德觀念研究》（上海：華東師範大學出版社，2009年7月）。楊國榮這篇文章深入淺出且詳盡探討關於西方規則（規範）倫理學的概要並試圖會通中國哲學的儒家思想，欲研究儒學與規則倫理學者可參考之。他特別於註釋中說明：『康德在某個意義上也表現出某種將當然視為必然的傾向，在談到規則（rule）時，他曾指出：就其具有客觀性而言，規則（rules）「也可稱之為法則（laws）」。』（Kant, Critique of Pure Reason, Translated by N. K. Smith, St. Martin, New York, 1965, p.147）較之規則的當然意蘊，法則更多地體現了必然，以規則為法則，多少意味著將當然納入必然。事實上，在道德哲學中，康德確乎在相當意義上把當然同時理解為必然……。』，頁12。

> 仁人乃可「受」他「我」之精華，努力磨練自我之「義」以努
> 力最大限度「博施於民」的人。或許該過程的第二個重要特性能夠
> 促進對「成人」意義的進一步理解。〔註15〕

> 「仁」是發展和運用個體之「義」的過程中，吸收、涵納人類
> 社會的諸條件和相關問題的整一化過程。孔子說「爲仁由己，而由
> 人乎哉」（《論語·顏淵》）時，就是這個意思。由於事實上「仁」的
> 最終根源是個體之「義」的社會運用而非什麼外在的東西，所以孔
> 子說：「仁遠乎哉？我欲仁，斯仁至矣。」（《論語·述而》）由於「仁」
> 始終體現的是個體之「義」在具體語境下的運用，那麼，個體就完
> 全是由自由限定的社會框架下種種最近的關係建構的。「仁」始終是
> 直接即無中介的。〔註16〕

由於仁人的心能夠感應、感受他者，在與他者感通當中，「我」就不再是個獨
立自主的個體，而是由他者與我自身所共同成就出來的「他我」之精華。也
因此，仁者必須藉由「義」來衡量人我之間如何調整、修正、改善彼此的應
對進退，怎麼樣做更合宜恰當的把彼此的仁心都能夠發揮出來，彼此關懷、
體貼、照應。最理想的狀態，就是達到「博施濟眾」的具體事功上。儒家講
求內聖與外王，這並非兩回事，即便是內聖的代表人物顏回，也說自己「願
無伐善，無施勞」，表示他也同樣投身在世間，努力爲身邊的人付出，不是僅
收攝回內心上的純粹道德意識，與外界他者無關。也因此，安樂哲別出心裁
的將仁者翻譯爲 authoritative person，表達仁者不只是道德高尚的人，他還是
作爲一個在社群中有權威的人。

在這裡，權威不是獨裁專制或傳統守舊的貶義詞，而是眾望所歸的自
我創造者。他進一步說明權威的創造性：「在我們強調了一個文化中對傳
統權威的尊重時，就很容易低估甚至忽視創造性的角色。」〔註17〕如同高
達美（Hans-Georg Gadamer, 1900～2002）在《眞理與方法Ⅰ》有一小節
特別爲傳統與權威正名，他認爲傳統與權威被曲解要求人盲目地服從它，

---

〔註15〕〔美〕安樂哲、郝大維著，何金俐譯：《通過孔子而思》（北京：北京大學出
　　　　版社，2005 年 8 月），頁 141。
〔註16〕〔美〕安樂哲、郝大維著，何金俐譯：《通過孔子而思》（北京：北京大學出
　　　　版社，2005 年 8 月），頁 141～142。
〔註17〕〔美〕安樂哲著、彭國翔譯：《自我的圓成：中西互鏡下的古典儒家與道家》
　　　　（河北：河北人民出版社，2006 年 7 月），頁 280。

實際上權威是我們自己認同與選擇出來的：

> 權威首先是人才有權威，但是，人的權威最終不是基於某種服
> 從或拋棄理性的行動，而是基於某種承認和認可的行動—即承認和認
> 可他人在判斷和見解方面超出自己，因而他的判斷領先……權威不
> 是現成被給予的，而是要我們去爭取和必須去爭取的……。〔註18〕

角色倫理學將「仁者」詮釋爲在社群中有權威、有話語權的人，首先強調了
這個個體不是獨立自存、自給自足的，他總是處在特定處境、情境下，與人
群共處的。第二點是說明他是在人群中，具有引領、領導眾人一同開創和諧
美好社會生活的人。仁者之所以愛人，並非出自於理性或主體性向外推擴的
義務原則，而是源於與他者共在時，靈活敏銳地感受、感應、感同身受他者
的苦樂悲喜，而自然而然流露的惻隱之情。〔註19〕

　　陳榮捷從古今中外的學者論點考察「仁」時，對運用西方理論詮釋中
國哲學的當代新儒家（此指梁漱溟、馮友蘭和熊十力等人）有深刻的觀察，
他說：

> 　　從表面上看，這些當代哲學家好像都視「仁」爲純形而上學
> 之實體。然而在底層，他們都遵循儒家之精神，因爲他們都認爲
> 「體」只能在「用」中被發現。因此，儘管他們在形而上學的方
> 向上做了一些探討，他們始終牢記孔子對積極的人類社會關係的
> 強調。他們全都認爲，「仁」在本質上是帶有社會性的，是主動地
> 和生氣蓬勃的。〔註20〕

牟宗三先生定位儒家爲「開闢價值之源，挺立道德主體」〔註21〕，認爲「仁」
就是這個普遍於每個人生命內在的道德主體，是禮樂的超越原則，是最重要的
基礎。他在那個特定的歷史背景——中國積弱不振，列強欺凌，《論語》被丟

---

〔註18〕　〔德〕漢斯—格奧爾格・迦達默爾著、洪漢鼎譯：《眞理與方法 I》（北京：
　　　　　商務印書館，2007 年 4 月），頁 380。

〔註19〕　主張示範倫理學的王慶節曾就「感」字爲核心，系譜學地從「感應」—「感
　　　　　覺」—「感悟」—「感知」—「感情」—「感動」—「感召」—「感通」等
　　　　　一連串相關的語詞概念進行詳細且層次分明的分析，很能與安樂哲在這邊所
　　　　　說的「受」互相發明、呼應來詮釋「仁」的豐富深意。詳見王慶節：《道德感
　　　　　動與儒家示範倫理學》（北京：北京大學出版社，2016 年），頁 1〜18。

〔註20〕　〔美〕姜新豔主編：《英語世界中的中國哲學》（北京：中國人民大學出版社，
　　　　　2009 年 12 月），頁 37。

〔註21〕　牟宗三：《中國哲學十九講》（臺北：臺灣學生書局，2002 年 8 月），頁 61〜62。

到茅廁，孔夫子被稱爲「孔老二」的年代，思考中國傳統學術文化如何能與西方的科學、民主相抗衡。牟先生借用康德哲學，用主體性詮釋仁來樹立人性的尊嚴與價值，爲那個時代花果飄零的中國文化，延續其命脈，重建其自信，有其不可抹滅之功。他強調要先有「體」（內在的主體性）才有「用」，反過來，有「用」的科技、知識若無「主體」爲基礎，亦淪爲支離破碎的外在的客觀研究，把人當作研究的對象、客體，把「人」當作手段而非目的，這是不可取的。所以他認爲要先立乎其大，也就是樹立道德主體性—「仁」這個一切價值之根源，有體才可說用，主體優先於一切存在，爲一切存在之基礎。

而依陳榮捷先生的觀察，傳統儒家的精神是「即用見體」的，「體」必須要落在「用」上說明，不可離開「用」而單獨說有個「體」。這裡的「用」，表示仁需要落實、作用於具體、特殊的人類社會生活之中，不是一抽象、思辨的本質或說理性主體，它不是先天具足的某種超越實體。這樣的說法更傾向安樂哲提出的角色倫理學。相較於兩者的立場，康德的規則倫理學是「有體才有用」的立乎其大，以主體來收攝客體，角色倫理學則是強調「即用見體」，「體不離用」，體就在用中顯，是在主客互動交融的情境中。

時移世易，在後現代的語境中，主體性已然不再是自我振作、自立自強的人性尊嚴與美好價值之代稱，它與自由主義掛勾，帶來一連串的問題。純粹理性預設著精神自由，崇尚自由意志的個人主義衍生自我中心、自我膨脹的弊端，產生道德獨斷與社會、政治、經濟、教育……各領域的獨裁專制，更甚者，成爲霸道的一言堂，不允許其他聲音出現。自由主義成了某些既得利益者的權利，他們樹立符合其利益之標準原則，嚴重地妨礙、剝奪了他人的自由，尤其是弱勢族群。爲什麼我們愈強調主體性的自由，卻愈失去自由？愈強調超越而普遍的道德原則，卻帶來愈多道德衝突兩難的困境？

或許如《老子》反省的「大道廢，有仁義；智慧出，有大僞」、「故失道而後德，失德而後仁，失仁而後義，失義而後禮」那般，崇尚自由自主的道德主體性，無可避免地帶來向對應的問題與弊端。典範轉移則爲我們帶來轉機。當上一個時代的典範已然發展到極致而出現種種問題，需要被批判與反省，進行改造或是尋找適宜新時代之新典範。

如果不把「仁」當作固定不變的本質，一個超越而普遍的道德主體性，是否就淪爲相對主義而失去任何道德判斷的依據與標準？這個問題，我們需要從下一節討論「義」時，更加釐清與深入探討。

## 第二節　「義」是自律道德的應然義務還是在關係中　合宜恰當的表現

「義」的傳統訓詁解釋爲「宜」。《中庸》云：「義者，宜也。」《韓非子・解老》道：「義者，謂其宜也，宜而爲之。」〔註 22〕簡而言之，「義」就是適宜、合宜的意思。然而，究竟什麼叫做適宜？什麼叫做不適宜？這麼說感覺很模糊，沒有一個明確而清楚的界定。《韓非・解老》有關於「義」—「宜」的詳細說明：

> 義者，君臣上下之事，父子貴賤之差也，知交朋友之接也，親疏內外之分也。臣事君宜，下懷上宜，子事父宜，賤敬貴宜，知交友朋之相助也宜，親者內而疏者外宜。〔註23〕

韓非在這裡清楚區分「宜」與「不宜」是依據君臣、父子、友朋的上下親疏遠近的關係來說。如《論語》有一段在說與女子、小人相處，需要特別注意彼此間的關係，距離與分寸拿捏需得宜，否則易導致不遜與怨懟：

> 子曰：「唯女子與小人爲難養也！近之則不遜，遠之則怨。（《論語・陽貨》，頁 159。）

孔子認爲和女子與小人特別不容易相處，並非因爲看不起女子與小人。而是與他們相處時，當彼此之間的關係稍微過於親密一些，他們就會輕慢狎侮，失去恭敬心，表現爲不遜；關係稍微疏遠些，他們就會感到不滿而心生怨恨。〔註24〕這裡就十分考驗一位仁人君子在「義」方面的修養工夫，能否幫助他在每個待人處事、應對進退的情境中，都能拿捏好分寸與距離，不會過與不及。

在康德規則倫理學解讀下，「義」成爲我們應然的道德義務。楊祖漢在其著作第一章〈從儒家哲學的觀點看康德的道德哲學〉云：

> 康德之論道德是從善意開始的，認爲只有善意是絕對的善，即可無限制（不受任何條件的限制）地被稱爲善者，且其爲善只在於

---

〔註22〕〔清〕王先慎撰：《韓非子集解》（臺北：藝文印書館，2008 年 3 月初版五刷），頁 219。

〔註23〕〔清〕王先慎撰：《韓非子集解》（臺北：藝文印書館，2008 年 3 月初版五刷），頁 219。

〔註24〕曾昭旭教授反駁那些批評孔子歧視女性與小人的說法，認爲女子與小人代表天眞直率、反應直接的生命，不像君子會體諒擔待，導致我們犯錯或失去分寸也不自知。詳見曾昭旭編著：《經典。孔子　論語》（臺北：麥田出版：家庭傳媒城邦分公司發行，2013 年 8 月），頁 45～47。

其自身（善意）之立意而不在於其所能達致之功效與利益……繼而

康德由善意推引出「義務」一概念，指出只有純然爲義務而行，而

不夾雜有絲毫私利動機的行爲，方是眞正的道德行爲。〔註25〕

因此，不夾雜任何私利的純然善意之動機，即是「義」，「義」就是理，是法則；而夾雜功利後果的考量則是動機不純，即是「不義」，就是感性情欲，是形而下的。「義」就是我們無條件爲善的義務，是理性主體的自律原則，特別凸顯動機之純粹，不夾雜任何個人的私心欲望。

李瑞全引《論語》這段文獻表示「禮」只是孔子用來帶出和表現仁以及義的價值。其重要性不可與仁義相提並論。

子曰：「君子義以爲質，禮以行之，孫以出之，信以成之：君

子哉！」（《論語・衛靈公》，頁139。）

他說明這段：「此明顯是以義是禮之本質，藉禮而表現出人所應爲的事，或人所應盡的義務。」〔註26〕強調義是禮的本質，而仁是禮樂的根源，攝禮歸義，攝義歸仁，層層收攝到仁這個核心價值基礎上。仁作爲最基礎、最根源的道德主體，展開而爲義的應然義務，仁義都具有普遍超越的意義，而禮則是客觀化的社會制度，不具有普遍性，會依據仁義的原則調整並且隨著時代需求而改變。

牟宗三先生的學生蔡仁厚把「義」定義爲「正當合理性」，他說：

孔子之學，博大精深。若要簡約舉述他的學術綱領，唯有「仁、

義、禮」三字足以當之。孔子身當春秋後期，春秋時代最有代表性的

觀念是「禮」。禮的功能，首在建立政治社會之秩序。……由此可知，

傳統、信仰、習俗等，並不足以作爲禮的基礎，唯有人要求正當合理

的這個「正當合理性」（義），才是禮的基礎。孔子有言：「君子義以

爲質，禮以行之。」君子的實質在義不在禮，「義」這個實質，通過

禮而踐行於外，所以禮是義的表現，義便是禮的實質或基礎。〔註27〕

由此可以明白規則倫理學不斷強調「義」的理則性，因爲它是我們一切秩序的根源，是我們合於理性的行爲之基礎，是正確、應當做的。它具有形上普

〔註25〕楊祖漢：《儒學與康德的道德哲學》（臺北：文津出版社，1987年3月），頁12～13。

〔註26〕李瑞全：《儒家道德規範根源論》（新北市：鵝湖出版社，2013年），頁138。

〔註27〕蔡仁厚：《哲學史與儒學論評：世紀之交的回顧與前瞻》（臺北：台灣學生書局，2001年6月），頁105～106。

遍義，與「仁」一樣，屬於超越而普遍的形上原則，因此是不可更動的基礎。蔡仁厚即說：『禮的義律（理序、律則），是禮之常，是不可變的「經」。』「義」在康德規則倫理學中成了固定不變、恆常的律則，成了自我要求應該這麼實踐道德行為的道德義務。

　　然而安樂哲在詮釋「義」則往往凸顯其靈活、應變與創造性。在角色倫理學的觀點「義」絕非固定不變的原則，相反地，「義」表達一種在處境中的自我如何處世得宜，在各種關係中尋求恰到好處（時中）的動態創造性。安樂哲認為義可以說是自我的客觀化，即自我的整體化。他說：

> 它之所以是客觀化的，就在於它的詮釋經驗不再僅根據自己的有限視角來斷言，它對世界的詮釋沒有任何自我與他者的終極區分。換句話說，語境中的人將「我」理解為存在的一個動態且不斷變化的中心（點）；突出擴展或縮減生成過程的某個方面，應根據和參照整體環境對之加以詮釋。〔註28〕

「義」在角色倫理學的脈絡下，不再是固定不變的本質或原理，更不再是依賴於主體性的道德自我立法，它更需要在與他者拉扯的張力中，不斷改變、調整自身，使更適宜於整體語境的和諧共生、和平共存。

　　運用康德規則倫理學詮釋先秦儒家的學者常藉《孟子》的「由仁義行，非行仁義也。」來凸顯人的自主自律，道德不是屈服於外在的規則，而是聽從理性自我樹立的道德原則。然而，當我們回到《孟子》文獻：「舜明於庶物，察於人倫，由仁義行，非行仁義也。」〔註29〕並且將舜能夠「由仁義行」的理由聚焦在前半句「明於庶物，察於人倫」，則「義」是落在人我、物我之間應如何應對進退得宜，保持一種靈活而敏銳的覺察能力，使在日常生活每個獨一無二的情境中能開創、開發出我在整體語境中的合宜適切性，使我自己能恰如其分地適用、融入於周遭人我、物我，立己立人並成就他者，利益周遭。

　　舜作為歷史中活生生的道德典範人物，他的仁義之心如果是先驗的道德理性，完全能夠自給自足，不假外求，那麼，又何需「明於庶物，察於人倫」呢？如果把明於庶物，察於人倫只當作是道德理性原則的發用，先驗規則落在經驗中的呈現，那麼，「庶物」與「人倫」等外在客觀事物就成了可有可無

---

〔註28〕〔美〕安樂哲、郝大維著，何金俐譯：《通過孔子而思》（北京：北京大學出版社，2005 年 8 月），頁 112～113。

〔註29〕〔魏〕王弼、韓唐伯等注疏：《十三經注疏附校勘記・孟子注疏》（臺北：藝文印書館，1982 年 8 月九版），頁 145。

的印證，只是爲了印證人人有此先驗理性的驗證結果。

然而，這般預設了主客二分的立場，以自我主體爲首出的方式，是否能幫助我們在後現代語境下，與他者相遇時，能清楚明白如何與之相處才是合宜恰當的呢？當規則倫理學將一切依照規則而行，一切規則訴諸那個先驗的道德理性，我們又當如何才能發現或找到那個不在經驗世界中的理性原理？規則倫理學在這邊需要面對兩個問題，一個是「我們眞的能夠找到這個人人所普遍具有的純粹理性嗎？」另一個是「是不是找到理性原則以後，就能夠解決所有問題？」

依康德規則倫理學來詮釋儒家如牟先生等人，認爲第一個問題是無庸置疑的。牟先生認爲中國傳統儒釋道皆需肯定我們有所謂「智的直覺」（intellectual intuition）；在康德，智的直覺只有上帝才有，人不具備。而牟先生認爲中國傳統文化有進於西方哲學，即在於我們能有此智的直覺。智的直覺使我們把握既超越而又內在的仁心理性，此即是具體的普遍性，而非西方抽象的普遍性。牟先生說：

> 儒家認爲現實上有聖人，人人可以成聖人，這個可以成聖的根據就是智的直覺。因此，儒釋道三教均共同肯定人有智的直覺，也因爲此種共同肯定，所以它所呈現的圓滿無盡、主伴俱足的無限，才能成爲 ontological infinite，而且是 actual infinite。〔註30〕

牟先生此段話肯認了我們人人皆能直接把握到智的直覺，亦即純粹理性自身，在儒家即是「仁義」的精神。一旦自覺、覺悟此仁義爲我內在本具的最高原則原理之後，一切行爲即是正確、合於規範，所有外在客觀世界都因此而圓滿、停停當當了。這很明顯是將客體收攝到主體性之中，以主體涵蓋、統攝客體。主客之間的關係成了主從、本末的關係，客體的存在只是爲了印證主體的價值，沒有自己獨立的地位，而是依附於主體。沒有主體性，也就沒有所謂的客體。當此主體性成爲眞實的無限，毫無限制地擴張膨脹，難免產生主客之間的衝突對立。

在《論語》中，孔子曾提醒我們應小心地避免四種處世的態度：「毋意，毋必，毋固，毋我。」（《論語・子罕》，頁 77。）爲何不要「意、必、固、我」？因爲試圖去揣測、預測，進而期待預測成眞，固執己見，堅持以自己的想法影響、操控、左右他人，這樣的自我中心主義、個人主義，孔子擔心極其容

---

〔註30〕牟宗三：《中國哲學十九講》（臺北：臺灣學生書局，2002 年 8 月），頁 326。

易出問題。在五四運動後，中國文化花果飄零、四無依傍，在特定時空背景下，前輩學者們提出人的主體性，爲我們的文化命脈傳承做出重大的貢獻。時至今日，繼續堅持著必須肯認我們人人皆具有此純粹理性的主體性，依此主體性而應該無條件爲善的道德法則，是否會成爲另一種意、必、固、我，是我們在借鑑西方哲學架構來詮釋中國哲學時，需要十分謹慎的地方。

> 子曰：「君子之於天下也，無適也，無莫也，義之與比。」（《論語‧里仁》，頁37。）

孔子在討論君子行道天下時，應以何爲自身行爲的準則？他認爲沒有什麼事一定可以做，什麼事一定不能做，一切依循著「義」。然而「義」又是什麼意思？在康德規則倫理學的架構下，義就是依照理性原則而行，一切只問應當不應當，排除任何感性欲望，不問想要不想要。只求存心動機是否純粹爲善，不考慮任何後果，是我們人人皆應該遵守規則的應然義務。因爲人人都具備理性故有普遍性；而規則來自於理性的原則所以有超越性；它不是來自外在的客觀標準，而是內在的道德自我立法，故自律道德表示其內在性。此「義」成了既普遍超越而又內在的自我要求，是內心不容自已的義務，也是符合於理性原則的主體自覺。

在角色倫理學中，「義」就不能僅僅用服從應然的規則來解釋，他更強調人我之間互動的合宜恰當。安樂哲運用關聯性思維解析「義」，他先從字形字源著眼，分析其中可能蘊含的深意：

> 在字形語義結構上，「義」，從「羊」、從「我」。「羊」是與犧牲、祭祀相聯繫的象徵，通常含吉利之義。「善」、「美」、「祥」等字皆從「羊」。這種情況告訴我們，在中國傳統中「人」皆是不可簡約的社會性的，單數的「我」與多數的「我們」二者之間的差異，是沒有嚴格區分的。〔註31〕

從字形字源上說，「義」著重社會性，是我在社群中的位置、舉措皆合宜、適當。其中的犧牲，與宗教祭祀活動相關。祭祀活動中，人－禮儀－犧牲（祭品）三要素缺一不可。過去解讀「義」時，往往只強調人（祭祀的主體）與禮儀儀節，安樂哲在此特別凸顯強調「義」還包含了人在群體中的自我犧牲，「義」在此貫穿「人－禮儀－犧牲」，成爲人爲了合宜適切於群體所做出的自

---

〔註31〕〔美〕安樂哲著，孟巍隆譯：《儒家角色倫理學：一套特色倫理學詞彙》（濟南：山東人民出版社，2017年3月），頁222。

我犧牲，同時也是一積極創造的道德活動。禮儀中也隱含著規則，人人循規蹈矩在各自特定的位置，做好自己分內的事，配合著群體大眾，讓整體朝向更加美好的方向發展。安樂哲說：

> 通觀中國古代哲學和語言學文獻和語文學文獻，「義」都是根據它的同音字「宜」（right, proper, appropriate, suitable）來定義的。然而，由於「義」儘管表示「宜我」（appropriateness to one's own person），它也還指涉「宜境」（appropriateness to one's context），所以這兩個字仍有區別。〔註32〕

這裡安樂哲表示「義」不僅是「宜我」，更是「宜境」的，是在 context（脈絡）中。「義」就在生活的情境脈絡中，與他者共同形成彼此交融的關係，息息相關、交互滲透著。不只是我影響著你，你也同時影響著我。角色倫理學是不分主客的關係過程哲學，是依據情境脈絡中的互動判斷如何相處得宜，而非根據某一固定不變的原則、原理來判定應該不應該。角色倫理學依據有機整體之動態情境變化，而非靜態的絕對原理、律則。他接著又說：

> 「義」是「我」主動地、有貢獻地與環境融爲一體，其中，「我」創造獨特行動，並就此以一種創造性的方式詮釋自我。它是「我」對「機體」這一概念的表達和貢獻。而另一方面，「義」還表示自我爲「宜」語境或環境意義的讓步或放棄。「義」在關注「我」（即，語境中的<u>人</u> [person-in-context]）的同時也關注境（即，語境中的人 [person-in-*context*]）；它既根本上是自我維護和意義的賦予者，又是自我犧牲和意義的派生者。〔註33〕

如果我們從人的存在體驗來理解「義」，不從應然的道德義務去把「義」理解爲一符不符合規則的價值判準，而從整體相關的社群、環境，變動不居的生活世界，從某個特定、殊異的情境中，用各種關係性來理解「義」。這種關係性也就在兩端之間的相需、相感、相應、相潤中，尋求一動態平衡、和諧的生存之道。並具體地落實展開在人我、物我、人與環境、天人之間相互交涉滲透的動態關係中，時時依整體情境調整自身，成就自己與身邊周遭的人，成己成物。

---

〔註32〕〔美〕安樂哲、郝大維著，何金俐譯：《通過孔子而思》（北京：北京大學出版社，2005 年 8 月），頁 114。

〔註33〕〔美〕安樂哲、郝大維著，何金俐譯：《通過孔子而思》（北京：北京大學出版社，2005 年 8 月），頁 114～115。

　　角色倫理學不像康德的規則倫理學只關注道德主體性自身，它不只宜「我」，還需要宜「境」，需要一併考量外在客觀環境，並預期行動的後果來犧牲、委屈自己以配合整體情境；它也不像利他主義（altruism）全然地奉獻犧牲自己，只求捨己為人，它在宜「境」的同時也宜「我」。不偏重某一方，而是從整體來考量如何達到最全面的整體和諧與平衡。

　　因此，「義」是自律道德應然的義務？還是在關係中合宜恰當的表現？如果從《論語》文獻的解讀上，兩者皆能依照其理論的脈絡架構解讀，前後一致不相矛盾，難以取捨。然而，如果從何者更貼近於我們眼前當下的生活世界，更全面關照人的整體性，筆者更傾向於角色倫理學的論述脈絡，原因是它更開放、更能夠走出主體性自身，關懷他者，在人我互動中調整自身，同時以整體論的關係過程哲學展開動態的描述，避免了基礎主義與本質主義的獨斷危機。

　　站在康德規則倫理學的立場，將「義」詮釋為在變動關係中合宜恰當的表現，是將道德判斷落在形而下的他律道德，無法作為至高無上、人人依循的「規則」。然而，這個從我們的理性而來的無條件為善之道德律令，卻無法為後現代多元文化的衝突、利益的紛爭，帶來有效的紓解或緩和。反而因主張精神自由的「主體性」帶來更多問題，時至今日，有必要回過頭檢視我們所遵循的「規則」是否能真正釋放人類的精神自由，還是反而束縛、禁錮著我們的身心，壓抑了創造與變化的可能？

## 第三節　「禮」是應然的道德規範還是優美的文化載體

　　「禮」在先秦儒家是極重要的，孔子曾對其子伯魚說：「不學禮，無以立。」且說：「興於詩，立於禮，成於樂。」可知禮是一個人立身處世重要的憑藉。在康德規則倫理學的詮釋下，「禮」只是孔子用來帶出和表現仁義價值的社會規範，其重要性不可與仁義相提並論。

　　李瑞全說孔子談禮、重視禮，是為了指出「禮」的背後有一個形而上的根源依據，那就是「仁」。他說：

> 在《論語》中，禮一詞出現的次數僅略少於仁，而孔子之重視
> 禮亦彰彰明甚。此所以有西方學者以禮代表孔子的核心思想。但是，
> 孔子如果只是以禮為思想的核心，則孔子之貢獻就非常有限。而且，
> 這是忽略了孔子當時面對的是一個禮崩樂壞，禮樂都變成儀式化，

甚至僵化，缺乏了精神價值與內涵，談論禮正是要爲禮找出一個道德的根據。〔註34〕

在《論語》所表示的義理中心和價值結構上，仁之重要性幾乎是無可置疑的。禮只是孔子用以帶出和表現仁以及義的價值。〔註35〕規則倫理學屬於基礎主義，透過攝禮歸仁，把禮樂的價值收攝歸入到「仁」的道德主體性基礎；透過攝禮歸義，將客觀規則規範的合理判斷訴諸於「義」。「義」能讓我們從自律道德的應然原則出發，明白人人有踐行此自律道德規則之義務。他解讀《論語》中「君子義以爲質，禮以行之」：「此明顯是以義是禮之本質，藉禮而表現出人所應爲的事，或人所應盡的義務。」〔註36〕表示禮的本質是義，而仁是禮樂的根源，透過攝禮歸義，攝義歸仁，層層收攝回到仁的核心基礎上。仁作爲最基礎、最根源的道德主體，展開而爲義的應然義務，仁、義都具有普遍超越的意義，而禮則是客觀化的社會制度，不具有普遍性，需依據仁義的原則調整並且隨著時代變動而改變其內涵。

> 宰我問：「三年之喪期已久矣！君子三年爲禮，禮必壞；三年不爲樂，樂必崩。舊穀既沒，新穀既升；鑽燧改火，期可已矣。」子曰：「食夫稻，衣夫錦，於女安乎？」曰：「安！」「女安，則爲之！夫君子之居喪，食旨不甘，聞樂不樂，居處不安，故不爲也。今女安，則爲之！」宰我出。子曰：「予之不仁也！子生三年，然後免於父母之懷。夫三年之喪，天下之通喪也；予也，有三年之愛於其父母乎？」

在宰我三年之喪這段，李瑞全依據康德規則倫理學詮解：

> 在此對話中，孔子明顯地是把三年之喪的喪禮建立在仁心的安不安的感受上。此即是上文所謂攝禮歸仁的一個明顯的例子。守不守一種禮的關鍵不在社會功效的考量，也不是依不依照自然規律而行事的問題。**禮樂是表現我們的義務的自我要求，是我們的仁心的一種自然表現**。這也表示孔子所謂仁在我們生命中即是在我們的心靈的表現，此仁心決定我們的道德上應爲的事。但這種表現並不是我們的主觀情欲的表示。仁心所含的應然是具有普遍要求的行爲。〔註37〕

〔註34〕李瑞全：《儒家道德規範根源論》（新北市：鵝湖出版社，2013年），頁138。
〔註35〕李瑞全：《儒家道德規範根源論》（新北市：鵝湖出版社，2013年），頁138。
〔註36〕李瑞全：《儒家道德規範根源論》（新北市：鵝湖出版社，2013年），頁138。
〔註37〕李瑞全：《儒家道德規範根源論》（新北市：鵝湖出版社，2013年），頁144。

他依康德規則倫理學來解讀禮樂是源於主體性的仁心發用,是我們道德義務自我要求之表現,是將此普遍性的自律道德主體客觀化地呈現、展示為種種社會規範,使我們都能符合道德上的應然原則,而不淪為情感欲望的奴隸。禮並非外在的他律原則,不是社會眾人對我的要求、客觀規範,它是來自理性主體的自律道德。此根源於仁心的禮,出自於先驗的道德理性,不夾雜任何後天經驗的影響,而表現並作用在經驗上,成為各種被我們所遵循的規則,也就是禮。禮是先驗的純粹道德理性之客觀制度化,它成為現實生活中人人需要自覺地奉行的道德命令與社會規範。

蔡仁厚解釋孔子學說「仁」—「義」—「禮」之間的關係,他說:

> 孔子之學,博大精深。若要簡約舉述他的學術綱領,唯有「仁、義、禮」三字足以當之。孔子身當春秋後期,春秋時代最有代表性的觀念是「禮」。禮的功能,首在建立政治社會之秩序。……由此可知,傳統、信仰、習俗等,並不足以作為禮的基礎,唯有人要求正當合理的這個「正當合理性」(義),才是禮的基礎。孔子有言:「君子義以為質,禮以行之。」君子的實質在義不在禮,「義」這個實質,通過禮而踐行於外,所以**禮是義的表現,義便是禮的實質或基礎**。〔註38〕

可知禮這個外在社會秩序必依賴於內在的精神意識(仁義)之自覺,否則只是徒具形式,而無內在實質。而禮崩樂壞正是因仁義精神的淪喪,導致禮的形式僵化,不再適用於當時,需要溯源於根本、本質的「仁」「義」,來活化並重建禮樂制度。

安樂哲的角色倫理學反對一切以本質主義、基礎主義式的思考模式理解人。他認為用本質的方式把人理解作一個獨立自存的個體,是把人當作「互不聯繫的人類本體」。他反對以個體、自我、靈魂、思想(mind)的方式解讀人,而是由人的身分角色和關係體現出人之所以為人的具體獨特性。他用「道成肉身」的關聯性思維連結了「體」與「禮」與「孝」:

> 儒家傳統中,身體髮膚受之父母,同時受之的是一種血脈的涓涓不息之流,淵源追溯至祖先,貫穿其中的是一種延續感、歸屬感與宗教感(這些情感之中有著祖先的存在)。對人體的尊重,是尊重

---

〔註38〕蔡仁厚:《哲學史與儒學論評:世紀之交的回顧與前瞻》(臺北:台灣學生書局,2001年6月),頁105~106。

人的祖先，尊重與他們的相繫不分；而對身體的不尊重，則是可恥的褻瀆祖先的血脈。〔註39〕

「禮」在這裡就不僅止於人們行為所應該依循的客觀外在規範、規則，而是「在身份角色與關係之中取得恰宜性」〔註40〕。安樂哲詮釋下的禮，充滿了豐富的人情味與對祖先們慎終追遠的深刻思念，除了肉身的血脈流傳、家族延續，還有肉身以外的文化傳承、歷史厚積以及禮敬天地的深刻宗教感。

> 子曰：「道之以政，齊之以刑，民免而無恥；道之以德，齊之以禮，有恥且格。」（《論語・爲政》，頁16。）

在法則性強的規則倫理學解讀下，禮偏向於齊之以刑，人人服從道德法則的應然原則，應該要這麼做否則就是不道德。然而，齊之以刑頂多只能做到使社會秩序「不亂」，不能達到「和」的美好理想。安樂哲表示，必須將人置於家庭與社會的身分角色和關係，才能釋放「禮之用，和為貴」的深刻意蘊：

> 儒家的「和」遠比「不亂」的涵義豐富；「不亂」是可通過簡單加強社會秩序達到的。而要根本取得家庭情感基礎上充分調理而成的「和」，是要將人實行聚焦對待；人是社群的組成，在社群中，人人都養成恥感與責任感（「有恥且格」）。〔註41〕

服從規則僅能使整體秩序不致失序而崩壞，然而，卻缺乏使人人從六十分朝向九十分去努力的動力。而禮樂潛移默化的力量，不像道德律令般具有強硬的壓迫感，它保留人人自發而不斷向上提升的空間和餘地。「禮」從家庭教養的深入耕耘、調理，延伸到社會政治更廣大的關係脈絡中，形塑了人格的陶冶與養成。

　　我們用表格的方式，更清楚地呈現安樂哲區分本質性（規則倫理學）與關係性（角色倫理學）在詮釋《論語》中某些重要觀念的論述差異〔註42〕：

---

〔註39〕〔美〕安樂哲著，孟巍隆譯：《儒家角色倫理學：一套特色倫理學詞彙》（濟南：山東人民出版社，2017年3月），頁120～121。

〔註40〕〔美〕安樂哲著，孟巍隆譯：《儒家角色倫理學：一套特色倫理學詞彙》（濟南：山東人民出版社，2017年3月），頁121。

〔註41〕〔美〕安樂哲著，孟巍隆譯：《儒家角色倫理學：一套特色倫理學詞彙》（濟南：山東人民出版社，2017年3月），頁125。

〔註42〕此處爲筆者將安樂哲教授的表述轉以表格方式呈現，參見〔美〕安樂哲著，孟巍隆譯：《儒家角色倫理學：一套特色倫理學詞彙》（濟南：山東人民出版社，2017年3月），頁126。

|  | 本質性（規則倫理學） | 關係性（角色倫理學） |
|---|---|---|
| 義 | 一種推定個體人服從外在神性的原則。 | 在那些與自己的具體家庭和社會的關係之中包容性的「自己的恰當行為」。 |
| 正 | 「正確」或「矯正」行為或語言。 | 一個具體人與所處的一個特定的社會境域進行協調包容性的「自己恰當的行為」或「名正言順」。 |
| 政 | 政府 | 一種反身性的「恰當治理」。 |
| 禮 | 絲毫無誤地履行典儀 | 個人的、堅持不懈的、由人的身分角色與關係所決定的最為適當的行為，因此而達到成就的禮儀性品質。 |

　　若用康德的自律道德來看「義」，不承認他是服從外在神性的原則，而認為「義」是去服從我自身理性給出的道德法則之義務，是自律的，不是他律的。然而康德的道德哲學的確是建立在獨立自主、精神自由的個體上，而角色倫理學正是在此處與規則倫理學截然不同：它預設人不是獨立自存的個體，而是處在各種關係脈絡中的人。它也不認為人應該僅僅服從我自身的理性給出的道德法則，而是在「宜我」與「宜境」之中尋求兩全其美的方法，去開創協調自身與情境的道路。「禮」不僅僅是社會規範原則，而是與「義」互相詮釋的「禮」，禮與義都表示人的身分角色與關係所決定的最適當的行為。

　　角色倫理學並不排除禮有規範的作用，然而，這個規範的力量不是來自我們的道德理性或主體性，而是來自於我所處的情境與關係性。「不學禮，無以立」、「立於禮」都表達禮與人立身處世相關。而「立」與「位」在字形字源上相通，表示作為人立身處世的禮，人在了解、參與禮儀的過程中，需要找到與自身身分地位合適恰當相應的位置，才能明白自己該「立」於何處，不致無所適從、茫然失措。

　　「禮」由「示」與「豊」這兩部分構成，「示」代表與宗教、神明相關的事物，「豊」則代表祭祀、神聖與犧牲、奉獻。安樂哲說：

> 「禮」的演化過程中始終貫穿的與禮儀的形式化結構相關聯的神聖感這一事實，展現了中國社會和文化的一個重要特徵。儘管「禮」的重心和運用發生了重大變化，但最初始某特定人類圈子與整體凝聚為一的宗教功能卻沒有改變。中國各個社會階層，不僅僅是宮廷，都在禮儀活動中尋求協調他們的生活，以求相合於從自然中感知的有序節律。每一個人從自身語境出發，通過文化適應和人際活動自

由尋求與整體的關係。〔註43〕

禮在角色倫理學中並非脫韁野馬式的自由發揮、隨意揮灑，它的規範性在必須協調、整合於整體語境、情境。「禮」就在家庭關係、社會關係中不斷潛移默化的約束、節制我們的行爲同時涵養、塑造我們的性情、品味、格調以及德行。「禮」使我們在天人之際、人我之間，不斷動態調整著自身的位置，以尋求恰到好處地發而皆中節。

安樂哲言：

古詞典中，「禮」都是由它的同音字「履」（to tread a path）限

定，強調履行且最終體現保存在禮儀中的文化傳統的必要性。〔註44〕

在《說文解字》中「禮」的解釋爲：「禮，履也。」履有履行、實踐的意思，本義是鞋子。〔註45〕表示它不是客觀化的社會規範或制度，而是需要人主動參與其中，去實踐、實行的具體生活情境。「禮」與「仁」在這裡也是不可分割的。沒有眞情實感的仁，只是行禮如儀的扮演好角色，被動僵硬的站在自己的位置上，禮就成了虛假的禮文儀節，是可以被我們拋棄再重新制定的。如孔子所質疑的那樣：

子曰：「人而不仁，如禮何？人而不仁，如樂何？」（《論語‧八佾》，頁26。）

「禮」與「體」也有字源上的相關，安樂哲說：

……正如「體」的簡體形式「体」（由「人」和「本」構成）所表明的那樣，禮儀和習俗的載體也可被稱之爲是維護和支持文化傳統創新和創造性之「根本」。它就像人類的身體，是一個有機的實體，必須給予滋養和培育才可保存整體。而且，只有不斷爲之賦予新的活力且使之適合當前環境，才可保存它的價值和影響。它既是過去的成果，又是未來發展的根基。〔註46〕

---

〔註43〕〔美〕安樂哲、郝大維著，何金俐譯：《通過孔子而思》（北京：北京大學出版社，2005年8月），頁103。

〔註44〕〔美〕安樂哲、郝大維著，何金俐譯：《通過孔子而思》（北京：北京大學出版社，2005年8月），頁104。

〔註45〕筆者在此進一步思考：如果禮是鞋子，仁就代表腳，我們穿鞋是爲了保護腳不受傷，更適宜行走，同時讓它看起來美觀、好看，必須選擇大小適中的鞋子才行，而且還要依據腳丫的成長變化而更換新的鞋子（禮的因革損益、因時制宜）。可是如果沒有腳丫，我們也就不需要鞋子了。

〔註46〕〔美〕安樂哲、郝大維著，何金俐譯：《通過孔子而思》（北京：北京大學出版社，2005年8月），頁105。

禮在這裡被身體化、具象化，必須要藉由形而下的肉身來身體力行禮的活動，禮不再是抽象的客觀制度或禮俗儀節，而是透過身體體現揭示其內涵深意的禮。譬如我們會稱讚一個有禮的人言行很「得體」，表達一種內外整全、一體不矛盾破裂且恰如其分位的意思。它是我們藉以維持文化的存續之憑藉，可以保存過去的智慧積累，同時也可以因應未來而創新、改造。禮的因革損益、因時制宜特色在這裡包含了延續性（still）和創造性（creative）兩方面。相較於康德規則倫理學重視理性、精神、意識層面，角色倫理學更具後現代強調身體的特性，肉身不再是人類犯錯的源頭，而是行道的憑藉，是揭顯造化意義的具體存在，是「踐形」的理氣一體渾化。

在康德規則倫理學看來，後現代關於身體觀〔註47〕的詮釋是混漫了形上與形下的區別，不從理性／感性、意志／形軀、永恆靜止／變動不居、純粹／複雜、物自身／現象的區分架構展開理解、解釋，而從形下的形軀身體出發展開論述脈絡，簡直就是從軀殼起念。這是把形而下的情感和欲望的來源─肉身的價值過於抬高，甚至把形而上的根源都放棄、取消，墮落為讓形下的感性情欲做主，無法回歸人性的基礎——即純粹的道德理性、主體性。如此一來，便無從去惡存善，因為惡是從形軀產生的無窮欲望，也無法統一掌握原本紛雜混亂的世界，更加無從提升人的道德意識，回歸到純粹理性。

安樂哲運用關聯性思維與系譜學的方式詮釋「禮」，連結「立」─「位」─「禮」─「示」─「豐」─「禮」─「履」─「體」……等一連串從字源上相關的字音、字義，展開不同側面的分析。這種解釋方式表面看似天馬行空，然而卻需要十分豐富的想像力與淵博的學識與經歷，同時還需細細尋繹背後隱含的邏輯性脈絡，才能在詮釋表述時具有強烈的說服力。通過上述的論述，我們可以瞭解到「禮」與宗教祭祀、神聖感、犧牲獻祭、身分地位、立身處世、實踐、身體……等涵義都彼此相關，可以從眾多角度切入去理解，而且充盈著豐厚的詮釋理解的層次，不斷動態地生成著意義。

---

〔註47〕臺灣在中國哲學思想研究方面關於身體觀的討論，有愈來愈興盛的趨勢，可參考楊儒賓、賴錫三、王慶節……等學者專著。楊儒賓：《儒家身體觀》（台北：中央研究院中國文哲研究所籌備處），1996年、賴錫三：《莊子靈光的當代詮釋》（新竹：清華大學出版社，2008年）、賴錫三：《當代新道家──多音複調與視域融合》（臺北：臺大出版中心，2011年8月）、王慶節：《道德感動與儒家示範倫理學》第四章〈身體〉（北京：北京大學出版社，2016年），頁91～102。

因此，關於「禮」究竟是應然的道德規範還是優美的文化載體？如果我們依舊採取理性主義、基礎主義的模式解讀，把「禮」視爲一行爲依循的準則，符合於此規則即是正確、是道德的，不符合就是錯誤、不道德的，未免太過狹隘霸道。且將一切訴諸於道德理性，認爲只要回歸到我們理性自身，一切問題便可迎刃而解，也過於輕忽簡化了我們可能遭遇的道德困境與問題，徒停留於抽象思辨，無法眞正面對生活的種種難題。相較之下，角色倫理學對「禮」的解讀就更豐富多樣，提供我們不同側面的思考，這並不是說角色倫理學就是唯一正確的答案。在後現代多元文化的百花齊放中，也許我們可以從單一追求理性原則走出來，看看其他更多的可能性，或許我們能從中激發更多解決各種衝突、問題的能力。

## 第四節 「聖」是主觀境界的完美呈現還是修養圓熟的溝通大師

李瑞全在其著作《儒家道德規範根源論》第四章〈儒家之原始典型：孔子之基本型態〉中解讀君子有三畏這章原文：

> 孔子曰：「君子有三畏：畏天命，畏大人，畏聖人之言。小人不知天命而不畏也，狎大人，侮聖人之言。」（《論語·季氏》，頁149。）

他說明這裡的「大人」與「聖人之言」之涵義：

> 大人自是握有生殺大權的最高統治者，但孔子所謂大人實即是聖王，其權力之行使可說是依天道而行的道德判斷。此即《易傳·乾文言》之：「大人者與天地合其德，與日月合其明，與四時合其序，與鬼神合其吉凶。先天而天弗違，後天而順天時」的大人。因其所作判斷，所行使的權力是天命所賦的無私而剛正的權力，是讓人不得不肅然起敬之權力。故有德的人莫不崇敬而不敢違背。聖人之言乃是道德圓融之極的表現，若有所論斷亦是中正剛健而無一毫私意之公論，其純正與無私亦使人在道德上不得不受命，是亦與天命同樣崇高莊嚴，自亦不得不肅然起敬，不敢違抗。因此，孔子感知的天命時即自覺有對天下百姓有**不容已之道德義務**，雖明知有巨大的

艱困在前，亦不得不全力以赴……此即表示天命與義之合一。〔註48〕
李瑞全在這裡解釋「大人」是有權勢地位的聖王，此聖王的權力來自於上天，
是上天賦予他權力和令人崇敬、敬畏之感。這段所說的大人、聖王依天道而
行的道德判斷，實際上即是依純粹理性而行，依道德主體性而給出的道德判
斷，是中正無私且絕對正確無誤的判斷，所有人都要崇敬、敬畏之，甚至不
敢違抗。這裡形容的聖王之權力，有股權威的壓迫感，強迫所有人皆須俯首
稱臣。然而若依康德講的自律倫理學，人人自發興起道德意識，理性自覺，
則人人都是聖王，無須服從於他人，聽命於他律，則崇敬與不敢違抗的對象
應從外在的天命轉為自命，回到自身的理性、主體性自覺的道德義務上面。

聖人之言論同樣有令人敬畏之效，與天命一般崇高莊嚴，是大公無私的
言論。這言論同樣發自於道德理性，是圓滿無缺的，也是正確無誤的。在此，
大人與聖人是天命之象徵，因大人與聖人都是基於純粹的道德理性（主體性）
而視聽言動、出處進退，一言一行皆是道德規範，沒有例外。然而，這樣的
說法是將儒家的聖人當作一不會犯錯的完人，完美無缺到極致，一舉一動有
如公式化的精確無誤，缺乏靈活變動的可能，也因此不存在犯錯的可能。

> 子曰：「加我數年，五十以學易，可以無大過矣。」（《論語·
> 述而》，頁62。）

> 陳司敗問昭公知禮乎，孔子曰：「知禮。」孔子退，揖巫馬期
> 而進之，曰：「吾聞君子不黨，君子亦黨乎？君取於吳，為同姓，謂
> 之吳孟子。君而知禮，孰不知禮？」巫馬期以告。子曰：「丘也幸，
> 苟有過，人必知之。」（《論語·述而》，頁64。）

> 子貢曰：「君子之過也，如日月之食焉。過也，人皆見之；更
> 也，人皆仰之。」（《論語·子張》，頁173。）

孔子在《論語》中常常提到「過」，他曾感慨道：如果能早早透徹地了解《易》
經當中的道理，就能把握住人生的方向，而避免犯大的過失；言外之意，
即便他能夠早早理解了《易》經的道理，也仍舊不免在生活中犯一些小過
錯，但無傷大雅。他並不認為自己是完美無缺的完人，甚至被人指出來自
己犯錯時還覺得很幸運，一方面表示他人對自己的有股切的期許與重視，

---

〔註48〕李瑞全：《儒家道德規範根源論》（新北市：鵝湖出版社，2013年），頁171。
內文引《易傳·乾文言》：「先天而天弗違，後天而順天時」為「先天而天弗
違，後天而奉天時」之誤。

因此難免有些求全責備，另一方面表示自己即使犯錯也未加以掩飾、美化，不文過飾非，自欺欺人，坦坦蕩蕩接受自己的不完美，接受自己的錯誤並勇於面對、改進。

李晨陽認為中國傳統思想，不同於本質主義式的實體本體論，而是一種物之多邊存在論。如亞里斯多德代表的實體本體論，認為事物的本質是單一的、確定的、不可變更的。中國傳統思想則是落在具體語境當中，是不能夠脫離具體情境的多視角、多方面的存在，是多元，隨著情境變化可以調整變動的。〔註49〕

然而，在康德的規則倫理學解讀下，聖人的形象似乎不存在任何過錯、瑕疵，孔子表面似乎被抬到天道一樣高的位階，地位高不可攀，實際上卻成了如同機器人一般行為舉止皆精確無誤，努力執行道德任務，沒有一絲懈怠、輕忽，不可能犯任何錯，一舉一動皆是道德規範。如其下所言：

> 進至七十歲，孔子之修養已爐火純青，可說一點雜質都沒有。所謂「從心所欲不踰矩」是指孔子的心靈純淨之極，無一絲一毫的雜念，所謂念念純正不已。因此，無論心念如何轉動都不會有違道德的規範。此在此境界中，孔子的心靈彷彿如西方上帝之神聖意志，絕對沒有雜念可以出現。事實上，孔子的心念自身即是道德規範，此時孔子可說是「一言而為天下法，一行而為萬世則」，是康德所認為為自由立法的立法者。而孔子與天合德，成為圓聖，充盡人之終極目標，人之天職，即達致德福一致，此所以牟宗三先生說康德所舉之哲學之宇宙觀念而以人體之的哲學家正是孔子。……當個人之生命進到如此之無限境界，此自是生命之最圓滿最終極的完成。此孔子之為圓聖。〔註50〕

在康德的規則倫理學詮釋脈絡中，聖人乃是理性之全幅展現，他的主體意志等同於上帝的意志，是絕對超然物外且純粹善的意志，沒有一絲雜念、雜質，全然是自我意志之無條件為善的道德義務要求。他的所作所為都是道德規範，都是天下人的法則、矩範，沒有例外，更不會犯錯。

如果依照實體本體論的方式展開理解，則此理性主體澈上澈下貫穿，自

---

〔註49〕 參見李晨陽：《多元世界中的儒家》（台北：五南圖書出版股份有限公司，2006年6月），〈導言〉頁2～3。

〔註50〕 李瑞全：《儒家道德規範根源論》（新北市：鵝湖出版社，2013年），頁176。

是毫無問題，圓滿至極。然而，若認同世界是以一種物之多邊存在論來展開，體認到每個個體、主體之間的差異性、獨特性是那麼截然不同，不可化約，那麼聖人的天德流行或許不是以一種成爲眾人的法則、規範方式呈現，以避免成爲一種道德上的霸凌跟威權壓迫。更多的時候，他期望能夠成爲在歷史中啓發、激勵他者的柴薪，能夠在薪火相傳中，成爲照明、溫暖他人的存在。依孔子所言，他自己也是會犯錯的人，並非完人，然而並不因他會犯錯就減損了他的人格價值。在他看來，犯錯並非不可原諒，最糟糕的是有過而不改，一再重複犯同樣的錯而未能自省，甚至害怕承認錯誤而加以掩飾、逃避，不斷重蹈覆轍的人。

在安樂哲的角色倫理學中，人性既不是本質，也不是個潛能，而是一種可能性。而聖人作爲理想人格（仁者、智者、勇者、成人、大人、君子）中最高的等級，他是人性全面開發的成就，落實在人際關係中，是物我共同成就開發出來最大最美好的可能性之一，不僅僅依賴於我的理性主體自覺即可達成此極高的成就。儒家的聖人在這裡不再是完全自律自主，只仰賴理性主體自覺所達到的理境，它更需要與身邊的他者共同協調開創出和諧共生的具體情境，並且有賴於其自身深厚的文化陶養。

他認爲聖人作爲人性之最大可能成就，「性」就在生而有之的初始條件與聖人的可能成就之間，不斷發展變化著。安樂哲說：

> 雖然孟子沒有「本性—修養」的區分，但是「性」最重要的是修養和成長的結果。它在社會化和教化的過程中獲得協調。〔註51〕

「性」與「禮」在人格養成中具有創新以及繼承兩方面的意義：

> 因此，「性」應該被理解爲與文化具有不可分割的關係。……我們可以把「禮」界定爲形式的語言，通過這種語言，人際關係得以發展和表達。……禮的行爲不斷塑造成人的意義，而且，作爲那些在社會中得到尊重的特定行爲的後果，禮本身也得到了革新。〔註52〕

安樂哲說明了人之「性」並不是受到「禮」的約束與限制，而就在其中得到豐富的意義灌注。而且禮不是一成不變的，看似保守、守舊的文化傳統的載體，它仍需要不斷因革損益、因時制宜地更新著。禮作爲特定族群的歷史文

---

〔註51〕〔美〕安樂哲著、彭國翔譯：《自我的圓成：中西互鏡下的古典儒家與道家》（河北：河北人民出版社，2006年7月），頁308～309。

〔註52〕〔美〕安樂哲著、彭國翔譯：《自我的圓成：中西互鏡下的古典儒家與道家》（河北：河北人民出版社，2006年7月），頁309。

化產物，它是一個人立身處世的重要憑藉，孔子說：「興於詩，立於禮，成於樂。」似乎不只把「禮」當作理性原則落實在社群中的規範而已。

「性」在很大程度上取決於文化，沒有經過文化教養與修養的人，只是自然人，尚未發展文化人格圓熟成就。而人通過教育，是可以轉變的，因此當我們講「變化氣質」與「人文化成」就表示了人性是可以轉變、變化的。不過安樂哲特別提醒一點：「一旦一個人的行為方式固定下來，這種可轉化性就逐漸變得不那麼可能了。」表示當人積習以久就會積重難返，轉變的可能性就會愈來愈小。同樣的，修養深厚的聖人，雖然退轉下墮的可能性永遠在，但因為經過長時間的淬煉涵養，沉淪的可能性相對地小，但依舊存在著犯錯的可能性，不因修養工夫深厚而自矜自滿，更需要時時戒慎警惕，不能須臾鬆懈。

因而安樂哲不用圓滿無缺來形容聖人，而另闢蹊徑，從「成於樂」的審美角度來說聖人是位品鑒能力一流的鑒賞家。他不從一言以為天下法去強調語言的法則效力，反而深刻反省語言可能帶來的危險。針對「巧言令色，鮮矣仁！」說明：

> 孔子自己深知濫用語言的危險。一些能言善辯的偽君子就是用
> 語言製造混亂，而非創造和諧。〔註53〕

因此，他從孔子自言「予欲無言」來表達「無言」可能蘊含更多的意義與和諧。藉由無言消融了語言的特定指向，從已發回到未發之中，回到更根源的音樂性（某種韻律感、節奏感）當中。這種音樂性打破了聖人莊嚴肅穆、高超卓絕的冰冷、僵硬感，而更親切有味的泯然於眾人之間，成為「和而不同」的存在。就《論語》首章「學而時習之，不亦說乎？有朋自遠方來，不亦樂乎？」而言：

> 可見，語言和音樂二者都被認為是產生深刻喜悅的溝通模式。
> 對孔子來說，聖人不僅是「禮儀大師」，他更是一個「制曲者」（a
> composer）（使各個部分獲得組合）和「調解者」（compositor）（一
> 個調節和解決紛爭的人：仲裁者、調解人）。這就是說，聖人通過溝
> 通和交流的種種模式推動和培養著協調性的「和」——獲得一致性
> 的同時保存著多樣性，既顯示穩定性同時也支持親善的噪亂。聖人
> 就是這一交響曲的指揮，他指導著所有的獨特性同奏協合。〔註54〕

---

〔註53〕 〔美〕安樂哲、郝大維著，何金俐譯：《通過孔子而思》（北京：北京大學出版社，2005年8月），頁340。

〔註54〕 〔美〕安樂哲、郝大維著，何金俐譯：《通過孔子而思》（北京：北京大學出版社，2005年8月），頁342。

和而不同的聖人，反對同一性的一言堂，他不因異於己者之噪音而減殺了他者存在的價值，尊重與我不同的殊異性，保存了物之多邊存在、多元共生。此多元共生並非毫無法度的一團亂，而是在「禮樂」文化當中尋求共識而維持相對的穩定性，但也不追求井然有序的法則，而是充滿張力、活力與生命力的多音複調。

六十歲達到「耳順」狀態的孔子，在安樂哲的形容下具體是如何？

> 只有首先傾聽，置身於潛在和諧得以發生的情境中，然後為使之「成」而調整可獲最佳化和諧的成分，這樣，協調（順）才會發生。這種先參與既定環境，然後致力於建立秩序以實現和諧的方法，也就是「恕」（deference）的方法。〔註55〕

耳順的解讀不再從理性主體自覺來說萬物皆備於我，使他者成為主體的附屬品。入耳心通也不再是一切秩序與規範皆符合我內在的道德理性主體，萬物的分位因此停停當當，擺放妥當整齊而不雜亂。孔子在六十歲的修養階段，耳順是先放下自我去傾聽、去融入在場的情境，並且努力引導溝通整體自發地朝向亂中有序的和諧狀態前進，而非使之不敢違背，不得不服從那樣強迫威逼的方式。

因此，安樂哲從「聖」這個字最早由「口」與「耳」組成的意思，強調聖人是位溝通大師，他有口耳通天地之能，乃通過言說與傾聽來溝通天下的能力。然而這種口耳通天下的方式不是規則倫理學「一言以為天下法」那般由單一的理性制定原則輸出，而是雙向互動的共振與協作。相較於規則倫理學需要先回歸理性主體的內在自覺，透過逆覺體證來道德自我立法，再要求所有人皆須服從此規範，角色倫理學更強調彼此溝通的作用，是走出自身，同時直接在我們的生活當下起作用，無須經過抽象的理論思辨、論證再應用於具體生活中。他說：

> 對孔子來說，溝通行為是更為直接和具當下性的，至少對於榜樣之傳揚和原理的傳播的對比來說確是如此。原理的傳播需要導向定義的分析和（或）辯證過程。概念一旦被確定，就可以單獨或聯合建構命題，以指導思想和行動。〔註56〕

---

〔註55〕〔美〕安樂哲、郝大維著，何金俐譯：《通過孔子而思》（北京：北京大學出版社，2005年8月），頁349。

〔註56〕〔美〕安樂哲、郝大維著，何金俐譯：《通過孔子而思》（北京：北京大學出版社，2005年8月），頁372。

> ……與此相對照，孔子的溝通形式則更爲直接。孔子就像耶穌
> 和釋迦牟尼，採用「讓有耳能聽者自己傾聽」的對話方式。他通過
> 指出在與我們當前類似情況下歷史人物的所作所爲，推舉了一個可
> 比照的榜樣。這種情況下不是要確定概念或建立、發現原則，而卻
> 是努力通過隱喻找出相似性。〔註57〕

「讓有耳能聽者自己傾聽」不是狹隘的表達現實中有聽覺能力才能傾聽他者，失聰者就無法傾聽，而是更廣義的形容不以理性主體的自我主導人我關係、涵攝一切變化存在，願意理解與傾聽他者的一種柔軟、開放的態度。孔子關於「聖人」的詮釋，是能近取譬的典範人格，是藉此激勵我們每個人自發地去傾聽周遭、傾聽大道的天籟之音，用海德格的話來說就是傾聽天命的召喚。聖人不再是高高在上、圓滿無缺的境界，而是喚起我們每個人去傾聽與溝通的能力。

聖人，究竟是如康德規則倫理學所說的德福一致的圓滿境界，還是角色倫理學所詮釋的修養圓熟的溝通大師呢？我們從現實的生活中，能近取譬地尋找活生生、切近的典範人物，那些眞實而具體的典範人物也許與抽象理論的終極完美、圓滿無缺的形象有點出入，卻反而對我們尋找和諧美好的生活更有影響力與啓發性。那麼，我們是否還要將聖人神格化，將聖人與上帝等同？還是，我們也能夠從生活周遭那些會犯錯卻努力改進、自強不息的人身上去理解孔子所謂的聖人形象。

## 第五節 「孝」——「家庭」是道德主體證成之所還是角色關係的開端

關於家庭關係的討論，亦即傳統所說的父子倫，應是康德的規則倫理學與角色倫理學二者在詮釋儒家思想最不同之處。康德規則倫理學著重於存心動機，一切只問起心動念是否純粹爲善，收攝在內聖之學，內聖的誠意正心做到了，自然而然能夠放諸四海皆準，落實在齊家治國平天下的外王事業當中。然而，角色倫理學卻相反，它認爲家庭是每個人學習做人處事、待人接物的起點開端，我們就在與家人的相處中開始自我人格的養成之路，「孝」成爲角色倫理學聚焦的核心重點。

---

〔註57〕 〔美〕安樂哲、郝大維著，何金俐譯：《通過孔子而思》（北京：北京大學出版社，2005年8月），頁372。

牟宗三先生談孔子繼承了三代的道統，此道爲內聖外王之道。他解讀「內聖外王之道」云：

> 此「內聖外王之道」之成立即是孔子對於堯舜三代王者相承之「道之本統」之再建立。內聖一面之彰顯自孔子立仁教始。曾子、子思、孟子、《中庸》、《易傳》之傳承即是本孔子仁教而展開者。就中以孟子爲中心，其器識雖足以籠罩外王，然重點與中點以及其重大之貢獻實落在內聖之本之挺立處。宋儒興起亦是繼承此內聖之學而發展。其器識雖足以籠罩外王，亦從未忽視於外王，然重點與中點亦仍是落在內聖之本之挺立處。此內聖之學，就其爲學言，實有其獨立之領域與本性，此即彰著道德之本性（自性）以及相應道德本性而爲道德實踐所達致之最高歸宿爲何所是者是。〔註58〕

牟先生依康德哲學所建立的儒家道德的形上學，即在說明內聖之本之挺立處，就在人的理性，就是我們內在的道德主體性。此主體自我做主，不依賴任何外在因素，才能挺立住道德的尊嚴與價值所在。牟先生認爲孔子講「仁」的意義即是強調人的理性自覺，通過逆覺體證以回復到本心，有此內聖作爲基礎，才有所謂外王事業的展開。沒有此內聖根本的挺立，外王事功也就沒有其眞正的價值。內聖是本是先，外王是末是後，有了此先驗的道德主體性，後面才能展開家國社會乃至天下的各種秩序規範。牟先生從本質主義的脈絡，強調道德本性爲基礎，外王事功皆是建立在此基礎之上。而「外王」事業分三層，其言：

> 一、客觀而外在地於政治社會方面以王道治國平天下：此是其初義，亦是其基本義。就「以王道治國平天下」言，此中含有政治之最高原則如何能架構成而可有實際之表現之問題，亦含有政體國體之問題。

> 二、在此最高原則以及此最高原則所確定之政體國體下各方面各部門開展進行其業務之制度之建立：此是其第二義，亦即永嘉派所謂「經制事功」者是。

> 三、足以助成此各方面各部門業務之實現所需有之實際知識之研究與獲得：此是其第三義，此大體是顧亭林與顏、李等之所嚮往。

---

〔註58〕牟宗三：《心體與性體》（第一冊）（臺北：正中書局，2006年3月），頁193。

> 以上三義俱爲外王一名所函攝。亦可以説是相連而生者，然而
> 卻有其層次上之不同。第一層爲政治，踐之者爲政治家。第二層爲
> 事功，踐之者爲百官衆有司以及社會上之各行業。第三層爲知識，
> 踐之者（言實際去研究）爲專家爲學者。從問題言，此三者中之問
> 題俱屬外王之問題。從學言，此三層之内容俱爲外王學。〔註59〕

牟先生認爲外王是内聖之學落實於政治、事功與知識三方面。「家庭」的意義
在内聖外王的架構中被忽視了，或者說隱沒不顯。綜觀以康德規則倫理學詮
釋儒家者，皆是以自我修身的内聖爲基礎、根本，少有正視《論語》中一再
出現的「孝」，家庭在康德規則倫理學中往往被省略掉不談，與孔子在《論語》
中常提到父母、兄弟的言論相較，似乎太過偏重於個人的内在心性修養，忽
略了此修養是怎麼來的？或者說在修養方式上，康德規則倫理學透過理性的
自主自覺作爲基礎展開道德的形上學，角色倫理學則是透過日常生活中與家
人、朋友、同事……等各種人際關係，活出每個人在特殊情境、特定關係中
的角色分位，所展開的關係過程哲學。

李瑞全承繼牟先生用康德規則倫理學的架構展開儒家内聖外王之學，說
明道德實踐的進路是從家庭開始乃至於社會國家的政治面，層層擴展。在這
裡，他對家庭的意義說明如下：

> 我們從出生即在一家庭之中，家庭是我們最親密最小的道德社
> 群，可以説是最基本的生命共同體。在家庭之中我們根本是共同分
> 享一切的東西：喜怒哀樂、財富命運、互信互任，以及各種生活經
> 驗，宛如一體，無分彼此。依儒家之義，由仁心首出的是我們對家
> 人的義務，而絕不會是互相講求權利的地方。由於我們的生長歷程
> 總是從一個家庭開始，我們必須有別人的呵護才能生存和成長，否
> 則我們根本活不下來。家庭即是我們生命的起源地。〔註60〕

李瑞全肯認家庭對我們來說意義重大，是我們賴以存活的起源地。然而，不
同於角色倫理學以「關係－過程」哲學脈絡展開，他以基礎主義、本質主義
的方式將每個人當作一個個「個體」，一個個獨立自存、彼此分離的個體。這
些個體像積木一樣拼成一個小的成品就是家庭，拚成大的成品就是社會國
家，然而拆開來重新組裝，對每個個體來說完全沒有任何影響，是一種原子

---

〔註59〕牟宗三：《心體與性體》（第一冊）（臺北：正中書局，2006年3月），頁194。
〔註60〕李瑞全：《儒家道德規範根源論》（新北市：鵝湖出版社，2013年），頁151。

式的思考方式。主體性哲學以理性主體爲基礎，一切都立基於此基礎之上。康德認爲主體要屏除一切情感、感性慾望的影響，回歸如上帝般純粹善的意志的道德理性，無條件爲善去行應然的義務，落在「權利─義務」的西方哲學框架中討論。然而，中國人的傳統家庭關係，很少從權利、義務的脈絡思考，往往都是落在父母子女間孝敬之感、親人手足的關愛之情當中。如李瑞全在下文所說：

> 每個人從少生長於一家庭之內，受到父母的養育愛護才得以成長，父母無條件的養育之恩是一個人所不能忘記的最重大的恩惠。所以儒家自孔子以來都非常著重家庭倫理是合理的。家庭內部的親密關係也是其他社群組織所不能具有的。而在家庭開始的孝悌之行爲自然也是最根本的踐仁的方式，而且也常是最無條件的奉獻和忠誠。〔註61〕

此處他將孝悌行爲解釋爲實踐仁的方式，李瑞全認爲把孝悌當成「仁」的根本，這樣的解讀是錯誤的。他說：『用哲學的用語來說「孝弟爲仁之本」乃是工夫語，不是本體語，即只說明通過孝悌之修養可以達到仁道之實現，而非以孝悌爲仁之本體。而在實踐仁道方面，孝悌是最根本的工夫。』〔註62〕故「仁」這個主體性原則才是道德的基礎根本，也是一切道德規範的根源。然而，孝悌行爲是最無條件地奉獻和忠誠，這是用英文 filial piety（家族中的敬畏）來詮釋「孝」。piety 在西方是指對上帝的敬畏，有因畏懼而不得不如此做，甚至有點被強迫去做的意味。我們在理解「孝」往往是講父母子女之間的愛敬之情，因爲父母長輩對孩子的慈愛關懷，使孩子自然而然興起感激尊敬等孺慕之情，是雙方面的情感交流，而非單向的表達忠誠、效忠與敬畏，單方面的奉獻付出。李瑞全在此說孝是無條件地奉獻，表達它是理性主體的發用，是無條件爲善的義務，而非權利；是自我要求要付出的義務，而不是我們有什麼權利才行此義務，不能夠回過頭要求父母。

安樂哲在《儒家角色倫理學：一套特色倫理學詞彙》中說：

> 對孔子以及對它出現之後的世世代代中國人來說，人的基本單位指的是：這個家庭的「這個」具體人；而不是「單獨、互不聯繫」的「個人」或者甚麼「平等地抽象」且「類屬性」的家庭概念。〔註63〕

---

〔註61〕李瑞全：《儒家道德規範根源論》（新北市：鵝湖出版社，2013 年），頁 154。
〔註62〕李瑞全：《儒家道德規範根源論》（新北市：鵝湖出版社，2013 年），頁 152。
〔註63〕〔美〕安樂哲著，孟巍隆譯：《儒家角色倫理學：一套特色倫理學詞彙》（濟南：山東人民出版社，2017 年 3 月），頁 109。

爲了避免成爲抽象的理論思考，角色倫理學的「人」不再從基礎主義的本體本質去思考，而把人放在具體生活情境中，放在家庭關係脈絡中去理解人之所以爲人。脫離了家庭對我們的塑造養成，我就不是完整的自我，更不要說有個獨立於關係之外存在的自我。角色倫理學不採取基礎主義的結構以表述家庭的意義，家庭不是由獨立的個體組成社群的最小單位，而是人倫秩序的核心。安樂哲說：

> 家庭被視爲社會和宇宙所有秩序的核心；正如我們在《大學》中讀到，從個人於家庭內部的修養開始，所有意義的連漪，都圍繞著一個中心一圈一圈向外散射而去，而後則又返回來撫養這個本源。〔註64〕

角色倫理學在敘述不同社群的倫理時，運用一種同心圓是向外擴散的漣漪意象形容。從個人的修身到家庭的和諧，進一步到社會國家甚至宇宙的和諧努力邁進，層層向外擴散，由內向外且又由外向內交互影響著。返回來撫養這個本源可進而理解爲《中庸》言參贊天地化育之意，是雙向互動式的相互滲透、共振、影響著，而非僅單向的推擴、延展，此乃機體哲學與基礎主義之最大差別。機體哲學（又稱有機哲學）因其不斷在變動生成著，而充滿了蓬勃的生命力，看似恣意任性地發展，時則內在有其脈絡可循；基礎主義（本質主義）相較之下則停留在永恆靜止、固定不變的抽象境界，循規蹈矩缺少了發展的可能性與想像力。

　　角色倫理學分析「孝」的字源含義時，發現它上面由「老」、下面是「子」兩個字所合成的。表示「孝」這個字是發生在年長者、長輩與後代子孫血脈之間的關係。透過年長者的慈愛、呵護與妥善照料而教養孕育出一個個成熟懂事的下一代（優秀的子弟、人才）；而年幼者感念且尊敬上一代的辛勞付出，自然地回過頭愛敬、孝敬其尊長，並在有能力自立以後回過頭來撫養上一代的長輩。這是一種自然而然的相互付出關愛之情，而不是一種「欠債—償還」的關係，也不是一種「權利—義務」的關係。安樂哲如此說「孝」：

> 「孝」無疑是老一代從其後裔獲得有益的支撐，但同時也是年輕一代借以轉變和成長爲長輩們所期望他們成爲的既嶄新又持久變

---

〔註64〕文中「又返回來撫養這個本源」，筆者建議將「撫養」改「滋養」，文義比較貼切妥適。〔美〕安樂哲著，孟巍隆譯：《儒家角色倫理學：一套特色倫理學詞彙》（濟南：山東人民出版社，2017年3月），頁110。

體的生命過程。這樣，通過後代的肉身與他們尊崇的生活經驗，老
一輩無論在肉體與精神上都獲得了不朽。〔註65〕

角色倫理學特別強調家庭的力量，我們就在最原初、初始的家庭關係當中，
從做好子女的角色開始學習做一個人，一個懂得如何與他人和諧共處的人，
一個能傳承上一代的智慧結晶並延續下一代家族血脈與文化命脈的人。角色
倫理學與規則倫理學不同就在於：規則倫理學的基礎在於個人的主體性，角
色倫理學不訴諸此穩固不變的基礎，而是從「焦點—場域」的模式展開意義
脈絡。我們的角色會因爲成長的過程而改變，如現在面對父母，我是以子女
的角色；當面對弟妹時，我則轉換成兄姊的角色；當有了下一代，我成了父
母的角色。焦點是可轉換的，不是一成不變的，焦點改變時，整個焦點背後
的場域也隨之而改。當切入的角度不同時，所處的情境脈絡也因應而全盤改
變。然而在焦點—場域不斷變動中，有著薪火相傳的不朽意義，代代相傳的
歷史感在這個脈動中源源不絕。

　　然而，是什麼緣故使家族能夠延續，在變動中能就能代代相傳而不斷絕？
安樂哲引用人類學家張燕華詮釋的：

　　　　這裡，定義和諧要與中國人關於「度」（程度、範圍、位置）
的理解聯繫在一起。……換句話說，在一個動態的交互環境中，「和
諧」就是當每個人以獨特的方式展示自身到一個恰當的「度」時而
達到的「相得益彰」狀態。〔註66〕

這裡的「度」即是平常做人處事、待人接物時的分寸拿捏、衡量得當。我們
就在具體的情境中學習把握那個恰到好處的「度」，學習在有所偏倚中調整、
協調乃至發而皆中節的「時中」狀態。

　　從這個「度」的解釋背後，可以發現角色倫理學也隱含著一股規範性的
力量。這個規範性的力量使人在家族關係中懂得自我節制，方能保持住家族
的和諧、繁榮與共生。家族在這裡有種凝聚向心力，使家族中的每個家人都
有著認同與歸屬感，擔憂自己的言行有虧而使家族蒙羞，或是肆無忌憚則爲
家族所棄。如宋代大儒范仲淹成立「義莊」的故事。

---

〔註65〕安樂哲（Roger T. Ames）羅斯文（Henry Rosemont .Jr）：〈《論語》的「孝」：
　　　　儒家角色倫理學與代際傳遞之動力〉，《華中師範大學學報》第 52 卷第 5 期
　　　　（2013 年 9 月），頁 52。
〔註66〕張燕華：《對中醫的情感轉變：當代中國人種志報告》（奧爾巴尼：紐約州立
　　　　大學出版社，2007 年），頁 51。

范仲淹年幼失怙，隨母親改嫁而被范氏宗族拒之門外，他在顯達後，回到范氏宗族，成立「義莊」來照顧族人。每年在祭祀時，族長、長輩會對家族中年輕一輩訓話，而那些不守規矩、做壞事的孩子不允許參加祭祀、分祭品。不能參加家族的祭祀與分祭品對那時候的孩童來說，是十分嚴重的大事，除了不能吃到平時吃不到的豐盛祭品，還有被整個家族屏除在外的感受，會因此產生沒有歸屬感與安全感的憂懼心理。所以，范氏家族在義莊成立後培養出端正的家風，教養出許多品行優秀的子弟們，正是因為有家族的規範性力量以及范仲淹推己及人所建立的義莊和他的仁德垂範力量。

角色倫理學的規範性力量不訴諸於某些明白清楚的「規則」，而是在家族的情感的緊密聯繫中，潛移默化地逐漸養成，與規則倫理學強調的道德規範不同，它更加幽深隱微而且強大有後勁。雖未明言我們應該遵守那些規則或什麼事一定不能做，然而我們在家族中成長所學會衡量那個「度」時，就能默契於各種不同情境該如何視聽言動，舉措得宜。如果自己的言行超過了那個「度」，會感到虛歉不安，周遭共在的他者亦會反饋，如「近之則不遜，遠之則怨」，使我們能夠進一步調整，以達到克己復禮。踰越禮或悖禮則使祖宗蒙羞，自外於家族的歷史傳承。孝意識貫穿了我們的文化傳統，使我們能承上啟下，繼承復又創新！

# 第六節　小結

本章聚焦於康德規則倫理學與安樂哲角色倫理學關於「仁」、「義」、「禮」、「聖」以及「孝」這幾個儒家最重要的觀念來進行論述與比較。

從康德的規則倫理學來看角色倫理學，它邏輯結構鬆散，不嚴謹有序，且沒有一個道德依據基礎，最終淪為相對主義的各說各話，無法證明、樹立道德規範與倫理秩序的尊嚴與價值。然而，角色倫理學提出不同於邏輯秩序的審美秩序，從關係過程哲學來展開文化敘事，不再著眼於規則，不去找尋一個固定不變的本質主體作為道德修養的基礎，而是回歸生活的具體情境脈絡，避免論述嚴謹一致反而成為抽象理論而無法實際應用的弊端。

《論語》中的「仁」，在康德規則倫理學的解讀下，成為一先驗普遍的主體性（道德理性）。此主體性是一切道德生活的基礎，通過主體性的自覺，逆

覺體證，成就一套自律道德倫理學。「仁」的道德主體自我立法而成為「義」（正義、合理性）與「禮」（道德規範、規則）的根源，因此，攝禮歸義、攝義歸仁，層層回反、收攝到內在的主體性自身。仁是既超越又內在的，是先於經驗又作用於經驗的道德原理，一旦我們自覺回反到己身之仁，則天下無難事，一切的難題皆能在仁心的發用照徹下迎刃而解。這似乎太過理想化，把問題簡化，訴諸於抽象的理論思考，通過找到一個最終的本質（主體性）就能夠解決所有問題。

　　角色倫理學認為「仁」不是一個獨立自存、脫離人際關係的個人，而是在關係脈絡中的人。有別於個體性的自我觀念，他認為先秦儒家的「仁」是在關係中的自我。「仁」必落是在具體的情境中，人我關係的互動中展開，是雙向的互相成就，而非單向的控制安排，最終成了專制霸道的獨裁。角色倫理學也不認同排除一切情感的純粹理性，「仁」是通過人我之間相感應的情感交流，在情境中產生怵惻之感、敬畏之情，是溫暖關懷他者的交感互滲，不是孤立自存於超越的物自身界，成了高居於現象世界之外的本質、基礎，冷冰冰的只有理性，沒有情感。角色倫理學追求一種物我交融互相滲透，在互動的歷程中打成一片，物我一體和諧並存，情理兼備。

　　「義」在規則倫理學是依據原則而自我要求去行此應然的義務，是所謂的正當合理性，依此正當合理性來做出道德判斷，判斷這個行為應該做或是不應該做。義作為應然的道德義務，有強制性，表示我們應該服從理性的法則規範才是道德的，否則就是不道德。角色倫理學對「義」的解讀就不是非黑即白的道德判斷，它是在情境關係中「宜境」且「宜我」的整體和諧，在人我互動中，自我犧牲、妥協以尋求分寸拿捏恰當得宜。

　　「禮」在規則倫理學中是一外在的客觀化制度，是依據道德主體自我立法所給出的種種道德規範，這些道德規範規則皆是出自於我的理性，是自律的，不是他律的。因此，僵化的禮教乃是遺忘失落了主體的自覺自主，需要攝禮歸仁，回歸主體性的仁心，以振舊禮崩樂壞的倫理秩序。安樂哲在角色倫理學中將「禮」以系譜學的方式展開，連結「立」－「位」－「禮」－「示」－「豐」－「履」－「體」……等一連串相關的字義分析，說明「禮」與宗教祭祀、神聖感、犧牲獻祭、身分地位、立身處世、實踐、身體……等涵義都彼此相關，可以從各個角度切入，以豐富理解這個優美而深厚的文化載體。

　　至於《論語》中的聖人形象究竟是德福一致、義命合一、圓滿無缺的無上境界，還是一活生生會犯錯的典範人物？規則倫理學認為聖人有內在的德，在達到圓聖境界後，一言一行都是道德規範，此時與天合德，達到德福一致、義命合一的境界，是聖人生命即有限而無限的終極完成。而安樂哲將「聖」拆解為「口」與「耳」，強調溝通與傾聽的開放與雙向互動，聖人成了修養圓熟的溝通大師、鑒賞大師。雖然有犯錯的可能，但是他聞過則喜，知過能改，不貳過，是個有血有肉活生生的聖人，而非完美抽象的境界。

　　最後，我們從中國傳統講以孝治國、以孝治天下的孝文化切入討論：家庭是道德實踐的最小單位，還是我們最原初的意義生成之源？康德規則倫理學認為出於道德理性，我們對家人有應盡的義務。角色倫理學則從「老」（上一代）與「子」（後代）展開雙向互動的歷程，家庭成為一個人人格養成最重要的場域。在家庭（或家族）中，我們感受到親情的關懷溫暖與歸屬感。家庭中的規範力量也使我們不敢肆無忌憚地恣意放肆，隨心所欲地為所欲為，而從中學習分寸拿捏，掌握住那個適當、恰到好處的「度」。一個有凝聚向心力的家庭，敬愛感念的孝意識從生身父母延伸貫穿到不在場祖先，甚至是乾坤陰陽、造化流行當中。我們在其中培養了薪火相傳的歷史感，以及禮敬天地的謙沖自牧。

　　袁保新從意義治療學診斷探索二十一世紀人類新倫理所面臨的困境，他說：

　　　如果我們要建構二十一世紀的新倫理，恐怕不能再將希望寄托給近代西方倫理學的思考模式，亦即在主體性的絕對預設下，假普遍理性之名將所有的事物對象化，形成單向度的宰制關係。換言之，我們必須放棄人本位主義的思考模式，重建天、地、人、我之間的和諧關係，並謙遜的接納歷史性所賦予的各式各樣的「差異」，讓每一個人、物皆能是其所是，成就他自身。〔註67〕

與其在冰冷死寂的先驗國度中稱孤道寡，當一個超越領域中自我陶醉、自我膨脹的君王，不如回到充滿差異變化、充滿生命力的人間世，從關係脈絡中尋找雙方互動的和諧與平衡。

　　在後現代的多元語境下，一切訴諸於單一標準的規則，已經不再具有典範地位，我們的生活經驗中更傾向於在關係脈絡中尋求共識。也許在規則倫

---

〔註67〕袁保新：《從海德格、老子、孟子到當代新儒家》（台北：臺灣學生書局，2008年10月），頁159。

理學看來，這是淪為相對主義，然而，追求絕對的單一標準卻減殺了豐富的可能性與創造性。時至今日，我們是否仍要緊抓著主體性原則不放，要把握住基礎原則才能安心？還是要面對我們具體存在的真實處境，我們從角色倫理學中尋找《論語》更開放多元而豐盈的意義論述，通過文化敘事來為我們面臨的文明困境，給出診斷與意義治療。

# 第四章　德性倫理學與角色倫理學之《論語》詮釋比較

　　這一章就亞里斯多德的德性倫理學與安樂哲提出的角色倫理學解讀《論語》時，兩者的論述架構中如何表述各自的特色，反顯其差異性與問題所在，以承上啓下，爲下一章的展開做好事前的鋪墊工作。

　　在第一節當中，我們首先要討論關於《論語》的「道」，德性倫理學和角色倫理學是如何理解先秦儒家的「道」？「道」論代表了各自理論體系的基礎，從他們如何解釋「道」的內涵意義，就可以清楚地看出兩者的差別。接著第二節討論《論語》中孔子極少提到卻十分重要的「性」，關於人性這個一直以來被討論熱烈究竟是善是惡的重要議題，我們試圖從《論語》中挖掘孔子可能如何看待、理解人性。「性」與「天道」都是孔子很少在講，但卻在後世（尤其宋明理學之後）被頻繁地大做文章，而導致後人提到儒家的思想，就立即想到「道」的本體論與「存心養性」的工夫論。「性」成爲先秦儒家被聚焦討論的重要課題，如何理解「性」也成了一個爭論不休的議題，至今仍未有定論。

　　第三節，關於「義」的說明，德性倫理學的實踐智慧強調情境化原則，與角色倫理學十分近似，何者更貼近文本？德性倫理學的實踐智慧是爲了能夠在理性作用下更靈活調整以應對、應變，而角色倫理學則是針對每個處境當下的整體協調，作出更具前瞻性、創造性的抉擇，在文化傳承延續中努力開創新的路、新的局面。接著，在第四節討論「禮」，聖人在德性倫理學中作爲社會中的一員，是如何能自身的習慣與外在的禮儀中最高程度地實現他們的本性，並且影響改變他人？而角色倫理學又是如何在關係中互動來塑造自己有禮的行爲？「禮」不再被理解爲行爲規範，而是一種歷史傳承保留下來

優美的文化載體，我們又是如何汲取其中的涵義，來幫助我們在與他者相處時，更爲融洽與和諧？這兩種不同理論架構關於「禮」的細緻解說也許能幫助我們展開更多思考的可能性。

延續著「禮」關於社會禮儀化的生活滲透到家庭生活中每個個體從小的習慣養成，第五節我們討論《論語》中的「孝」在德性倫理學是父子主從關係的服從與友愛，在家庭中培養自制的習慣與規範以遵循社會禮儀；還是角色倫理學從對家庭成員的尊重引出代代相傳的動力來源：「孝」使得家族繁榮興旺、和諧長久，薪火相傳且生生不息。

# 第一節 「道」是追求人類幸福的目的地還是一條有待開闢的道路

「道」是中國文化傳統中是最重要的追求與嚮往，《論語》有言：

> 子曰：「朝聞道，夕死可矣！」（《論語・里仁》，頁37。）

爲何早上聽聞理解了「道」，晚上就可以從容赴死？當然，在這裡孔子是以誇張的語氣來表達「道」是我們一生最重要的追求，期望我們都能成爲有志於道的仁人君子，努力走上這條康莊大道。「道」表示了眞理的全體大用，是最終極、最遼闊也是最深奧的道理。是生成變化之源頭，也蘊含造化之神妙不可測。而「道」是否高高在上、遙不可及？我們與道之間又是什麼關係？孔子說：

> 子曰：「人能弘道，非道弘人。」（《論語・衛靈公》，頁140。）

孔子在此肯定我們每個人都能夠做弘揚大道之人，而非靜待大道選擇我們來顯揚它的意義，我們需要透過個人修身與群體的協作努力，開顯道的意義，參與贊助於大化流行之中，成爲它的一部份，同時化育萬物。

透過余紀元的著作《德性之鏡》，以下簡要說明以亞里斯多德的德性倫理學如何詮釋《論語》？而在如明鏡般映照下，兩者之相似、雷同在哪？又有何差異？首先，余比較亞里斯多德的「幸福」概念與孔子的「道」，他說：

> 因此，亞里士多德的幸福主義是關於什麼是一種善的人類生活，而孔子的「道」論則是關於人類生活應該採取何種方式。在指向人類最高善這一意義上，孔子的「道」對應於亞里士多德的「幸福」。
>
> 這兩個概念各自深深根植於古希臘與中國的文化傳統。生活有

著總的終點或目的是古希臘人一般都擁有的信念。亞里士多德告訴我們這一信念有多麼流行：「幾乎每一個人和所有的社會都共同地追求某種目的，為達到這一目標人們有所選擇或有所迴避。」〔註1〕

人類的終極理想與嚮往的目的，也就是最高善、圓善，在孔子稱為「道」，在亞里斯多德稱作「幸福」。然而，中國的「道」能否等同於亞里斯多德之「幸福」？他們之間的關聯性在哪裡？他是如何理解、詮釋《論語》中孔子所說的「道」？

> 由於上天命令孔子尋「道」，理解「道」是什麼成為孔子最關心的事情，我們將從「天」的概念著手。……作為一種非人格的指令力量，「天」主要以兩種方式被理解：第一種是把它看成無法理解和無法預知的力量，類似於命運。在這一意義上，「天」道德上中立，而且也是所有超出人類控制和理解的事件的原因，例如自然災害、財運、疾病等。第二種是把它看成道德價值和世界秩序的終極堅守者。〔註2〕

「上天命令孔子尋道」，這句話表面看來「天道」好像是人格神的存在，但余紀元又說天道非人格的指令力量。在這裡，他說明「天道」有兩層涵義，一個是不可測性，一個是終極的價值根源。天意非人力可掌控預測，充滿了偶然性與變化，無所謂道德與不道德。然而說天道是來自上天的指令，即表示依據天道的命令而行即是道德的，因為天道是一切價值秩序的根源與依據，也就是「天命」。他進一步解說「天命」是：

> 「天命」理論預設了「天」有自己的意志，並能夠發號施令。在春秋時期，這被說成是「天」之「道」。「天」被認為有它自身的行為準則，而人類也有人類的行為標準。《論語》聲稱是「天」命令孔子去復興「道」，這表示孔子把「天」和「道」作為其倫理學的核心。……神聖使命表明了為人的正確方式是努力符合上天之道。〔註3〕

---

〔註1〕〔美〕余紀元著、林航譯：《德性之鏡：孔子與亞里士多德的倫理學》（北京：中國人民大學出版社，2009年3月），頁43。其中引文出自亞里斯多德：《尼各馬科倫理學》（1095a16～18）。

〔註2〕〔美〕余紀元著、林航譯：《德性之鏡：孔子與亞里士多德的倫理學》（北京：中國人民大學出版社，2009年3月），頁45。

〔註3〕〔美〕余紀元著、林航譯：《德性之鏡：孔子與亞里士多德的倫理學》（北京：中國人民大學出版社，2009年3月），頁46。

他區分天之道與人之道：天之道就是上天賦予人的使命〔註4〕，如同孔子要復興周文的禮樂制度，因此提出「仁」來振救逐漸僵化、形式化的虛文儀節；而人之道則是「喚醒人們，並把他們帶到正確的路途上去」〔註5〕，人應努力服從、符合於上天給出的正確道路。在此，余紀元以目的論來解讀《論語》中孔子對「道」的理解。「道」是孔子追尋的人生最終極目標，如同亞里斯多德倫理學的理想：追求美好的人生，「幸福」就是人生的終極目的。他認為所有人類的理想、目標、方向是相同或是相通的，因此，他說孔子的「道」即等同於亞里斯多德的「幸福」概念。

在亞里斯多德，他認為任何行為背後都有一個目的，這個目的就是達到某種善，而所有的善的最終極目標也就是最高善（至善），是絕對的善。他說：

> 一般都認為，以善為追求目標之學問，應有支配與指導一切其他學問之權力。此種學問即政治學。政治學規定人民應該學習之事項，及其學習應達之程度。最引人重視的某種才能都歸於政治學……故政治學利用其他實踐諸科學，指導吾人何者當行，何者不當行。其目的必須包括其他附屬諸學之目的。且政治與倫理之目的，唯在求人之善。團體之善與個人之善雖相符合，但前者顯然更有價值，更完善，故值得追求與保持。此非謂個人之善無追求之價值，乃謂團體之善具有更崇高、更神聖之性質。〔註6〕

亞里斯多德認為一切學問以追求善為目的，而支配、指導其他學問的政治學即是團體追求最高善的學問，是最完善、崇高、神聖的。倫理學只是政治學的一部份，如同個人是群體中的一部分。而政治學的最終目的，就是大家過

---

〔註4〕余紀元這一段關於《論語》原文解說，將天道人格神化的意味更濃厚，如同墨家講的天志。依徐復觀先生在《中國人性論史》中認為孔子超出他的時代意義，即在於他對於天的理解，不是以人格神來思考，而是進一步將宗教人文化。其言：『孔子對於春秋時代道德法則化了的「天」，雖然不曾再賦與以明確地人格神的性質；但對孔子而言，這種道德法則，並非僅是外在的抽象而漠然地存在；而係有血有肉的實體的存在。……孔子所謂的天命或天道或天，用最簡潔的語言表達出來，實際是指道德的超經驗地性格而言；因為是超經驗的，所以在當時只能用傳統的天、天命、天道來加以徵表。道德的普遍性、永恆性，正是孔子所說的天、天命、天道的真實內容。』徐復觀：《中國人性論史 先秦篇》（臺北：臺灣商務印書館股份有限公司，2003年10月），頁84～86。

〔註5〕〔美〕余紀元著、林航譯：《德性之鏡：孔子與亞里士多德的倫理學》（北京：中國人民大學出版社，2009年3月），頁46。

〔註6〕亞里斯多德著、高思謙譯：《尼各馬科倫理學》（臺北：臺灣商務印書館股份有限公司，2006年1月），頁3。

著幸福美好的生活。與康德個人理性主體之基礎不同，亞里斯多德立基於團體大眾，追求眾人幸福的政治學爲其理論架構之最高層面。角色倫理學的基礎不在於個人自身的意志，也不在於宏觀的群體考量，而是在互動的雙方之關係中所展開的實踐哲學。

我們看到亞里斯多德對於幸福的定義爲：「幸福是不可以增益的，它是一種最後而自給自足的東西。」〔註7〕「幸福不是一時之快樂。」〔註8〕「幸福是與道德相吻合的活動。」〔註9〕幸福不僅只是內心的善，它是包含內在與外在、精神與物質、身體與心靈的圓滿的美好完足。而且幸福是通過人努力履行道德實踐而獲得的結果。

從以上種種對於幸福的敘述，可以了解爲什麼余紀元將德性倫理學的「幸福」與先秦儒學的「道」相提並論。它們都同樣是吾人追求之最終極的理想價值所在，都包含了道德，或者說與道德息息相關，都關心眾人群體的和諧共處，並且，都代表著持續長久的正面效力，有著整全且至高、至大的圓滿意義。

然而，孔子究竟是不是用目的論來理解「道」？「道」的內容是不是僅僅用「幸福」可以完全涵蓋？「道」是否是一條唯一正確的道路？「道」究竟是天之道？還是人之道？安樂哲通過對「道」的哲學分析，來說明孔子宇宙論的獨特詮釋。首先，他將「道」分解成「辵」跟「首」，進一步解釋「道」爲「走過去」、「通過」、「頭」、「首要的」的意思，是個動態的詞語。而將「道」的動詞意義作爲基本含意，有引導、道路、途徑、方式、方法、藝術、教導、解釋……等諸多意涵。「道」基本的解釋是鋪設道路，引申指已經鋪設好從而能夠旅行的道路。他說：

> 實現「道」就是去經驗、詮釋和影響這個世界，強化並拓展文化先驅所建立的生活方式，而這種生活方式爲後代提供交通圖和方向。因此，對孔子來說，「道」在根本上就是「人道」。〔註10〕

他不把「道」視爲一既定、現成的路，而是一未知的方向性。它需要從具體

---

〔註7〕亞理斯多德著、高思謙譯：《尼各馬科倫理學》（臺北：臺灣商務印書館股份有限公司，2006年1月），頁14。

〔註8〕亞理斯多德著、高思謙譯：《尼各馬科倫理學》（臺北：臺灣商務印書館股份有限公司，2006年1月），頁16。

〔註9〕亞理斯多德著、高思謙譯：《尼各馬科倫理學》（臺北：臺灣商務印書館股份有限公司，2006年1月），頁17。

〔註10〕〔美〕安樂哲著、彭國翔譯：《自我的圓成：中西互鏡下的古典儒學與道家》（河北：河北人民出版社，2006年7月），頁1～2。

生活的各種困難挫折與磨練中，不斷試探、從錯誤中學習，從親身的體驗中，去走出屬於自身獨一無二的道路，是可以允許各式各樣可能的道路。這條道路，是「道行之而成」地被人所走出來、開闢出來的新路，不是某個外在力量所安排好的路，是完全開放而蘊含著無窮可能的。然而「道」也不是隨便、任意的，它是有方向性的，是從我們的一輩輩古聖先賢留存的智慧形成的文化傳統中自然地生長出來的，它指點著全人類朝著某個方向前進，這個方向是帶領我們走向更和諧、平衡、圓滿的人我相處之道。

「道」不再被理解爲抽象完美的形上原理，而是當作人在歷史上代代相傳：

> 文武之道，未墜於地，在人。賢者識其大者，不賢者識其小者，莫不有文武之道焉。夫子焉不學？而亦何常師之有？（《論語·子張》，頁173。）

從文王、武王這樣具體眞實的歷史人物身上，我們體會到其人格典範的感召，從而學習仿效，並且深受其潛移默化的影響。然而，這些歷史典範人格也不過是啓發、指點我們「道」的精神，提供我們作爲前理解的背景，不是要我們依樣畫葫蘆地完全重複、模仿，我們必須從中摸索出屬於自己面對的處境下獨一無二的道路，屬於這個時代獨特的道路。不是亦步亦趨地順著典範人物去走一條既成的道路，而是受到他們的精神感召，激勵我們每個人去開創新的路、新的格局。所以安樂哲說：

> 「道」在人中，由人傳承下去，爲人所聆聽，並且，各個個體都以獨特和互不相同的方式來接受和體現「道」。……雖然有時孔子會將「道」界定爲遙遠的歷史人物以及人類成就的最高典範，但孔子也堅信，「道」就在當前，在同代人身上，在老師身上，甚至在家人身上。「道」還經常被歸於孔子本人，所謂「吾道」、「夫子之道」。
>
> 在限定於人的世界來理解孔子「道」的概念時，有一個重要的考慮就是：人不僅是道的繼承者和傳播者，並且，人在事實上還是終極性的創造者。因此，我們應當論證：「道」出自於人類的活動。〔註11〕

他不從天人關係的「天道」來理解「道」之尊貴崇高，以避免「道」被形上學化，或者說被本質主義化，他認爲「道」從根本上說就是「人道」，是人的

---

〔註11〕〔美〕安樂哲著、彭國翔譯：《自我的圓成：中西互鏡下的古典儒家與道家》（河北：河北人民出版社，2006年7月），頁2～3。

活動，是人去走出來、活出來、親身體驗與創造的。由是可解釋「人能弘道，非道弘人」之意義，是在於人努力地通過修養自身，而能創造性地與眼前變動不居的處境交流融洽，展露「道」的多元面向之一，而非唯一的道路。

在亞里斯多德《尼各馬科倫理學》討論「幸福」時，說明人生所求之善為幸福。幸福是一種活動的形式，一種過美好生活的意思，其內容並非一般而言的娛樂享受而來的快樂，而是更高層次的道德美善。亞里斯多德說：

> 我們也深信只有按著道德的準則生活的生命才算是幸福的生活。……幸福並不建立在遊戲娛樂上，而是建立在各種道德的活動上。〔註12〕

孔子在《論語》中也提到當追求道德實踐（謀道）與滿足現實上的物質條件（謀道）有所衝突時，他是如何思考取捨的：

> 子曰：「君子謀道不謀食；耕也，餒在其中矣；學也，祿在其中矣。君子憂道不憂貧。」（《論語‧衛靈公》，頁140～141。）

> 子曰：「富與貴，是人之所欲也；不以其道得之，不處也。貧與賤，是人之所惡也；不以其道得之，不去也。君子去仁，惡乎成名。君子無終食之間違仁，造次必於是，顛沛必於是。」（《論語‧里仁》，頁36。）

一般人追求衣食溫飽，然而一位仁人君子更重視行「道」天下，就算是顛沛流離也不改其志向。志於學道的仁人君子，理應被在上位者起用而得其應有之祿位，若是無仁德之人，哪裡配有祿位而名聲顯揚？亦即，君子應厚植自身的德性修養，使達到義精仁熟的程度，自然會有兼善天下的出仕機會，即便沒有也能安貧樂道地獨善其身。如曾子言：

> 士，不可以不弘毅，任重而道遠。仁以為己任，不亦重乎，死而後已，不亦遠乎。（《論語‧泰伯》，頁71。）

一個知書達禮的讀書人，不僅僅是為了自己能升學當官，功成名就，而是為更多的人服務奉獻，要能夠堅毅不拔地扛起弘道的重責大任。隨時保持人與人相處時的感應能力與關心，是自身十分重大的責任，而這條道路艱難卻不可鬆懈、懈怠，唯有死才能得以停止、休息，十分不容易。《論語》中所言的「道」有很多面向的意思，最主要是指我們人生終極的理想、方向。袁保新云：

---

〔註12〕亞里斯多德著、高思謙譯：《尼各馬科倫理學》（臺北：臺灣商務印書館股份有限公司，2006年1月），頁319～320。

「道」在中國哲學中，不僅是造化的根源，也是天、地、人、我共生、長生、生生的最終保證。過去幾千年來，中國人就是在「道」的庇護下，得以生存綿延。因此，我們相信，未來的人類文明，如果要眞正實現人性中可久、可大的價值理想，也必須從天、地、人、我和諧共振的造化節奏中，找到創新的力量與方向。〔註13〕

「道」作爲造化的源頭，富有生機蓬勃的創造力，是使人我、物我、天人關係都能夠和諧共生、生生不息、長生久視地延續一切美好的理想價值之自然節奏韻律。

## 第二節　「性」是成爲有德者的潛能還是在關係中學習成爲一個人

本章節不似前兩章從「仁」這個重要概念上聚焦討論，而就「性」這個與「天道」一樣很少被孔子直接談及論述的觀念來看德性倫理學與角色倫理學的異同。「仁」可說是人之性，「性」就是未發的「仁」，「仁」就是已發的「性」，仁可說是更加顯題化的討論焦點。然而本章選擇以「性」來討論德性倫理學以及角色倫理學，是著眼於兩者表面很接近，都是在講人是社會性、關係性的自我，重視人際關係的情境化原則，但兩者背後的論述架構與脈絡是極爲不同的。

依照亞里斯多德的德性倫理學來詮釋《論語》的學者，聚焦關注於「德性」與「行爲」，以達到幸福美滿的人生目的；角色倫理學詮釋《論語》直接就我們眼前當下眞實具體的處境，表示「性」是一身心整體在關係脈絡中的動態發展過程。它具有內在的自我激勵、興發向道的力量，尋求與外界他者的和諧秩序，並融入於歷史文化脈絡中，成爲一個有文化修養的謙謙君子，最終能參與、融入於宇宙整體秩序中，參贊天地化育。

子貢曰：「夫子之文章，可得而聞也；夫子之言性與天道，不可得而聞也。」（《論語·公冶長》，頁43。）

作爲孔門中重要大弟子之一的子貢，留下許多與孔子應答對話的學生所發出的感嘆，認爲「性」與「天道」一樣很深奧、很重要，但是孔子卻很少直接

---

〔註13〕袁保新：《從海德格、老子、孟子到當代新儒家》（台北：臺灣學生書局，2008年10月），頁301。

提到這兩個詞彙，更別說解釋說明它們，導致我們不容易理解「性」與「天道」的意義。因為無法直接理解道體本身與人性的內涵，孔子說唯有通過下學而上達，才能夠逐步地從生活中理解、體認到天道與人性究竟是何義。而「性」究竟是什麼？該如何恰當地理解《論語》中所說的人性呢？

德性倫理學表示「性」是人人天生就具有的潛能，聖人只不過是將它發揮到最好，充分地實現出來。那麼，「性」成了普遍先天本有的性質自身，是每個人本自具足、不假外求的潛能，我們只要找到它、發現它、充分地發揮出來，潛能就會朝著它的目的前進，最終一步步達到聖人的地步。

而角色倫理學不認為性只是一潛能，安樂哲說：

> 其實，「性」的可能性實際不是「性」本身，「性」是一種創造性的行為。成為一個人並不意味著成為聖人，成為聖人則使人充分地成為一個人。〔註14〕

亦即，把「性」理解為人人普遍具備的潛能，是將「性」當作天生本自具足、不假外求的本質；立基在這個本質上，人人只要找到、發現、充盡這個「性」，就萬事具足。然而，安樂哲認為與其將「性」視為一靜態內在於人之固有的潛能，不如將「性」當作一動態的、變化的可能性。這個可能性是需要人不斷努力實行、踐履的，去做出來、不斷嘗試開拓自己與身邊相關聯的人事物之意義，並豐厚成就自己生命最大的可能性。

余紀元說：

> 孔子沒有詳細闡述他的人的本性（human nature）的觀點。不過，其基本理路經由孟子「性善論」（human nature is good）得以詳細發展。我的看法是，正如功能論證是亞里士多德倫理學的基礎一樣，孟子性善論為孔子倫理學提供了形而上學和心理學的基礎。〔註15〕

他在討論儒家的「性」與亞里斯多德的「功能」時，表示孔子還未清晰詳細地表達「性」的含意，而孟子則是繼承孔子的思想，將「性」的涵義用四端之心展開詳細而深入的論證，來證明人性是具有善性的。孟子性善的特色在於從心說性，而非告子的生之謂性，表達人性中有超出滿足生理慾望本能的可能性，這個可能性即是成為聖人的可能性。性善論具體展開為四端之心，

---

〔註14〕〔美〕安樂哲著、彭國翔譯：《自我的圓成：中西互鏡下的古典儒家與道家》（河北：河北人民出版社，2006年7月），頁283。

〔註15〕〔美〕余紀元著、林航譯：《德性之鏡：孔子與亞里士多德的倫理學》（北京：中國人民大學出版社，2009年3月），頁90～91。

「端」表示僅是一個發展的開端、起始點，並非目的的或終點，是以說人性不是固定不變的，它是具有發展性的。

余紀元認為孟子的性善論與亞里斯多德的功能論證可以相互對比、啓發、印證，但是將亞里斯多德說的 *ergon* 翻譯作「功能」（function）其實容易引起誤解：

> 「function」並不是對其術語 *ergon* 的令人滿意的英譯，因為現代英語裡的「功能」（function）很大程度上與工具或可被用為工具的某物聯繫在一起。〔註16〕

功能非指一物的特定功用，那麼究竟亞里斯多德所說的「功能」*ergon* 是什麼意思呢？

> 各個事物的 *ergon* 意思是「非它不能做，非它做不好的一種特有的能力。」換句話說，它乃是一個事物獨有或能展現的活動。在這種意義上，亞里士多德才把人的功能界定為理性的人類活動。〔註17〕

可以知道亞里斯多德的「功能」乃是指人與其他動物、生物不同的獨特性，是指人獨一無二的能力，在亞里斯多德而言就是人有理性的能力。因此他認為：

> 一個人由於他獨有的理性力量而區別於其他動物。因此，理性力量也就是人的功能。〔註18〕

如同孟子肯定人性有善端，亞里斯多德肯定人有理性的功能，理性就是實現人美善理想的條件（動力因），若不能肯定人是理性的，那也無從發展其德性與倫理，而淪為做事只追求利己後果的人，不在乎他人的感受，蔑視任何道德理想而短視近利。

在探討一個人的功能是否是一個人本性的一部份？他考察亞里斯多德關於「自然」的希臘術語用法。他說明亞里士多德說的「自然」是：

> ……「自然有兩層含義—形式和質料」。形式和質料是一個事物的組成部分，但它們各自構成了一個內在運動原理，並各自天生即為一個始因，即形式因（formal cause）或質料因（material cause）

---

〔註16〕 〔美〕余紀元著、林航譯：《德性之鏡：孔子與亞里士多德的倫理學》（北京：中國人民大學出版社，2009年3月），頁97。

〔註17〕 〔美〕余紀元著、林航譯：《德性之鏡：孔子與亞里士多德的倫理學》（北京：中國人民大學出版社，2009年3月），頁97～98。

〔註18〕 〔美〕余紀元著、林航譯：《德性之鏡：孔子與亞里士多德的倫理學》（北京：中國人民大學出版社，2009年3月），頁98。

> 《物理學》。形式比質料更是自然本性。自然的另一個主要意思是朝
> 向一個事物發展的目的（end）。作爲運動原理的自然和作爲目的原
> 理的自然是緊密相關的，因爲在生物（它們是典型的實體）之中，
> 形式因也是目的因（final cause）。目的是最初潛在存在的最終實現。
> 形式因內在地驅使和推動一個事物實現自身。〔註19〕

如果說人與動物不同的本性，在於人有特殊的功能也就是人有理性的功能。
理性的功能可以說是形式因也是目的因，還是動力因。這表示人天生有理性
的功能，一生努力朝向理性的目標、目的前進，希望能夠達到理性、完美且
幸福的人生。

在這裡可以發現用亞里斯多德的功能論解讀儒家的「性」是傾向用「潛
能－目的」的模式，性成了人朝向理想完美人格發展的潛能，它預設了有一
個固定永恆不變的目的等著我們實現，無法實現目的都無法稱作幸福的人生。

余紀元在〈儒家的關係性自我與亞里士多德的政治動物〉〔註20〕一文從自
我的問題切入，更清晰地聚焦關於孔子的人性論與亞里斯多德倫理學之間的異
同。余紀元認爲亞里斯多德不同於大多數西方哲學家將自我視爲一種自由主義
下的個體性自我，亞里斯多德說人是政治動物而更近似安樂哲提出的關係性自
我。把人看作一政治動物，表達人的存在本質地包含人與人之間的關係，個人
的社會本性和關係性組成了亞里斯多德倫理學中十分重要、不可或缺的一部
份。如上一節提到亞里斯多德認爲人生所追求的最終極目的是幸福，而過幸福
美好的人生必須要落實在城邦的團體生活中才能眞正實現。他說：

> 亞里士多德談道「城邦的長成出於人類生存的需要，而其繼續
> 存在則是爲了一個好的生活。」「過好的生活」與 eudaimonia（幸福）
> 同義。這段話表明城邦的存在對於一個人獲得幸福是必要的。〔註21〕

亞里斯多德認爲城邦是根植於人類社會本性當中，也是幸福在人類社會本性
的充分實現之所在。因此講人是政治的動物，表示人與其他群居動物一樣，
要藉由與其他同類共同生活以滿足生活的基本需要。然而人類與其他動物不

---

〔註19〕　〔美〕余紀元著、林航譯：《德性之鏡：孔子與亞里士多德的倫理學》（北京：
　　　　中國人民大學出版社，2009 年 3 月），頁 99。
〔註20〕　〔美〕姜新豔主編：《英語世界中的中國哲學》（北京：中國人民大學出版社，
　　　　2009 年 12 月），頁 607～628。
〔註21〕　〔美〕姜新豔主編：《英語世界中的中國哲學》（北京：中國人民大學出版社，
　　　　2009 年 12 月），頁 610。

同之處在於人有 logos（邏各斯，指語言的天賦，也指理性），還有一種自然的道德直覺。這種自然的道德直覺就在家庭與城邦社會中顯現出來，他引亞里斯多德的話說：「人的獨特之處在於它自身具有善與惡、公正與不公正諸如此類的感覺，家庭與城邦乃是這類生物的結合體。」〔註22〕由此可知亞里斯多德的自我是傾向於關係性的自我，而且最理想的狀態是在城邦生活中的自我，能夠通過法律與正義將人的自然潛能發揮到最完善，從而達到幸福美好的理想生活。

余紀元以亞里斯多德倫理學詮釋《論語》中「性」，他認為雖然亞里斯多德和孔子雖然都強調人類社會的或關係性的本性，然而，不同於安樂哲關注於自我的「關係性」，亞里斯多德更重家庭和城邦的法律、習慣對人的約束力，即便是在家庭中，父親的話語也是有權威與制約的作用。「也許一個人自身的善離開了家庭與城邦就不可能存在」（《尼各馬科倫理學》）。因此，他認為重點不在於「性」的關係性自我，而是在「仁」與「禮」，在努力節制欲望同時培養德性以形成好習慣的過程。

> 顏淵問「仁」。子曰：「克己復禮，為仁。一日克己復禮，天下
> 歸仁焉。為仁由己，而由仁乎哉？」（《論語·顏淵》，頁106。）

余紀元解讀這一段表示我們應該克制自己的欲望，以發展「仁」的美好德性，形成德性的過程同時也是節制欲望的過程。而「仁」這個德性主體的美德必須藉由「禮」在社會政治的風俗習慣被發展。他從「為仁由己，而由人乎哉？」這句來解讀「仁」：

> 仁是一個有德性的主體所具有的特徵。一個人要成為有德性的
> 人，不能僅僅進入到關係之網中（實際上一個人已經陷入到那樣的
> 網絡中），而是要發展一種品質去適宜地對待其他人。這種品質儘管
> 在實踐禮儀的關係中發展了，但它自身並不是關係性的。〔註23〕

他從亞里斯多德倫理學立場來說明「性」與「仁」是一種「潛能」或「品質」，是朝向幸福美好的人生目的發展的重要因素，反對安樂哲將「性」與「仁」視為一種「關係性」。

關於「仁」（德性品質），他認為亞里斯多德與孔子有以下四點共同的看法：

---

〔註22〕〔美〕姜新豔主編：《英語世界中的中國哲學》（北京：中國人民大學出版社，2009年12月），頁610。

〔註23〕〔美〕姜新豔主編：《英語世界中的中國哲學》（北京：中國人民大學出版社，2009年12月），頁617～618。

（1）儘管德性的內容是客觀的，但它的獲得包括主觀的個人努
　　力。……所以只有少部分人能夠實現原初相等的潛力成為一
　　個聖人。

（2）擁有德性需要個人的知識與理解。

（3）擁有德性必須包含個人的情感。

（4）德性的實施需要個體的判斷力。〔註24〕

他也指出亞里斯多德倫理學與孔子倫理學不同之處在於：在亞里斯多德倫理學的
自我實現的過程中，最高的幸福是理論自我的實現，次要的幸福則是實踐自我的
實現。然而對孔子而言，並沒有理論自我與實踐自我的區分。孔子倫理學中並沒
有一個能經由沉思冥想而達到人神合一、天人合一的思辨自我。他總結道：

　　因此，亞里士多德認為一個人在本性上不僅僅是一個「政治
　　動物」，並且應該追求關於宇宙的永恆與必然的知識，而孔子則關
　　注的是作為「關係性自我」的個人，似乎忽略了他作為一個人的理
　　論本性。〔註25〕

　　安樂哲對於以上的結論感到不滿，與劉笑敢一樣反省運用西方哲學的理
論框架套用在中國哲學的詮釋上，會產生削足適履的問題。他特別撰寫〈早
期儒家是德性論嗎？〉這篇文章評論與反駁余紀元的文章：

　　余紀元提出，亞里斯多德的「政治動物」（politick zoon）與孔
　　子、孟子的關係性自我，具有密切的相似性。但是，不巧的是，一
　　旦設定此比較，就會證明「儒家倫理學缺乏……」；亞里斯多德所認
　　為的基本幸福，在孔子中就會擦肩而過；假如亞里斯多德和孔子正
　　談論著完全同樣的事情，「孔子……似乎忽略了理論的……」，而亞
　　里斯多德談論得更透徹。因而也更好，那麼，為什麼還要不厭其煩
　　地閱讀孔孟儒學呢？我們對之並沒有偏見，類似的陳述，不僅充斥
　　於孔子和亞里斯多德對照的比較哲學著述中，也屢見於將孔子和許
　　多其他西方哲學家進行比較的著作中。實際上，在所有這些比照中，
　　儒家似乎總有某些東西在流失。然而，我們似乎從來對相反的陳述

〔註24〕〔美〕姜新豔主編：《英語世界中的中國哲學》（北京：中國人民大學出版社，
　　　　2009 年 12 月），頁 619〜620。

〔註25〕〔美〕姜新豔主編：《英語世界中的中國哲學》（北京：中國人民大學出版社，
　　　　2009 年 12 月），頁 624。

> 視而不見，諸如「亞里斯多德的倫理學中缺乏聖賢（sage）的概念」，
> 或者「亞里斯多德沒有注意到禮儀在人類繁育中的中心性地位」，或
> 者「康德、密爾……看起來忽視了模範人格（君子）的重要意義」
> 等等。為什麼會如此呢？〔註26〕

這一篇文章剛好與余紀元的文章針鋒相對、互相呼應。安樂哲批判當代治中國哲學的學者，往往在借用西方哲學的理論架構與中國哲學做對比、比較以梳理中國哲學的義理內容時，會不自覺地以西方哲學的理論為標準來衡量中國哲學，從提問的方式就可以清楚地看出來，導致中國哲學似乎有所欠缺不足。他藉由余紀元這篇〈儒家的關係性自我與亞里士多德的政治動物〉來舉例說明：從亞里斯多德的觀點，最高的幸福是來自於思辨理性的理論部分，而實踐理性只能落實應用在具體生活實踐上，無法通達到理性的沉思境界，只能達到次一等的幸福。而孔子的天道性命相貫通都只在說道德的具體生活實踐，而非超脫於實際生活實踐的沉思冥想的思辨理性，從亞里斯多德的理論來看，似乎只能達到次一等的地步，無法企及最高幸福的人神合一。

雖然余紀元的文章有這樣的問題，然而他也從另一方面回護孔子的立場。他說：

> 將孔子的關係性自我與亞里士多德的理論相聯合，我們肯定會
> 發現對於孔子而言，並沒有實踐自我與理論自我的區別。〔註27〕

> 與此相對照，孔子自我的概念是統一的，因此他所呈現的是自
> 我發展的單一過程。自我的修養是一個不斷進行的過程，一個人的
> 德性品質不斷深化完善於其中。……修養過程是統一的，並不包括
> 兩個不同的實現了的自我。它只是一個人德性品質的深化，而不會
> 走向一個完美的理論自我。因為實現的是我們原初善的人類本性的
> 展現，而努斯並不在那裡。〔註28〕

他表示孔子是仁與知（智）一以貫之的一本論，而非如西方哲學那樣理論與實踐、主體與客體二分的兩層架構，兩層之間有著不可跨越的鴻溝。他把握

---

〔註26〕 安樂哲（Roger T. Ames）羅斯文（Henry Rosemont .Jr），謝陽舉譯：〈早期儒家是德性論嗎？〉，《國學學刊》第一期（2010年），頁95。

〔註27〕 〔美〕姜新豔主編：《英語世界中的中國哲學》（北京：中國人民大學出版社，2009年12月），頁622。

〔註28〕 〔美〕姜新豔主編：《英語世界中的中國哲學》（北京：中國人民大學出版社，2009年12月），頁623。

住中國哲學的調性著重在人的成德之教，在自我修養的過程中逐漸與天地人我達到和諧一體，沒有分別的渾然一體。西方哲學以「愛智」為主，偏重於理性、思辨，透過理性思辨追求變動事物背後那個永恆不變的真理，那是一切存在的基礎原理、律則，是第一因，是最高的法則，決定一切事物變動的軌跡。然而中國哲學的重心並不在那個永恆不變的真理，而在人於變動的情境中他自身不間斷的道德實踐工夫修養，它關切的始終是變動不居、真實具體的生活世界，而非超驗的理型世界那些永恆靜止的抽象原理。

安樂哲順承唐君毅先生對人性的理解，認為人性不是一種固定不變的本質，而是在關係中自我的調整、修養與創造力。他指出：

> 對唐君毅而言，「性」是暫時、籠統性的性情，既有一貫性，同時也總在與他物互動中有所糾正。〔註29〕

他引用唐君毅先生的話來說明人的獨特性為何？唐先生云：

> 且物必愈與他物感通，而後愈有更大之創造的生起……個體之德量，由其與他物感通，心有所創造的生起而顯；亦由時時能自覺地求多所感通，求善於感通，並脫離其過去之習慣之機械支配，及外界之物之力之機械支配，而日趨宏大。但此非一般物之所能，唯人乃能之耳。〔註30〕

順著唐先生講人欲擺脫習性而求向外感通的能力，安樂哲解釋這段表明：「人的獨特性在於人的自由與創造力的自我意識程度，這是人與他物區別開來的東西。」〔註31〕這個創造力也就落在人我、物我的關係中，去開創一和諧共生之道，不是無中生有的創造，而就在當下的生活情境中學習做一個人，學習成為一個人，創造出我這個人在關係脈絡中的角色最優的意義，且是具有典範性的意義，可以激勵興發其他人成為他們自己。

安樂哲說明「性」在很大程度上取決於特定文化的情境中，這表示「性」的境域性，強調環境對人的影響深遠。而作為社會群體的一份子，人必須要透過學習來與他人共處，在各種關係性中達到和諧、融洽。因此「性」就在人我關係、天人關係中，動態地調整、發展與成就，彼此作為休戚與共的生命共同體，被當

---

〔註29〕〔美〕安樂哲著，孟巍隆譯：《儒家角色倫理學：一套特色倫理學詞彙》（濟南：山東人民出版社，2017年3月），頁143。

〔註30〕唐君毅：《中國文化之精神價值》（台北：正中書局，1953年4月），頁66。

〔註31〕〔美〕安樂哲著，孟巍隆譯：《儒家角色倫理學：一套特色倫理學詞彙》（濟南：山東人民出版社，2017年3月），頁144。

作緊密依存的整體，從這個意義說人性充其極具有參贊天地化育的責任與可貴之處。並詳細深入地考察孟子的人性觀念後，將「性」的意義概括為以下八點：

(1)「性」是一種動態過程，這一過程包括最初的傾向、成長和最終的消亡。

(2)「性」是整體的，包括人所特有的身心條件。

(3)「性」可以從起源說的角度描述為一個形成的規範。這種規範從最初的「端」開始，通過向歷史模範學習，通過在獨特和具體的環境中作為一個同心圓的中心，修養塑造自我。

(4)「性」可以從型態學的角度描述為一種在關係的意義上被定義的各種條件的基體。

(5)「性」是一種獲得的秩序，這種秩序追求一種通過參與條件的最大化來界定的和諧。

(6)「性」是一個「內在激勵」而不是「外在渴望」的過程。

(7)「性」關聯於社會政治秩序，最終也關聯於宇宙秩序。

(8)可以普遍化（如「姓」），為了界定一群類似的特定個體的參與和貢獻。〔註32〕

安樂哲通過反省前人說法，考察《孟子》文獻中「性」的可能理解，表示它具有動態變化義、關聯性、身心一體的整體生命觀。「性」需要在歷史文化脈絡、政治社會關係中，不斷修養、陶冶、鍛鍊、鎔鑄著，讓人不斷變化氣質，開顯、成就每個人獨一無二的多元意義與價值。先秦儒家孔孟所說的「性」都是在關係中學習做一個人，成為一個義精仁熟的仁人君子，同時也成為一個在歷史文化陶冶下有深厚涵養，懂得關心、關懷周遭人事物的成熟而溫暖的人。

# 第三節 「義」是一種實踐智慧還是開創合宜生活的能力

運用亞里斯多德德性倫理學來解讀儒家的學者，多半將《論語》的「義」與亞里斯多德說的「實踐智慧」連結類比。如英冠球說：

---

〔註32〕〔美〕安樂哲著、彭國翔譯：《自我的圓成：中西互鏡下的古典儒家與道家》（河北：河北人民出版社，2006年7月），頁309～310。

> 這「義」作爲道德思考並非應用法則公式以演繹道德判斷的推
> 理活動。……「喻於義」的道德思考近似於德性倫理學者所強調的
> 「實踐智慧」，不是遵守外在的律則以機械地制約行爲，卻是要經踐
> 履工夫的磨練而成熟，隨處境而能時中地作出泛應曲當之判斷和行
> 動，以至於「從心所欲不踰矩」的圓熟化境。〔註33〕

他強調「義」必須落實在具體生活情境中被理解，它不是抽象理論性的普遍
原則，而是具體實踐性的特殊處境化。實踐智慧就在人不斷犯錯改正的經驗
中，去調整使人的行爲與思考逐漸熟練與成熟，最終達到義精仁熟的修養境
界，幫助我們朝向幸福美好的人生邁進。

黃慧英則認爲實踐智慧更接近荀子說的「禮義」。其著作《從人道到天道
——儒家倫理與當代新儒家》中並未就此論點直接展開說明論證，但我們能
從她對「實踐智慧」與孟子的「義」之說明來看兩者的異同：

> 而實踐智慧，依亞里士多德的定義，即是一個人得以良好地愼
> 思（bouleusis deliberation）的德性，即，一個人得以以一實踐的方
> 式良好地思量者；或換句話說，透過愼思過程，實踐智慧使理性抉
> 擇終得形成。藉著實踐智慧，賢德之人（a virtuous person）能夠「洞
> 悉」他／她在特定處境中應如何行動。〔註34〕

> 主體透過思可以得到「義」；即，透過發動心之「思」的能力
> 我們可以達致「義」。因此，可以說，「心」、「思」和「義」在語意
> 上自明地決定了上述眞理。……對亞里士多德來說，德性抉擇本身
> 乃是良好愼思與主體已然運用其實踐智慧的證據。然而在孟子之學
> 說中，根本不存在一種壞的「思」。人之能否達致「義」，完全取決
> 於他有否發動其本心。……由此對比，顯示出亞里士多德的實踐智
> 慧只是一種經驗的德性，人可以具有也可以欠缺，所以不能作爲道
> 德的根據。〔註35〕

黃慧英同樣認爲「義」與實踐智慧都是在實踐的情境下，如何審愼地做出抉

---

〔註33〕英冠球：〈《論語》反映的倫理學型態——從德性倫理學的觀點看〉，《國立政
　　　　治大學哲學學報》第二十四期（2010年7月），頁127。

〔註34〕黃慧英：《從人道到天道——儒家倫理與當代新儒家》（新北市：鵝湖月刊社，
　　　　2013年10月），頁213～214。

〔註35〕黃慧英：《從人道到天道——儒家倫理與當代新儒家》（新北市：鵝湖月刊社，
　　　　2013年10月），頁227。

擇的能力，然而，她認爲孟子的「義」有先驗理性的層面，而亞里斯多德的實踐智慧只能夠停留在實踐層面，無法上升到理論層面，無法成爲超驗的道德根據。在亞里斯多德倫理學架構中，唯有思辨理性在沉思冥想中，才能達到人神合一的最高理境，實踐理性在這裡只是輔助的地位，幫助我們透過理性朝向幸福美好的人生努力。因此，她認爲「實踐智慧」更偏向於重經驗性格的荀子所說的「禮義」。

余紀元於其著作《德性之鏡：孔子與亞里士多德的倫理學》第五章〈實踐智慧與義〉就清楚明白地將「實踐智慧」與「義」相提並論。他認爲，在儒學中，德性具有一個理智的向度，孔子稱爲「義」。義者，宜也，義就是合適的、洽當的意思。他認爲義有兩個面向，分別爲外在的義，即適宜去做的事；和內在的義，即決定和做適宜之事的德性。外在之義通常是與「禮」相符合的行爲，也就是禮義，內在之義則是行爲者的理智品質。他特別說明這個內在之義是「使一個有德性的行爲者能在行動中達致恰當」〔註36〕。

很顯然，他認爲內在之義是外在之義（禮義）的基礎，「義」是決定我們是否遵從或改變「禮」的功能，仁者不應當盲目地一味順從禮，但也不能完全的放棄禮，而「義」是讓禮更恰當的能力。然而「義」究竟是如何使禮更洽當？或者說，「義」究竟如何運作？

余紀元說明：不同於西方追尋律則（law）的思維方式，儒家更關注每個行爲發生的特殊情境，並在特定情境中靈活地尋求恰當妥適的做法。而亞里斯多德說的倫理智慧最重要的特點，即是在人類生活的實際情況中的靈敏性。他關注的是如何在處境中去靈活應對問題，而非追問放諸四海而皆準的普遍性和一致性。孔子按照每個提問者的特殊的情境加以差異性的回答，因材施教，同時，也因處境不同而有個別相應的恰當對待。這種恰到好處、恰如其分的特殊對待，沒有過與不及的偏頗，即是中庸之道。而中庸的「時中」精神，表達中庸之道不是事先被給定的原則或規章，需要視每個特殊情境而定。孟子用「權」來避免「禮」的固守僵化，如何權衡時中、把握分寸，就需要「義」的實踐智慧來幫助我們衡量。

安樂哲將「忠恕」與「義」直接關聯起來。忠是盡己，恕是推己及人；那怎麼理解義？以及忠恕與義之間有何關聯？他說：

---

〔註36〕余紀元：〈英美儒家哲學研究評析〉，《儒家研究文化》第六輯（2013年8月），頁514。

「義」是「成就人關係之最恰宜」，即以知曉「什麼是」與情
景最恰宜相合之涵義，作為對道德不確定的滿意回應。「恕」可以被
想成對關係最恰宜情景可能性的演練，它強調細緻用心地去發現如
何做將是最恰宜的行為。「恕」包括「敬人」之心，意思是只有在對
他人的需要和意願給以充分考慮之後，一個人的行為才得以確定。
所以「忠」意為實行這樣一種道德探詢過程，隨之在行事中做到盡
己所能。〔註37〕

「知曉什麼是與情景最恰宜相合之涵義，作為對道德不確定的滿意回應」就
如同余紀元所說的在情境中的靈敏性。且因為面對的是不斷變化的事物，所
以無法預期而依據某個事先給定的答案回應。安樂哲解讀「己所不欲，勿施
於人」的恕道，點出能對他者感同身受、設身處地去尋找、發現體貼他者的
行為背後，是一顆願意且懂得尊重他者的「敬人」之心。恕可說是一「宜他」
的寬厚品德。

　　如前面第三章所述，安樂哲說「義」不僅是「宜我」，同時也是「宜他」
也「宜境」。「義」就在生活的情境脈絡中，與他者彼此交融互滲，不分彼我
的關係交織聯繫，密不可分。事實上，被我們所傳承、繼承的「道」，同時也
是經過我們所選擇、認可的部分，亦即，它是合宜、合適且恰當的生活方式。
不是什麼東西都可以被流傳、繼承，也就在這選擇當中，顯示出我們的開創
能力。安樂哲認為，作為「道」的最初根源，人們行「義」的能力具有重要
的作用。通過君子創造意義和價值，體現在文化傳統中被繼承的「道」能得
到傳播和進一步的拓展。

　　　　孔子曰：「『見善如不及，見不善而探湯；』吾見其人矣，吾聞
　　其語矣！『隱居以求其志，行義以達其道；』吾聞其語矣，未見其
　　人也！」（《論語・季氏》，頁149。）

此處引「隱居以求其志，行義以達其道」來說明「道」是有待開發與創新的，
特別把「達」解釋為「突破」。〔註38〕即便在混亂的時局當中，君子也並非隱
居就獨善其身，不問世事，而是仍舊默默行道，通過個人與周遭的互動來參
與大道，為身邊的人與世界盡一份心力，為造化大道注入一份源頭活水。他

---

〔註37〕〔美〕安樂哲著，孟巍隆譯：《儒家角色倫理學：一套特色倫理學詞彙》（濟
　　　　南：山東人民出版社，2017年3月），頁221。
〔註38〕〔美〕安樂哲著、彭國翔譯：《自我的圓成：中西互鏡下的古典儒家與道家》
　　　　（河北：河北人民出版社，2006年7月），頁3～4。

又舉《論語》:「君子之仕也,行其義也。道之不行,已知之矣。」〔註39〕證明「義」只是君子能有出仕機會,就在社會政治上更龐大的關係脈絡中努力的活出道的意義,即便道之不顯、道之不行,君子仍有責任努力地從自我修養,推己及人到廓清社會亂象,逐步回到大道之動態平衡與和諧共生。當然這個理想也需要眾人共同的集體道德實踐,並非自己一個人可以達成的。

「義」表現一個人在其情境中做出最真誠(宜我)且順應處境的情勢(宜境)妥善而恰當的選擇,這個選擇不是出自於單方面的,而是從關係脈絡中人被激發出來的自我突破。從這個層面來說,「義」即是「立命」也,義不僅僅是主體的事情,而是在主客交融中,敏銳感應情勢,察覺周遭變化的趨向,從這個趨勢中去尋找突破與協調平衡,為善化世界貢獻一份力量。

不同與德性倫理學是立基在德性主體上,角色倫理學是不分主客的關係過程哲學,是依據情境脈絡中的互動來判斷彼我雙方如何相處得宜,而非根據某一理性的一致性判斷原則來反應並做選擇。實踐智慧雖然依照不同的經驗累積與情境化原則而做出調整與變化,然而它更依賴的是背後有一永恆不變的德性主體的那個思辨理性。安樂哲說明用角色倫理學來詮釋儒家相較於德性倫理學詮釋儒家有何不同,他說:

> 首先,亞里士多德道德倫理學很大程度服務於軍事貴族,而儒家卻絕不尚武。更重要的是,亞里士多德道德倫理學理論似乎需假定普世性格特徵乃人性的一部分。古典儒家著作儘管具有連貫性,卻絕非要一致建構人性。他們假設人類【human-being】(在儒家那裏或許應為「成人」【human-becoming】)面對行為、趣味的文化生成諸模式是開放的,並且是為其塑造的,該立場迥然有異於我們將之與亞里士多德道德倫理學關聯的假定的生物與形而上學統一性。〔註40〕

> 亞里士多德將人做為某種既定潛能的實現,所謂既定潛能即指那些使我們之為我們所是的假定的生物和形而上學統一性。〔註41〕

這一段對亞里斯多德德性倫理學詮釋儒家的批判可以從兩個層面來說,一個是歷史、地理環境背景之不同,先秦儒家所主張的君子之成德之教與希臘雅

---

〔註39〕 《論語·微子》。

〔註40〕 〔美〕安樂哲、羅思文著,何金俐譯:《生民之本:孝經的哲學詮釋及英譯》(北京:北京大學出版社,2010年6月),頁52。

〔註41〕 〔美〕安樂哲、羅思文著,何金俐譯:《生民之本:孝經的哲學詮釋及英譯》(北京:北京大學出版社,2010年6月),頁52。

典的城邦貴族教育著重的焦點不同。

> 子曰：「弟子，入則孝，出則弟，謹而信，凡愛眾，而親仁。
> 行有餘力，則以學文。」（《論語・學而》，頁7。）

> 子曰：「君子博學於文，約之以禮，亦可以弗畔矣夫！」（《論
> 語・雍也》，頁55。）

從《論語》可以看出儒家的德性培養是從生活的關係脈絡中開始，輔以六藝傳統的文化傳承，雖然也包括射箭、駕御車馬等技能培養，但仍舊是以詩書禮樂的經典教育作為德性涵養的重要資糧。然而，希臘城邦的貴族教育，是依法典、法律的公平、正義的精神為主，並且因著地域特色有著與生俱來的尚武精神，這是與儒家重文的傾向截然不同之處。

第二個不同的層面就更重要了。它不從各自不同的歷史環境背景的現實限制去討論，而是反省整個理論體系的預設不同。安樂哲認為在亞里斯多德的德性倫理學中，人性是具有同一性且普遍不變的 human-being。而實踐智慧僅僅是在輔助這個永恆不變的人性（或說理性）如何面對變動複雜的事物，能夠更靈活變通地安排、支配，以簡馭繁，以一涵多。它最終還是要訴諸於最高的思辨的德性，才能夠將潛能發揮到極致，最終一步步達到完美的目的，也就是城邦中人人都過著幸福美好而和諧的生活。它追求著背後的同一性。

然而先秦儒家無論孔子或孟子都不曾將現實中的複雜問題寄託於抽象思辨的單一理性，他們不是基礎主義或主體性哲學。亞里斯多德追求可以人神合一的 human-being（人性）從某個層面來看是永恆靜止不變的理性，是純粹至善、完美無缺的獨立個體，與他者可以分離切割開，自我完足。而儒家《論語》中關於人性卻是 human-becoming，人性不是固定不變的東西，而是與他者息息相關且不斷在與他者互動中被豐富、調整、修改地變化著，從來不僅僅是個名詞，而是個動詞，是個成為一個整全成熟的人的歷程。儒家的成德之教表達一個人在現實中歷史文化脈絡情境（禮）下，在人際關係互動中所培養、鍛鍊的那種明察感應的能力〔註42〕，如何使自身的言行舉止甚至心態都能合宜恰當於自身與處境，宜我又宜境。它更強調著具體的特殊性、差異性與多元開放性。因此，安樂哲這麼解讀儒家的「義」：

> 「義」是一種人所成就的恰宜感，它使人能夠根據一定情勢的
> 特別性，採取恰當的行為方式。進一步引申，因為關係的「恰宜性」

---

〔註42〕即孟子言舜，有明於庶物，察於人倫的能力。

是產生本身意義的根本來源，所以不應感到奇怪，「義」也有「意義」進入，正如它被表述以及它屬於人本身的關係和行為。伴隨時間的長久，「義」變成了一個充滿活力的傳統，遵行各種禮節，舉手投足體現著聚合意義。「義」是一種何謂至善（最好恰宜性）的意義，表達於人的角色與關係構成中，確定著何謂恰到適處。而且「義」是文化的施行，人們可以享用它，這樣他們就會在踐行同樣的角色與禮數活動中，嵌入文化。〔註43〕

「義」就在成為一個人的過程中不斷地形成的一種恰宜感，而且是從關係互動中被培養出來的恰宜感，感應著自己的舉止與整個情境是否恰如其分地相融，而在投入自我融洽地融入情境的過程中，自然而然的會湧生出意義。在此，「義」不用正義、正確、正當等類似的詞彙來表述，而是用適宜、恰當、恰到好處、恰如其分來詮釋。當用正確、正當來表述「義」時，即表示背後預設著一個超越的理性主體可做對錯判斷的標準，來判斷現象界中何者正確，何者不正確。而用適宜、恰當來詮釋「義」，則表明沒有一個事先給定的標準答案，沒有一個絕對正確的標準可以衡量對錯，必須要在時間中、在歷史文化演變中、在關係脈絡中，細膩敏銳地感應感受著與整體情境變化是融洽或是扞格的，是帶出更多意義生成、湧現，還是導致關係愈僵化與破裂，意義更封閉而隱藏不顯。

不同於余紀元以亞里斯多德德性倫理學將《論語》中的「義」詮釋為「使一個有德性的行為者能在行動中達到恰當的理智的品質」，安樂哲儒家角色倫理學將「義」定調為「對待關係的恰宜性」。兩者都十分強調在實踐的情境中的恰當，然而德性倫理學將「義」詮釋為「實踐智慧」著重於義的理智層面。而角色倫理學則更側重關係性，唯有在關係中才能湧現恰宜的意義，抽離了人與情境則無「義」可言。

然而，「義」難道不能既是實踐智慧，又是開創合宜的生活能力嗎？關於這個問題，筆者認為不能。這不僅只是名詞上運用是否妥當的問題。表面上看來，「義」可以是實踐智慧，同時也是開創生活的能力，兩者並不相矛盾。實際上，當我們用「實踐智慧」這個特殊的名詞去解讀「義」時，背後已經夾帶著亞里斯多德整套哲學體系架構，必須要有理性主體做主，去思辨什麼

---

〔註43〕〔美〕安樂哲著，孟巍隆譯：《儒家角色倫理學：一套特色倫理學詞彙》（濟南：山東人民出版社，2017年3月），頁224。

是美好的生活作爲最終目的，然後開發我們理智的潛能（透過沉思冥想開發達到人神合一），然後將此思辨理性運用在生活中時，借助實踐智慧輔助經驗上的衡量妥適，使得我們的思辨理性可以完美地融入於風俗習慣的經驗世界，最終達到和諧美好的人生目標。

角色倫理學將「義」定義爲開創合宜的生活能力，安樂哲是拒絕用「潛能—目的」的模式套在中國哲學頭上，使之成爲一封閉的思辨爲主的理論，而更加貼近中國哲學實踐的性格。生活變動不居的每個當下，我們在情境中要「宜我」，是不違背我內心的良知夙願，是壁立千仞、四無依傍的主動創造與貢獻；同時又要「宜境」，敏銳地感應周遭，融入在場，在人我關係互動中尋求一動態平衡，是一以實踐爲主的靈活變通的能力。

因此，面對中國哲學在關鍵字詞的詮釋上，我們必須要對每個詞彙的運用更加謹慎與仔細，避免張冠李戴，或者混漫詞彙運用之脈絡、分際，而導致意義夾纏不清，語焉不詳的誤解。

## 第四節 「禮」是社會習俗的不成文規約還是角色關係的體認

余紀元說「禮」最早是指宗教祭祀的儀式，從倫理學「ethics」這個字源於「Ethos」，帶出「禮」是傳統的社會與文化環境以及被廣爲接受的行爲方式。它與希臘術語 êthos 相關，êthos 即屬於品格的東西。〔註44〕在亞里斯多德倫理學中，德性與社會的風俗習慣有關，遵照約定俗成的方式生活的人們能夠建構與維護一個穩定和諧的社會秩序，因而努力遵從禮節習俗的人也被認爲是有品格的人。

余紀元從亞里斯多德倫理學討論「習慣」要如何內化成爲我們的品格，而不只是盲目地、機械式地形成某種習慣，其中還要有「理性」。有意識地養成習慣是爲了發展理性，而理性是其終極目標。因此，亞里斯多德說：「道德教導的最終目標是理性與習慣需要彼此一致，一致之後方能產生最佳的效果。」〔註45〕。如《論語》中說：

〔註44〕〔美〕余紀元著、林航譯：《德性之鏡：孔子與亞里士多德的倫理學》（北京：中國人民大學出版社，2009 年 3 月），頁 161。

〔註45〕〔美〕余紀元著、林航譯：《德性之鏡：孔子與亞里士多德的倫理學》（北京：中國人民大學出版社，2009 年 3 月），頁 162。

> 子曰：「吾十有五而志於學，三十而立，四十而不惑，五十
> 而知天命，六十而耳順，七十而從心所欲，不踰矩。」（《論語·
> 爲政》，頁 16。）

「學而時習之」從小就養成習慣，歷經長時間的潛移默化，到七十歲時能達到「從心所欲不踰矩」的德行圓熟，也正是不斷經過反思、反省的「仁」之理性，與嫻熟於「禮」之習慣達到一致，進而達到義精仁熟的最佳效果，成爲大人、聖人的人格典範。

德性倫理學者則定位「禮」是後天經驗的習慣與特定風俗，是約定俗成的，因此可以改變與調整，它不像法典、律法那些成文法那樣擁有固定不變且強制性的性格，是允許隨時調整修改的。社會風俗與個人習慣之養成，無論是好的或是不良的風俗習慣，也都能動搖一個人的心志，改變其內在品格，影響其德性之養成。亞里斯多德在討論禮俗的習慣化時，並沒有忽略內在的主觀理性，同時強調外在的客觀風俗習慣，兩者齊頭並進，希望能夠達到一致，內外交相養，身心一體，理性與習慣、仁與禮、內外彼此交互提升，從而朝向幸福美好的人生邁進。

> 子曰：「道之以政，齊之以刑，民免而無恥；道之以德，齊之
> 以禮，有恥且格。」（《論語·爲政》，頁 16。）

余紀元從政治學與倫理學的角度切入，討論孔子管理人民的恰當方法，並與亞里斯多德的觀點互相呼應對照來看。他指出：

> 這一段落使我們想起亞里士多德的觀點，即立法者不應當只是樹立那些阻止惡行的法律，而應當鼓勵那些影響善品格形成的善行。在上述所引的段落裡，孔子也有著區分嚴厲法律與調整社會禮儀的相同傾向。如果人民不做壞事只是因爲懼怕懲罰的話，他們就會試圖逃避懲罰，而不會改正自身以及爲行爲感到羞恥。政治不應通過施行懲戒性法律來尋求控制。〔註46〕

他說明在亞里斯多德那裏有兩種法律，一種是「通過對懲罰的恐懼來管理錯誤的行爲」，另一種則是「激發人性之善，並促使其生活過得更好」〔註47〕，而後者顯然更能引導人們朝向德性的興發培養。從這一段《論語》的文獻，

---

〔註46〕〔美〕余紀元著、林航譯：《德性之鏡：孔子與亞里士多德的倫理學》（北京：中國人民大學出版社，2009 年 3 月），頁 212。

〔註47〕〔美〕余紀元著、林航譯：《德性之鏡：孔子與亞里士多德的倫理學》（北京：中國人民大學出版社，2009 年 3 月），頁 206。

除了表達個人的道德修養與社會政治息息相關，還點出了在上位者（當政者、立法者）本身的德性之重要。「道之以政，齊之以刑」表示政治法律的強制力量僅能使社會的整體秩序不致失序崩壞，然而，卻缺乏使人人努力向善的動力，只能避免因利益衝突導致犯罪受罰。「道之以政，齊之以刑」，禮樂潛移默化的力量，一方面少了些道德律令般強硬的壓迫感，另一方面，它保留人人自發而不斷向上提升的空間和餘地。

在德性倫理學的架構中，法律是非常重要的，除了消極地遏止不良行為的法律，積極地激發人向善的法律能夠帶來良好的善行以培養德性，並且需要具體落實在理想的政體，也就是城邦之中，才能夠讓每個人走向幸福美好的人生之最終極的目的。余紀元引亞里斯多德《尼各馬科倫理學》中：「一個人不是在健全的法律下成長的，就很難使他接受正確的德性」並說道：

> 由於倫理德性是通過習慣化獲得的，城邦也就應通過立法，來
> 關懷其公民的社會與政治德性修養。〔註48〕

德性倫理學將人視為政治動物，每個人作為政治與社會的公民素養必須藉由法律來養成守法的習慣，久而久之內化成為德性。在這裡，可以注意到兩個問題點，一個是在上位的統治者應具備什麼樣的條件？另一個問題是理想的政治體制是法治，還是人治？這兩個問題實際上是一個問題。第一個問題從《論語》孔子回應季康子關於為政者應如何施政、治國：

> 季康子問政於孔子，孔子對曰：「政者，正也，子帥以正，孰
> 敢不正？」（《論語・顏淵》，頁 109。）

孔子認為當政者必須先正己身，以身作則，從自身做起，才能夠風行草偃地引導人民回歸常道正軌，否則上樑不正下樑歪。當政者的影響深廣，因此理想的當政者應是位有德之人，他的操守品行、言行舉止都無不正。余紀元進一步說：

> 統治者應當通過典範行為成為其臣民的一個榜樣，而治國術被
> 認為是道德教育的一個延伸。政治的這兩種功能是密切相關的，因
> 為治國即遵循社會之禮，而由於一個統治者是典範性的，他就必須
> 具有禮儀傳統的精神氣韻。〔註49〕

---

〔註48〕〔美〕余紀元著、林航譯：《德性之鏡：孔子與亞里士多德的倫理學》（北京：中國人民大學出版社，2009 年 3 月），頁 206。

〔註49〕〔美〕余紀元著、林航譯：《德性之鏡：孔子與亞里士多德的倫理學》（北京：中國人民大學出版社，2009 年 3 月），頁 205。

孔子與亞里斯多德都認同有德且有位的典範人物，對於百姓的行為有示範性的引導作用，其中「禮」表現了統治者的德性在客觀的社會風俗習慣中之體現與傳承。作為在上位的統治者，有著上行下效的影響力，帶領民眾仿效其行並進入到有序的社會禮節之中。然而，當政者不僅僅是遵循禮節的人，同時，他還是制禮作樂的人，擁有反省與調整「禮」需要因革損益、因時制宜（義）的能力。

亞里斯多德分析三種不同的政體形成的目的，貴族政體代表德性，寡頭政體代表財富，而民主政體代表自由。他不認為國家是為了保障個人的自由與權利而產生的，因此，民主政治雖然看似自由而不專制，卻未必導向人人發展其德性，共同朝向美善的幸福生活之最高善目的。他認為最理想的政體是由有德性的君主當政，一位有德的當政者會在不成文的禮儀習俗與成文的法律之客觀體制下，引導人民朝向美善和諧的幸福生活努力。

關於理想的政治體制是法治，還是人治的問題，余紀元引《中庸》：

> 故為政在人，取人以身。〔註50〕

來說明一般流行的看法是「孔子對懲戒性法律的不信任」〔註51〕因此，定位儒家提倡人治，不重視法治。然而，對孔子不信任懲戒性法律而輕視法律的解讀，或許有失偏頗，可以說孔子認為，法律具有約束性且是由外在強加的，只能部分抑止人們犯罪或錯誤的行為以傷害侵犯他者的權益，無法使人發自內心自主由衷地行善，遑論成為有道德的人。從「道之以政，齊之以刑，民免而無恥；道之以德，齊之以禮，有恥且格。」這句來看，與其說孔子贊同人治，輕忽法治，不如說他傾向於以禮治國的禮治制度，以及德治的聖人垂教。藉由聖人（聖王）典範人物的禮樂教化來化民成俗，達到修身、齊家、治國、平天下的大同理想。

> 亞里士多德認為，若我們能找到一個道德德性出類拔萃之人，人治就變得令人嚮往了。如果存在這樣一位絕不會錯、無與倫比的個體，則他就不是被法律所統治，而是自身就提供法律了。這就是為什麼亞里士多德把絕對君主制作為最佳政體。對於亞里士多德來說，這樣的一個君主能基於個人判斷而非任何法律來決定任何政治

---

〔註50〕〔魏〕王弼、韓唐伯等注疏：《十三經注疏附校勘記・禮記注疏》（臺北：藝文印書館，1982 年 8 月九版），頁 887。

〔註51〕〔美〕余紀元著、林航譯：《德性之鏡：孔子與亞里士多德的倫理學》（北京：中國人民大學出版社，2009 年 3 月），頁 215。

問題。這種對一人統治的提倡以君主擁有最高倫理德性與理智德性

為前提。〔註52〕

德性倫理學認為理想的政治體制是有德者當政的君主制度，余紀元說：『亞里士多德和孔子期望的都既不是人治也不是法治，而是「德性之治」。』〔註53〕然而，同樣是期望有德性的人能成為在上位的統治者，亞里斯多德更傾向於法律的約束、制約力，畢竟人是會受到其感性欲望的影響而失去公正客觀。相較於容易受感性欲望影響的人而言，法治顯然比易腐敗和易犯錯的人治更好。即便現實上有德性出眾的統治君主，德性倫理學關注的也是他如同理性的具現化，能提供律則，「一言以為天下法」，而非其德行無聲地浸潤、感化天下。且統治者需要擁有最高的倫理德性與理智德性（思辨理性），他是人神合一的存在，是完美無缺、不會犯錯的人，余紀元形容他是在德性上絕對優於所有其他人，是「人群中的神」。〔註54〕

　　　　因此，針對上述兩個問題，德性倫理學認為最理想的統治者應具備人神合一的最高理性，是最完美無缺的理性之化身，他的一言一行都為天下人樹立規矩、法律，使人人皆心悅誠服地遵守而達到幸福生活的終極目的。而儒家究竟是人治還是法治？德性倫理學的解讀是儒家與亞里斯多德都屬於德性之治，然而可以從各自的敘述脈絡中發現，亞里斯多德的德性倫理學更傾向法理的律則規範，而儒家孔子更強調禮樂教化從生活中長期教養、薰陶的潛移默化力量。

　　　　　子曰：「道之以政，齊之以刑，民免而無恥；道之以德，齊之

　　　以禮，有恥且格。」（《論語・為政》，頁16。）

角色倫理學對於這段文獻的解讀是：「該節強調基於規章、法令的強制秩序與通過榜樣、參與和道德教化實現的政治和諧截然不同。」〔註55〕安樂哲認為通過成文法令規章來實現和諧社會的理想是不夠充分的，但並非排斥法律規章對政治社會的正面效用，只是仍不夠充分。安樂哲進一步解讀：

〔註52〕　〔美〕余紀元著、林航譯：《德性之鏡：孔子與亞里士多德的倫理學》（北京：中國人民大學出版社，2009年3月），頁216。

〔註53〕　〔美〕余紀元著、林航譯：《德性之鏡：孔子與亞里士多德的倫理學》（北京：中國人民大學出版社，2009年3月），頁216。

〔註54〕　〔美〕余紀元著、林航譯：《德性之鏡：孔子與亞里士多德的倫理學》（北京：中國人民大學出版社，2009年3月），頁210。

〔註55〕　〔美〕安樂哲、郝大維著，何金俐譯：《通過孔子而思》（北京：北京大學出版社，2005年8月），頁213。

　　孔子相信要獲得真正長治久安的政治和諧，就必須賦予在最根本
意義上「源自」個人本身的轉化性「教育」以優先性，因此，他劃出
了灌輸和教育之間的清晰界線。這種個人直接參與的最佳狀態實現於
一個自立、自制的社會。在該社會中，致力於修身會產生「德」，引起
全社會的效仿和對構造和維持該社會的「禮」富有意義的踐行。〔註56〕
安樂哲認為和諧理想的社會秩序是由各種多方努力達成的豐富成就，不是單
一的法治或人治可以說明的。在他看來，政治社會的和諧需要有人治，除了
冀望有德者當政能大公無私，為百姓謀福祉；也需要法治，有合理的法令規
章作為最低限度的保障；更需要禮治，藉由人人參與「禮」，喚起每個人在歷
史文化傳承中的典範意義，在各自的角色分位中，自由展現多元豐富的肉身
成道的面向，並引起他者的敬意與自發的仿效。

　　沒有人治，整個法治社會看似循規蹈矩，結構井井有條，然而面對規則
以外的狀況或問題卻是僵化而不知變通、無法應對，缺乏靈動變化與生機活
力。少了法治，若當政者有所私心偏頗或是遭受蒙蔽、能力不足時，則易產
生動亂，缺少了客觀約束制衡的力量。亞里斯多德注重法律的緣故亦在此處。

　　　亞里士多德說得很清楚，法律代表理性和公正，而人受欲望影
　　響。所以，正常情況下法治比人治更好。孔子在討論社會禮儀統治
　　時不處理欲望和情感的影響，這是他的一個弱點。〔註57〕
的確，在某些情況下，人治可能帶來專制、權威的暴力，壓迫擠壓群體中的弱勢。
中國傳統社會有「犧牲小我以完成大我」的觀念，當遇到兩難危機困境時，婦女、
孩童等在群體中沒有話語權的弱者，就可能被迫剝奪個人的自由與權益。由於法
律對於維護個體自由與權益是一視同仁的，因此可以彌補人治之不足。安樂哲言：

　　　在中國，「法」是作為「禮」的補充形式而發展起來的，其目
　　的首先是作為行政責任的約束。……當禮儀行為喪失了其作為一種
　　約束力量的效果時，這些東西（民法、刑法）才在中國歷史上的某
　　些階段獲得了數量和應用的增加。〔註58〕

---

〔註56〕〔美〕安樂哲、郝大維著，何金俐譯：《通過孔子而思》（北京：北京大學出
　　　　版社，2005年8月），頁213。
〔註57〕〔美〕余紀元著、林航譯：《德性之鏡：孔子與亞里士多德的倫理學》（北京：
　　　　中國人民大學出版社，2009年3月），頁216。
〔註58〕〔美〕安樂哲著、彭國翔譯：《自我的圓成：中西互鏡下的古典儒家與道家》
　　　　（河北：河北人民出版社，2006年7月），頁526。

安樂哲以宏觀角度反省中國與西方社會與思考起源以及應用的不同，他認為西方以原子式的絕對獨立個體展開理性的架構〔註59〕，最終體現在法律上便是人人平等，每個人都擁有基本的自由與權利。而中國則是以關係性的個體與整體緊密連結，不可分割，具體呈現在「禮」當中。人生活在禮當中便參與到「道」當中，成為大道的一部份。他表示：『禮具有一種「異神崇拜的」宗教意味』，也就是說「禮」不是訴諸一元化的基礎主義，它承認多元的價值，是「和而不同」的多種典範共同造就的整體和諧成就，是在歷史中、時間之流中不斷累積的豐富文化成就。由是，「禮」就不像西方的法律著眼於個人的權利義務上，而是強調整體的和諧有序。如有子說的那樣：

> 有子曰：「禮之用，和為貴。先王之道，斯為美；小大由之。
> 有所不行，知和而和，不以禮節之，亦不可行也。」（《論語・學
> 而》，頁 8。）

禮作為優美的文化體，使得每個人在其中知道自己的分位，知所節制而有分寸，隨時調整自身，以適宜整體的情境變化。

在儒家角色倫理學中，管理眾人的方式「禮」比「法」更好，更能夠引導啟發人的道德意識，並且總是在具體的關係脈絡中實踐履行。安樂哲言：

> 儒家的模式有賴於兩種強大的卻又是非形式化的壓力作為其
> 內在的驅動力，一個是「恥」，一個是「禮」。雖然，強迫作為維繫
> 秩序的一種手段是有效的，但孔子拒絕採用這種手段。在孔子看來，
> 自治（self- ordering）是明確的追求。〔註60〕

「道之以政，齊之以刑」是以有形的刑法（成文法規）遏止人危害他人的權益以及整體的利益或和諧，不如非形式化的禮文儀節無形的教養、薰陶，讓人人在關係中學習拿捏分寸並培養「恥」感。一旦分寸拿捏有過與不及之處，而自己感到羞恥不適，因而自我節制、調整，以再度融入於整體的禮文結構

---

〔註59〕 按照李晨陽的說明：「在西方占主導地位的是——有論是從亞里士多德到笛卡兒的實體論。按照西方實體論的觀點，世界是由其中的小單位組成的。作為宇宙之磚這些小單位或者叫原子，或者叫實體。它們的根本特徵是自為一體，其所是之在不依賴於任何其他東西。從這個觀點看來，因為原子或者實體是穩定的，世界上的變化是第二位的。這種哲學的重要任務是解釋這個由穩定的實體組成的世界為什麼有變化。」李晨陽：《道與西方的相遇》（北京：中國人民大學出版社，2005 年 6 月），頁 14～15。

〔註60〕 〔美〕安樂哲著、彭國翔譯：《自我的圓成：中西互鏡下的古典儒家與道家》（河北：河北人民出版社，2006 年 7 月），頁 542。

當中，是「有恥且格」的自我修正，而非法令規章之外力使然。

「禮」在角色倫理學中表示對其角色關係的體認，當我們對自身處境、境遇的關係網絡體認地愈深刻與全面，就愈清晰地明白自身所處的位置，以及該如何與周遭互動恰當，游刃有餘。禮教成為豐富而優美的成德之教，不再是對人性的束縛、制約，而是讓我們在其中吸收汲取歷史傳統的精華、養分，讓我們在行禮如儀的長時間陶冶下，活出各自從心所欲不逾矩的典範意義。

而儒家的「禮」在德性倫理學的詮釋脈絡下，如何塑造、培養人的德性須從理想的政體—城邦的公民素養著眼。禮俗習慣屬於會更改變動的不成文規章，對人的行為約束力有限；而法律出自於思辨理性，是較不易更動的成文規章，明白地劃清人的行為準則應遵循的事項，否則須接受懲處。簡而言之，德性倫理學詮釋「禮」更強調整體全部的統一性、一致化，而角色倫理學則是從人際關係、天人關係中凸顯有機性與多元化，在變動的關係脈絡中不斷尋求自我的定位，以及在彼我關係中拿捏恰當的分寸，使雙方都能共生、長生久視地延續，生生不息地繁衍著。

# 第五節 「孝」——「家庭」是責任、義務與友愛還是老少愛敬之情

關於家庭的地位與重要性，亞里斯多德德性倫理學表示：道德教育來自城邦與家庭，然而城邦是最重要的，家庭只有在城邦無法提供德性教育時才予以協助。國家是家庭的擴展，家庭教育應服從於城邦教育，使孩童成長為一位好公民。父親作為家庭中具有權威的人，有責任教養培育孩子成為優秀有德性的公民；而孩子成年之後有義務回饋父母。而父子之間具有獨一無二的「友愛」（friendship），因為他認為孩子與父母之間的關係是平等的個體。

角色倫理學則認為家庭是最重要體現「禮」的角色關係之場所，家庭代表一切意義的生發之源。他描述作為主導隱喻的家庭之意義為：

> 作為一種社會組織形式，一個規定禮之內容的儀式化的角色和
> 關係的輻射中心，家庭為最有效地拓展人生道路提供了模式，即在
> 人生體驗中最大限度地給予和獲取。〔註61〕

---

〔註61〕 〔美〕安樂哲著、彭國翔譯：《自我的圓成：中西互鏡下的古典儒家與道家》（河北：河北人民出版社，2006年7月），頁604。

「禮」作爲對角色關係之體認，首先具體實現於家庭中，接著才是社會與政治。然而不同於傳統西方哲學（也包含亞里斯多德的德性倫理學）之基礎結構式思考，安樂哲引用費孝通的說法將儒家角色倫理學定位爲一種同心圓模式展開的倫理學。〔註62〕

傳統西方哲學認爲個人主體是構成家庭、社會、政治的基礎，也是最小單位，一切秩序都建立在這理性主體之上，個人主體增加成爲家庭，家庭與家庭構成爲社群，社群組織成爲國家政治體系，層層向上組建成龐大的政治結構。西方的倫理學爲了使這麼龐大如積木般的結構組織不致分崩離析，用「綸」（系統）之「部分—整體」方式將各個獨立的部分連結起來，使之密不可分。而積木最底層的地基便是個人的理性主體性，一旦抽離此基礎，整個結構就鬆散倒塌。因此，整個西方傳統哲學致力於關注個人主體，以強調此基礎的方式來讓整個社會政治結構能穩定長久。

然而，安樂哲反對以結構主義、基礎主義的方式解讀儒家，他用「焦點—場域」模式來表達儒家角色倫理學是「淪」（波紋、漣漪）的同心圓模式，以此譬喻來解讀《大學》中修身、齊家、治國、平天下。同心圓模式與基礎主義的結構模式最大的不同在於：基礎主義視個人主體爲靜止、固定不變的本體、實體，同心圓模式則將個人視爲關係中的自我，是可以轉移的焦點，同樣也是可以轉換的角色。譬如在家庭中兒子的角色，過幾年也許轉換成父親的角色身分，當身分轉換時，關注的視野也隨之改變。而愈好地活出這個角色身分的深刻意義，其影響力就像漣漪一圈一圈不斷向外擴展。因此，他說：

> 象徵中國人關係秩序的「倫」，給我們展現出這樣的假設：所謂良善的生活，就是一個由個體向外推至日益廣闊的社會圈，直到完全參與宇宙自身的確定秩序，類似波紋擴散的「淪」狀過程。
>
> ……也就是說，「倫」具有這樣兩種指向，具體角色之本身，以及在我們所描述的儒家角色倫理中的角色生成和角色改良的過程。〔註63〕

---

〔註62〕安樂哲（Roger T. Ames）羅斯文（Henry Rosemont .Jr）：《論語》的「孝」：儒家角色倫理學與代際傳遞之動力〉，《華中師範大學學報》第 52 卷第 5 期（2013 年 9 月），頁 50。

〔註63〕安樂哲（Roger T. Ames）羅斯文（Henry Rosemont .Jr）：《論語》的「孝」：儒家角色倫理學與代際傳遞之動力〉，《華中師範大學學報》第 52 卷第 5 期（2013 年 9 月），頁 50。

「角色生成和角色改良的過程」表達作為關係中的焦點，角色並非固定不變的那樣被設定好，只要照著劇本扮演即可，相反地，他是在情境中暫時被關注的焦點，當此聚焦的角色能夠創造性地詮釋其自身，並且與其他角色產生良好的互動，彼此在相遇、照面的當下引起共鳴並碰撞出火花，這個角色也就回過頭來改變影響了整個情境。因此，安樂哲提出「焦點—場域」模式的自我區別於西方的本體自我，表示一切存在價值並非立基在一個絕對主觀意識上，而是在一個主客交融互滲的情境當中。他解釋「焦點—場域」模式的自我必須以「情境化方法」加以理解：

> 大多數中國古典哲學家既不憑藉「一般本體論」（ontologia generalis），也不求助於「普遍原理的科學」（scientia universalis）。「情境化方法」才是中國在智識上所做的努力最有特色的方面。由特殊的家庭關係或社會政治秩序所規定的各種各樣特定的環境構成了場域，場域聚焦於個人，個人反過來又是由其影響所及的場域塑造的。情境化方法作為一種實際的努力，是這樣一種獨特的方法：他將作為焦點的個人與其將要造成的、反過來又被其塑造的環境融為一體。〔註64〕

安樂哲認為，中國哲學是在修身的個人與不斷變動的情境中形成一種「焦點—場域」的互動模式，它是一種關係過程哲學的文化敘事，而非抽象的本體論哲學理論。

而亞里斯多德德性倫理學傾向於本質主義〔註65〕、基礎主義式的思考方式，將一切事物的生成變化訴諸一終極原理基礎上，由基礎的個體（理性主體）構成了部分，部分再形成整體，我們都是整體中的一個部分。在亞里斯多德，每個生命也都是一獨立存在的個體，彼此平等，沒有上下尊卑的區別。因此，西方以「友愛」來解釋家庭中父母子女之間平等的關係。

也許在中國人看來，用「友誼」來表達父母子女在家庭中的關係有些違和感。畢竟父母與子女仍舊有著上下層級的不同。中國人的文化教養使我們不會直呼父母的名字，甚至在古代需要避諱以表示對父母的尊敬。西方本質主義下對父子關係是平等的預設，在安樂哲看來是某種無批判的假

〔註64〕〔美〕安樂哲著、彭國翔譯：《自我的圓成：中西互鏡下的古典儒家與道家》（河北：河北人民出版社，2006年7月），頁337。
〔註65〕袁保新：〈人性與歷史——從當代儒學的詮釋爭議到孟子人性論的新試探〉，《宗教哲學》第八十二期（2017年12月），頁110～112。

定〔註66〕，亦即未經批判就被承認的自明性眞理。我們不會用對待朋友或同學、同事的方式來對待我們的父母。

亞里斯多德德性倫理學中如此形容父子之間的「友愛」：父親代表撫養教育與引導兒童的角色，代表家庭中理性的角色，教導孩子如何約束與節制情感與欲望。他說：

> 在家庭中父親的話與習慣也有約束作用。由於有親緣關係，由於父親對子女的善舉，這種約束作用比法律的更大。因爲家庭成員天生對他有感情，並願意服從他。〔註67〕

在這裡，強調親緣關係以及父親對孩子的關愛照顧，因此孩子自然而然、心悅誠服地願意服從他的教導與行爲規範。家庭就是一個人最早學習如何遵循社會禮儀的場域，通過父親對孩子的教導培訓，使之習慣自我約束與節制的生活，而逐漸潛移默化其行爲，在進入社會群體時自然而然地遵循社會規範與風俗習慣。

由於亞里斯多德相信早期的習慣化對人格養成有很大的影響，所以他也重視家庭關係，重視父親對孩童的教育引導力量，家庭是培養兒童與青少年良好的習慣的場所，以成爲未來城邦的優秀公民爲目的。在亞里斯多德德性倫理學中，城邦政治比家庭更爲重要與全面，家庭教育只是爲了城邦的理想生活提早做準備。

安樂哲分析亞里斯多德在家庭觀念與儒家有很大區別，他說：

> 亞里士多德曾經認爲「家」是德育的基礎，其中父親爲兒子提供道德訓練直到他進入公共生活。按照亞里士多德的說法，國家本身就是家庭的聯合。然而在此問題上，該觀點與儒家思想之間的區分卻很鮮明。亞里士多德和絕大多數希臘人都認爲「家」的根基是私人領域，而國家則基本上關注的是公共活動領域。早期儒家決不會呼應這種個體公共生活與私人生活的分界。「家」在亞里士多德思想中有時似乎暗示，父親代替國家對子女進行道德教育，而儒家思想中父對子所負的教育責任則始終如一地貫穿孩子的一生，二者在這方面是沒有共鳴的。對孔子來說，父子關係的道德功能不是預備性的，它對父子來說都是生命中持久的存在。〔註68〕

---

〔註66〕〔美〕安樂哲、羅思文著，何金俐譯：《生民之本：孝經的哲學詮釋及英譯》（北京：北京大學出版社，2010年6月），頁8。

〔註67〕亞里斯多德：《尼各馬科倫理學》，1180b5～7。

〔註68〕〔美〕安樂哲、郝大維著，何金俐譯：《通過孔子而思》（北京：北京大學出版社，2005年8月），頁213。

從安樂哲的說明，可以概括亞里斯多德是「以國爲家」的角度理解家庭的功能與意義，而儒家恰恰相反，是「以家爲國」的角度理解，將統治者稱作君父，將被統治者視爲子民，甚至稱呼在地的地方首長爲父母官，在在表示儒家極重家庭，並將家庭觀念拓展、涵蓋至社會、政治、宗教各個層面廣泛應用。上述引文特別指出在亞里斯多德，明確地將家庭與社會政治作爲私領域與公領域區分開來，避免以私害公，認爲個人私下的親緣關係不應影響其公領域的職責、事務等等。在中國，就不著重在公私領域的職權區分上，而更強調以血統、親情的系譜關係作爲各種人際關係的起始。安樂哲曾指出：

> 除了使家庭不斷延續之外，血統還發揮著複雜的政治、經濟和宗教的功能，這一功能藉由父子、婆媳等縱向的、等級的軸線得以傳遞。通過祖先崇拜制度——這一考古學認爲至少可追溯到新石器時代的持續實踐，血統關係的社會性與宗教性被不斷地強化。〔註69〕

這種以血緣、血統爲媒介的聯繫，使得家庭、家族擴及到社群、政治層面都得到某種穩定秩序的維護。而且不僅限於有血緣血統關係，彼此間才具有如此緊密的家庭關係，這種從家庭中自然產生的親愛、關懷之情，以及尊重敬愛之心，也被輻射延伸到社群與政治，甚至宇宙。由親親延伸到仁民、愛物。

在亞里斯多德倫理學，人是政治的動物爲主要引導觀念下，城邦政治是最終實現幸福人生的目的，而家庭關係只是未成年之前的暫時預備狀態，未成爲一個有良好教養的公民做準備。然而，在先秦儒家，孝意識卻貫穿一個人的一生，是道德教育之起始源頭。

從「孝」的文字形成於「老」（年長者）以及「子」（兒女、孩子）之間的互動、影響，呈現出「孝」不僅僅是下一代對上一輩的服從、反饋，同時也是上一代對下一代的關愛、呵護、照顧與養育。因此，安樂哲反對大多數西方漢學家（如余紀元）用「filial piety」（意即子女對父母的虔敬）來翻譯「孝」。Piety 一詞有對上帝的敬畏、虔敬與服從的意思，這個詞本身本體論的意味濃厚。他選擇用「family reverence」來翻譯「孝」，表現出父母對子女的慈愛、照顧，以及子女對父母的孺慕、敬愛、關懷是在相對應的互動中不斷加深，不斷擴及到手足、親友，甚至是陌生人、天地萬物之間。譬如「孝敬」之情：

---

〔註69〕 安樂哲（Roger T. Ames）羅斯文（Henry Rosemont .Jr）：〈《論語》的「孝」：儒家角色倫理學與代際傳遞之動力〉，《華中師範大學學報》第 52 卷第 5 期（2013 年 9 月），頁 51。

> 子游問孝。子曰：「今之孝者，是謂能養。至於犬馬，皆能有
> 養；不敬，何以別乎。」（《論語・為政》，頁 17。）

孔子指出對長輩自然流露的尊敬、敬畏、尊重的道德感比起物質的供給更為
重要。然而，這種尊敬的態度表現在言行上，不僅限於自己的父輩、祖輩，
也擴及到社會層面，並且成為社會秩序穩固及繁榮的維繫力量。安樂哲道：

> 但類似「敬畏」和「尊重」的道德感不僅始於家庭，它還必須
> 成為一種不懈地擴展到所有社會成員的行為模式。

這就是以家族的「孝」意識作為同心圓的起點，向外輻射、拓展、傳遞與延
伸的動力。這種將社會、國家、宇宙視為大家庭、大家族的方式，與亞里斯
多德德性倫理學的政治動物，恰為兩種不同的倫理學脈絡，各有其特點，或
許可以相互彌補其不足、缺失。如羅素曾批判：

> 孝，還有總體的家庭力量，恐怕是儒家倫理的最大弱點，這是
> 這個制度的唯一出發點，是嚴重違反常理的。家庭情感與公共精神
> 對立，老年人的權威強化了古代禮俗的專制。〔註70〕

羅素犀利地指出由於中國人對於家庭關係的深重依賴，導致的種種問題產
生，一是公私領域的對立，一是家長權威之專制威權。安樂哲亦言：

> 然而我們還需要想到，家庭關係塑造社會，聽起來可能是有解
> 放性的，但同時若沒有根據社會化常規性理念的恰當社會制度制
> 約，對親情關係的依賴也會變成裙帶關係、任人唯親、地方主義和
> 腐敗發生的分裂根源。〔註71〕

公私領域不明可能造成假公濟私的隱憂。而家長權威的專制也可能造成家庭
中處於弱勢的角色，如孩童或婦女，有被壓迫、剝削等不公平、合理的對待。
這些可能的隱患被夾裹在家庭、家族關係中，容易被人忽視。而西方以獨立
個體為本體的哲學思考，為維護每個人最基本的生存權益，恰恰可以彌補中
國傳統社會以「孝」主導所可能衍伸的問題。我們在兩種不同文化視野中進
行比較時，不應是己非彼，一味以自身認同的立場批判責難另一不同的立場。
若能以欣賞與開放的態度，從他山之石，可以攻錯的角度，截長補短，則或
許能收獲更豐盛、充盈的意義灌注。

---

〔註70〕〔英〕伯特蘭・羅素：《中國問題》（London: George Allen & Unwin, 1922），
頁 40。

〔註71〕〔美〕安樂哲著，孟巍隆譯：《儒家角色倫理學：一套特色倫理學詞彙》（濟
南：山東人民出版社，2017 年 3 月），頁 292。

# 第六節　小結

德性倫理學家將《論語》的「道」通過亞里斯多德的「幸福」概念解釋：「道」如同最高善的「幸福」一樣，是我們追求的人生最終極目的。我們需要培養各式各樣的德性，使我們共同達到最終圓滿、完美的人生目標一幸福。安樂哲提出的儒家角色倫理學則認為：「道」並非唯一的目的地或是通向唯一一個目的的正確道路，他認為「道」是我們努力開創的生活方式，是多面向的，而非唯一的一條道路。角色倫理學不將「道」視為一永恆靜止、超越絕對、至高無上的理境，而將「道」當作意義生發之源，我們就生活在「道」之中不斷從中汲取活力、創造力，也同時回過頭豐富「道」，成為「道」的一部分。「道」作為造化的源頭，富有生機蓬勃的創造力，是使人我、物我、天人關係都能夠和諧共生、生生不息、長生久視地延續一切美好的理想價值之自然節奏韻律。

關於人性的討論，德性倫理學家以亞里斯多德的功能論證，論述「性」作為達到幸福目的的潛能，必須要從城邦政治的集體實現共同美好的生活，以表現出人做為政治動物的本性。這個本性潛能中，必須要在日常生活中培養各種良好的習慣與善的行為，以造就倫理德性之完成，然而，始終不如思辨理性的理論層次高明。角色倫理學反對以目的論方式詮釋儒家，它不從「潛能—目的」來說明「性」的意義，而將「性」定位在關係中的動態過程。在安樂哲看來，性不僅是個名詞，更是個動詞，是如何成為一個人，是在日常生活中學習如何做一個人。如何做人、成為一個人就成了一個開放性的自我提問，需要在生活中、時間中、歷史文化中創造性地自我詮釋。而潛能目的論，只能朝向唯一的目的發展，缺乏變化與創造性，成了單一的體系建構，自我完足而封閉，缺乏豐盈的可能性湧現。

而德性倫理學詮釋《論語》的「義」是一種實踐理性中的實踐的智慧，為了能夠在理性作用下更靈活調整以應對、應變實踐中的種種兩難困境，需要後天經驗的累積，協助思辨理性在具體道德實踐上的應用，以達到至善的幸福人生。而角色倫理學針對每個處境當下的整體協調，如何作出更具前瞻性、創造性的抉擇，思考在文化傳承中努力開創嶄新的道路。「義」表達一種衡量與身處的情境合宜恰當的表現，代表一種靈敏、明察的能力，使人能更妥善地融入於情境中，與周遭打成一片，並在歷史文化的繼承中努力改革創新，賦予自身文化新的生命力。

　　「禮」在德性倫理學表示努力遵從禮節習俗的人也是有德性的人。德性與社會的風俗習慣有關，遵照約定俗成的方式生活的人們能夠建構與維護一個穩定和諧的社會秩序，因而達到理想的幸福人生。要如何塑造、培養人的德性須從理想的政體－城邦的公民素養著眼。簡而言之，德性倫理學詮釋「禮」更強調整體全部的統一性、一致性。在角色倫理學，「禮」不是訴諸一元化的基礎主義，它承認多元的價值，是「和而不同」的多種典範共同造就的整體和諧成就，是在歷史中、時間之流中不斷累積的豐富文化成就。由是，「禮」就不像西方的法律著眼於個人的權利義務上，而是強調整體的和諧有序。

　　當「禮」落實在具體情境的家庭關係中，「孝」是德性倫理學所描述的孩子對父母的責任義務與友愛虔敬，還是角色倫理學所說的老少之間互動的親情？藉由「孝」在個人－家庭－政治（宇宙）的關聯，角色倫理學反省德性倫理學以「部分－全體」的基礎主義之結構模式展開體系之架構，並提出以「焦點－場域」的關係過程哲學來詮釋儒家思想更相應。角色倫理學緊扣著在關係中角色的生成變化之，演示個人修身的創造性成就乃源於家庭的孝意識灌注，進一步向外拓展、延伸到社會、國家甚至宇宙。德性倫理學則關注於個人德性的培養、良好行為習慣的養成與公民素養的教育，朝向幸福美好的人生努力邁進。

# 第五章　當代儒學倫理學《論語》詮釋顯題化

　　自從 1912 年以來，中國在學術知識化的趨勢下〔註1〕，詮釋傳統中國學術已經不再依循著過去解經作傳的注疏傳統來解讀經典，而是借用西方的哲學架構、概念、詞彙來表述中國傳統學術思想的義理。無論是用休謨的經驗主義、黑格爾的邏輯辯證法、康德的理性主義的道德義務論，或是胡賽爾現象學……等等各種西方哲學體系來詮釋《論語》，試圖為先秦儒學建立一套完整而精詳的理論系統，都各有其精彩。《論語》作為孔子與弟子之間問答的智慧語錄，並非只能用單一的方式理解詮釋，它本身就蘊含著各式各樣豐富的詮釋可能性，允許文本被翻出不同的詮釋〔註2〕。

〔註1〕袁保新提出自 1912 年「壬子學制」開始，確立近代中國已由傳統走向現代化，必須在西式學術分類的規範與架構下，邏輯的、有系統的進行學術研究。也就是如此，傳統的諸子百家思想，不得不走上中國哲學「知識化」的過程。這個「知識化」過程與佛教傳入中國「格義化」不盡相同處在於：魏晉佛教中國化是運用本土道家哲學的語言來接引消化外來的印度佛學，而現在的中國哲學知識化是運用西方哲學的分類架構及概念語言重新闡述中國傳統哲學的內涵。參見袁保新：《從海德格、老子、孟子到當代新儒家》（台北：臺灣學生書局，2008 年 10 月），序言。

〔註2〕伽達默爾認為只有不同的理解，沒有較好的理解。因為一切理解都來自我們不同的前見、前理解，所以沒有唯一固定不變的標準，但也並非沒有標準地隨機任意，而是本於傳統、基於具體的生活情境之視域，不斷進行視域融合的擴大前理解，不斷開放而與其他視域取得共識與平衡。除了「不同的理解」，張鼎國先生梳理詮釋學中上有「照原意理解」、「較好的理解」、「完全理解」以及「不再理解」，前三者都是以一固定唯一標準衡量裁決，有獨斷論之嫌，而不再理解則是放棄理解的可能，並非恰當的進路，故本文採取「不同的理解」之立場，進行對經典的提問與探索。詳見張鼎國：〈「較好地」還是「不同地」理解？——從詮釋學論爭看經典註疏中的詮釋定位與取向問題〉，《中國文哲研究通訊》第三十五期（1999 年 09 月），頁 87～109。

然而，在這麼多不同的詮釋下，是幫助我們更理解儒家思想，更明白《論語》的意義，還是帶來更多的疑惑與不解？這個提問需要清楚明白地分別用兩個重要的問題來表達：一個是，究竟哪個倫理學架構脈絡更有助益於我們的生活方式，朝向更和諧、長久、道德且美好的生活？用儒家的話，就是更能引導我們朝向天人合一的道上走。另一個問題，則是哪一個詮釋理路與儒家思想更相近且相通，彼此沒有扞格不入的矛盾對立，更能精當貼切地剖析、解釋並釋放《論語》表層與深層的意義？讓儒家思想在現代化、知識化的背景下有一個妥適而合宜的詮釋進路。

這兩個問題的回答，也許最終會殊途同歸於儒學的成德之教，是否能幫助我們在倫理道德生活中，活出我們每個人生命中的道，能讓我們在各種政治、社會意識形態、不同的價值觀、相異的文化衝突下，尋找一條在變動生活中能讓他者與我生生、共生、長生久視之道。

## 第一節　規則倫理學詮釋《論語》的特色與困境
### ——規則（rule）、原則（principle）是道德實踐的唯一標準

> 子曰：「志於道，據於德，依於仁，游於藝。」（《論語·述而》，頁 60。）

「仁」作為我們道德實踐所依循的行動規範，在牟先生運用康德哲學體系的詮釋下，「仁體」具有普遍必然性，是既超越於一切存在之上又內在於我們每個人生命當中的最高準則。在此，牟先生將孔子所說的「仁」表述為一種「智的直覺」或「無限的智心」。但在康德，智的直覺只屬於無限的存在者（上帝）才有此絕對超越的理性，而牟先生認為中國哲學有進於康德之處，即在中國哲學的仁體、天德良知、德性之知，就是一種智的直覺。牟先生在《智的直覺與中國哲學》中說道：

> 講道德，何以必須講本心，性體，仁體，而主觀地講本心，性體，仁體何以又必須與客觀地講的道體，性體相合一而為一同一的絕對而無限的實體？欲答此問題，須先知何謂道德。道德即依無條件的定然命令而行之謂。發此無條件的定然命令者，康德名曰自由意志，即自發自律的意志，而在中國的儒者則名曰本心，仁體，或

> 良知，而此即吾人之性體……須知儒者所講的本心或良知，都是根
> 據孔子所指點以明之的「仁」而說的。仁心底感通，原則上是不能
> 有封限的，因此，其極必與天地萬物爲一體。仁心體物而不可遺，
> 即客觀地豎立起來而爲萬物之體，無一物或能外，因此名曰仁體，
> 仁即是體。〔註3〕

仁心作爲本體，是無條件爲善的自由無限心，是道德自我立法的自律原則，乃孔子言：「我欲仁，斯仁至矣。」表達內在的道德意志自我做主，不假外求，只要我想有就能有；也是孟子講：「由仁義行，非行仁義也。」的自律道德原則，非他律的外在規範。此仁心可以澈上澈下，貫通主體與客體、應然與實然、價值與事實，體物而不遺，無所不包，成就一「道德的形上學」之完成。

　　牟先生藉康德自律道德學建立的儒家「道德的形上學」，乃是歷史機緣下，中國傳統文化面臨西方文化的衝擊，導致我們懷疑自身文化，沒有西方列強的船堅炮利，也沒有進步的民主與科學，甚至質疑中國文化中有沒有西方人所說的哲學與知識。於是，當時的有識之士唐君毅、牟宗三、徐復觀、張君邁四位先生聯合發表了〈爲中國文化敬告世界人士宣言〉〔註4〕這一具有歷史意義的重要文獻，表達中國文化有自身的特色與內涵，自我肯定其價值。如吳汝鈞對此有感而發道：

> 新儒家的這種態度與心聲，實在是擲地有聲的。一個文化系統
> 倘若不能維持自身的主體性、文化認同，則很快會被另一個外來的
> 文化系統所淹沒、取代。〔註5〕

這篇文章代表那個時代的中國人所共同面臨的困境所做出的積極回應。而由於他們針對當時的問題意識，是爲傳統學術（中國哲學）建構、創建一套能與西方哲學系統媲美的理論架構，從而在中西文化碰撞、對話、溝通中，爲中國哲學的爭取發言權與話語權，而在世界各文化交流時能有一席之地，不被輕視忽略。因此，我們在了解前輩學者們的用心良苦，一方面繼承與發展這個文化傳統所傳承的文化慧命，另一方面，應謹慎避免以文化中心主義標

---

〔註3〕牟宗三：《智的直覺與中國哲學‧牟宗三先生全集 20》（臺北：聯經出版事業公司，2003 年 5 月），頁 245～246。

〔註4〕牟宗三、徐復觀、張君勱、唐君毅：《爲中國文化敬告世界人士宣言──我們對中國學術研究及中國文化與世界前途之共同認識》，載唐君毅：《唐君毅全集》（臺北：臺灣學生書局，1991 年校訂版），卷四之二。

〔註5〕吳汝鈞：《當代新儒學的深層反思與對話詮釋》（臺北：臺灣學生書局，2009 年 10 月），頁 90。

榜自身的文化高明，貶低、輕視對方的文化。若以矮化、排擠其他文化的方式來樹立自身的優越感與自信，反而失去了當初前輩學者們努力尋求平等溝通對話的初衷，枉費前人的苦心！

因此，牟先生將傳統中國文化定位「開闢價值之源，挺立道德主體，莫過於儒」〔註6〕來表達儒家思想具有一切價值的創造根源，這個根源就在於我們每個仁都有的道德主體「仁」。牟宗三先生在解讀儒家的「仁」時，說道：

> 這種心、情，上溯其原初的根源，是孔子渾全表現的「仁」：不安、不忍之感，悱惻之感，悱啓憤發之情，不厭不倦、健行不息之德，等等。這一切轉而爲孟子所言的心性：其中惻隱、羞惡、辭讓、是非等是心，是情，也是理。理固是超越的，普遍的，先天的，但這理不只是抽象地普遍的，而且即在具體的心與情中見，故爲具體地普遍的；而心與情亦因其即爲理之具體而眞實的表現，故亦上提而爲超越的、普遍的，亦主亦客的，不是實然層上的純主觀，其爲具體是超越而普遍的具體，其爲特殊亦是超越而普遍的特殊，不是實然層上的純具體、純特殊。……到陸象山便直以此爲道德性的本心與宇宙心：這當然不是一個抽象的乾枯的光板的智心，故理在其中，情也在其中，故能興發那純粹的道德行爲道德創造，直下全部是道德意識在貫注，全部是道德義理在支柱，全部是道德心、情在開朗、在潤澤，朗天照地，了無纖塵。〔註7〕

孔子的仁、孟子言心性、宋明儒者說良知本心，都是眞實具體的普遍性與超越性的理，是給出道德法則的來源，是一切存在的基礎，即純粹的道德性、創造性本身。牟先生將「仁」上提到一個無與倫比的高度，肯定我們人人都有此「仁」心來自我做主，不必委屈於客觀外在的他律道德之安排、支配、控制，只要能肯認我們每個人都有此仁心，並努力盡全力發揮出來，就能夠成聖成賢。仁心是最基礎的本體，本體發用表現於現實中便是德福一致的圓滿境界。在牟先生而言，儒家的「仁」打通了主體與客體二分、實然與應然、經驗與價值，「仁」就是所有「分殊」的個體生命內在普遍的「理一」，將所有哲學理論之兩層區分打通而爲一，混融收攝在吾人自覺自主的仁心當中。

---

〔註6〕牟宗三：《中國哲學十九講》（臺北：臺灣學生書局，2002年8月），頁62。
〔註7〕牟宗三：《心體與性體》（第一冊）（臺北：正中書局，2006年3月），頁127。

　　袁保新曾就牟先生運用康德哲學架構所詮釋的儒學特色，做出簡要而精當的概述，茲歸納其要點如下〔註8〕：

一、「道德的形上學」的提出：康德的「道德底形上學」重點在「道德」這一概念之分析，以說明其先驗性；儒學是「道德的形上學」重點在「形上學」，說明萬物底存在。「本心性體」便是溝通「價值界」和「經驗界」的「創造之源」。

二、「心」的特質：

（一）心是「自由的意志」：表示意志之自主自律。「自律」，簡單的說，就是指「意志」本身自訂道德法則（亦即定然的命（律）令）且自依其所訂定的法則而行。

（二）心是「道德本心」：此「超越的義理之心」是主觀基礎，也是客觀基礎。

（三）心是「智的直覺」：在康德，「智的直覺」是屬於「無限存有者」的直覺，直覺之及實現之，擁有「創造性的實現能力」。牟先生所說的「本心」之「智的直覺」與康德不同，表示一種「以人為中心的道德意義之創造」。

（四）心是一「無限心」：「無限」乃就兩方面而言，一方面，道德本心的發「用」是絕對自由，無限制的，無待於外，自體挺立。另一方面，此道德本心的「體」呈顯時，所完成之實踐意義和價值之「絕對性」和「普遍性」。也就是說，道德實踐的完成所成就的不僅只是吾人自身的「道德性」，因著吾人本心的覺潤和感通，其他非己之存在者（物）的存在價值、意義，亦同時得以彰顯出來。

三、道德的形上學之完成：

本心性體在其「道德性的創造活動」中，賦予一切存在者（物）以存在的意義、價值，這樣一種「創造活動」支持並體現了「天道」的生生不已。

首先，牟先生肯定中國也有哲學，儒家思想義理中即蘊涵著一套天人合一的形而上學，不僅不遜色於當代西方傑出的哲學家康德所建構的哲學體系，且還比

---

〔註8〕袁保新：《從海德格、老子、孟子到當代新儒家》（台北：臺灣學生書局，2008年10月），頁220～225。此處稍簡化論述過程，以求精簡有力地呈現其結論要點。

他更進一步，包含層面更廣更深。如康德著重於驗證道德的先驗性、普遍性，來表示道德不受到感性欲望與經驗的牽扯、影響，才能夠作爲純粹而永恆不變的道德原則，通向變動的現實經驗層而爲所有人所遵循；儒家道德的形上學即在我們的良知本性當中，人人皆具備此成聖成賢的可能性，它是上天賦予我們每個人天生的本質，以此來肯定良知本心的先驗普遍性，無庸置疑。且此心性能澈上澈下，由內聖通向外王的圓聖境界，「心—性—天是一」的一體無別。

而在康德，形上形下的兩層世界是截然二分、不可踰越的，如理念／經驗、應然／實然、理性／感性、自律／他律、物自身／現象、無限／有限、絕對／相對、精神／物質、心靈／身體、永恆靜止／變動不居……等，必須要通過清楚的區分以提煉出純粹的理性之道德意識，才不致受到現實中容易變動的感性經驗的他律干擾，而保持自身的純粹先驗性與超越性，才能自我作主，同時爲其他變動的事物訂立出法則，給出行爲規範。然而，在牟先生的儒學詮釋，「心性」是理，也是情；是超越的，同時也內在於我們每個人之中。「心性」突破了形上形下的兩層嚴格區分，由形上通向形下的一切存在者，並且成爲說明一切存在者的基礎、原因。牟先生常用《論語》的「我欲仁，斯仁至矣」、「己欲立而立人，己欲達而達人」、「人能弘道，非道弘人」等句來印證「心性」的獨特自主地位，以肯定此一反身性逆覺的道德意識。

牟先生用康德的自律道德、義務論倫理學來詮釋儒家《論語》，其特色與貢獻有以下三點：

一、邏輯系統性地綱舉目張：用現代化的概念語言表述，使傳統經典《論語》不再是模糊曖昧地渾淪難懂，而有清晰的哲學架構體系，條目分明，可理解性高，強化其學術意義。〔註9〕

〔註 9〕關於傳統經典中如《論語》在敘述這些道德原則和理念的語言、言辭應是渾淪模糊還是清晰可理解的問題，柯雄文有發人深省的解說，其言：「那些被後世判定爲渾淪的相同言辭，對人類關懷的實際情境似乎有其啓發性與說服力。……典範人物之言詞的深切適用性，與它們能夠透過提出一種新的生活型態或方式，使人們據以安排自身的理想與抱負，從而讓它們本身能夠切近於實際道德危機有關。」詳見〔美〕柯雄文著，李彥儀譯：《君子與禮：儒家美德倫理學與處理衝突的藝術》（南京：江蘇人民出版社，2017 年 3 月），頁 6。也許這些聖哲運用這些模糊曖昧的啓發式語言，不直白明確地說該怎麼做的原則規範定義，反而保留了意義的開放性與豐富性，讓我們每個讀者能在閱讀經典（智慧語言）的過程，敞開了與之對話、交流、共同創造的空間，通過自身特殊的情境所展開的想像與理解，就成爲參贊經典（道言）的一部分，而活化了經典，用自己的生命說出了經典現代化的時代意義。可以說，指點性的語言是

二、凸顯儒家「心性」的普遍必然性：強化此道德意識，明白人皆有之，使吾人認識到道德實踐並不困難，只要能事事反求諸己，回歸本心良知，即可向外延伸擴展，成就內聖外王的圓聖境界。這使人徹底打消對道德實踐的憂慮，可以安心地做自己的內聖工夫，不需受到外界干擾、羈絆、牽引，可從一而終，一以貫之。

三、他山之石，可以攻錯：與西方哲學架接並交流，在將傳統儒學與康德哲學類比的過程中，凸顯中國哲學之偉大，有超出康德哲學而更進一步，樹立民族文化之自信心，肯定傳統文化的重要價值與貢獻。

以上，是牟先生以及其弟子門生運用康德哲學詮釋中國哲學，尤其是儒學、《論語》所呈現顯揚的正面價值。然而，一件事都有其正反兩面，當我們用十分學術性有邏輯性的概念術語在表達儒家思想的內涵時，是否會使《論語》距離日常生活愈來愈遠？傳統經典的言說方式是一種定義式的語言，還是啓發式的語言？只強調「心性」的重要，是否忽略生活世界的複雜多變，簡化了人事的牽扯糾葛，只是一味的理想化？將兩種不同文化的結晶做嫁接，是否會有顧此失彼、削足適履的問題？這些問題都需要我們仔細思考與檢視，在閱讀《論語》時，是否帶著成見偏見或不相應的視角切入，而導致理解上的封閉與限制？

關於以上種種的思索及提問，袁保新秉持著對牟先生的敬意，以嚴謹的學術態度，提出他「接著講」（批判性的繼承發展）而非「照著講」（照原樣的繼承補充）的反省，概括為以下六要點：

1. 「道德的形上學」的詮釋架構，並沒有脫出海德格所說的「西方傳統形上學的命運」——對「存有」的遺忘。

2. 儒家所謂的仁、義、禮、智使否僅只是心的自主、自律呢？

3. 對儒家的「心」詮釋似乎將道德法則視作正如笛卡兒的本有觀念。

4. 使得「天」不能有其獨立的地位和獨立的意義。

5. 不能反映心作為「人具體的實踐生活之本源與動力」的意義，而且遺漏了心在「立命—知天—知性」的同時中所呈顯出來的存有學性格。

---

一種邀請，而非命令：是一種等待加入的敞開姿態，而非有明確立場的堅定信仰；是一種期待多音複調的交響樂，而非單調的一種聲音或獨奏。

6. 在討論「圓善」的問題時，對儒家之「德福一致」的詮釋似乎不太妥當。〔註10〕

針對第二點，他以《孟子》舉的兩個例子「孺子將入於井」、「嫂溺援之於手」提出其思索與回應：

　　……可以發現，這其中的救援行動固然是源出自吾人本心的自主、自發的行為，這是吾人真切的實踐行為的內在根源，是吾人的自命；但是，吾人的自命卻不是吾人道德實踐的唯一根源，「孺子將入於井」及「嫂溺」對吾人的「召喚」同樣是促使吾人之本心靈動，發而為救援行為的發生根源，這是「天命」，是「存在境況」和其中的「當然之義」對吾人呼召。〔註11〕

袁保新採唐君毅先生「義命合一」之說，認為道德實踐的價值根源不僅僅來自於道德主體意識，同時也有客觀環境的緣故，是在主客交融之下的相互感應激發而生，是自命與他命的結合連動。人性不僅只是自身心性之意念、意識、意向性單一的由內向外，同時也關聯著意向性的諸多對象由外向內，內外交感互攝，是關係性的動態發展，而非安住於自己的道德意識，追求一種內在心性的平和與安穩。

　　唐君毅先生從來都是以存在體驗來理解人性，不從「我固有之」、「放諸四海皆準」的普遍先在義去說人性，而從人性是可轉的、是連帶著身體、社群（人倫、倫理道德）、環境而言。不從永恆靜止不變的理境去思考人性之先驗性，而是回到變動不居的生活世界，從種種特定、殊異、有限制的情境之中，用各種關係性來理解人性。這種關係性也就在兩端（天人、人我、身心、主客……）之間的相需、相感、相應、相潤中，去尋求動態的平衡、和諧之道。具體地落實展開在人我、物我、人與環境、天人之間相互辨證的動態關係中，時時對越在天，以開顯天道的豐盈意義，成為一個人能弘道的誠之者。

　　只有回到真實具體的生活情境中，在獨一無二的處境下，願意敞開胸懷，聆聽天命的召喚，並接受一切無可奈何的限制性，而就在此限制中自我做抉擇、自我願承擔一切未知的後果，此時才能成就一「時中」的君子，讓自己的全體生命純亦不已。

---

〔註10〕 袁保新：《從海德格、老子、孟子到當代新儒家》（台北：臺灣學生書局，2008年10月），頁228～237。

〔註11〕 袁保新：《從海德格、老子、孟子到當代新儒家》（台北：臺灣學生書局，2008年10月），頁230。

　　唐先生的解釋更加直面人作為在世存有的複雜，尤其是反省自身的種種習氣，正視人與人之間的殊異性。我們每個人的智力、悟性、心胸寬窄、習性偏好……等等，盡皆不同，不宜用唯一、完美的道德理性作為每個人的預設理解，將人單一化、原子化、抽象概念化。且如此理解下，人之所以不道德或者未能行道德，是因為未充盡發揮其完美的道德理性，是一種減分式的思考，我們看似永遠達不到一百分。然而，在情境化原則下，允許人有多元多方的創造發揮，是加分式的思維模式，人人都可能在不同的處境有各自獨一無二的成就，達到自命與天命合一的一百分。只是這個一百分不會永遠停留著，一旦驕傲自滿，分數就又降下來了。需隨時惕勵，不能夠自滿怠惰，所以曾子才感嘆：「任重而道遠」！

## 第二節　德性倫理學詮釋《論語》的發展及問題
## ──德性主體無法避免理論化、普遍化的質疑

　　在台灣，最早提倡以德性倫理學來創造性的詮釋儒學當推沈清松教授，沈教授不但廣泛涉獵西方哲學且專業深入，對中國傳統哲學尤其具備深厚的學養，通過其對經典之創造性詮釋，實在對後輩學者在經典現代化與中西比較的路上多所助益，令人感念！他點出了現代心靈有兩大困境──虛無主義以及規範解構，而我們需要發揚傳統儒家倫理思想的現代化，通過一代代人的創造性的詮釋，讓儒家思想能夠再度潤澤我們乾枯的心靈，將惶惶不安、四散茫然的人心再度凝聚起來，成為社會正面穩定和諧的力量，自我治療虛無主義蔓延及規範解構的紛雜無序。

　　他檢視三種倫理學──效益論（utilitarianism，又譯功利主義）倫理學、康德的義務論倫理學以及亞里斯多德的德行論〔註 12〕倫理學，各自說明其內容特色，並反省批判效益論的問題：「往往最大的效益很可能是違反正義的。」〔註 13〕而且不斷追求利益最大化，不但無法解決虛無主義的困境，反而加強

〔註12〕德行論即「德性論」，為忠於原作之引述，故不特意在論文中統一作「德性論」。關於亞里斯多德倫理學的 αρετή（virtue）是「德性」還是「德行」？相關的討論可參考黃藿：〈評余紀元：《德性之鏡──孔子與亞里士多德的倫理學》〉，《臺灣東亞文明研究學刊》第 13 卷第 1 期（總第 25 期）（2016 年 6 月），頁167～177。然黃藿於其文中並無定論，只是表達用「德性」還是「德行」這兩種說法只要能說明其有所依據即可，否則只是任意的使用，不足使人信服。

〔註13〕沈清松：《對比、外推與交談》（臺北：五南出版社，2002 年），頁 321。

虛無主義的傾向。即便效益論作出了調整，提出規則的效益論，然而「規則的效益論」本身在理論上就是充滿矛盾，因此也無法解決根本問題。

而面對當代新儒家學者用康德義務論的角度來詮釋孔子思想，以自律倫理來解讀《論語》，認為有超越於基督宗教、神學的他律道德之上，沈清松也認為有所不妥。除了質疑康德義務論本身有形式主義的傾向，一味追求普遍性，而未能與儒家人性論相契；同時將儒家視為自律道德，把基督教神學解釋為他律道德，是扭曲兩者真實義並且失去平等善意對話的可能。而且處在現今社會的環境，康德的規則倫理學是否適用？他認為：

> 強調道德義務或法律義務雖然是為了建立社會的秩序，有其正面的價值。但若只有義務，它最後的結果就是把我們全部推向沒有美德的一邊。我們雖然遵守法治，但基本上是缺德的。處於世紀末的人，所追求的基本上是自由、愛與創造，我們要在自由、愛與創造裡形成秩序，而不是義務形成的秩序，何況純由義務形成的秩序是沒有人會喜愛的。從這裡就可以顯出義務論的困難，它沒有辦法對應這個新時代。所以只用義務論、用自律道德來解釋儒家的思想，並不是幫了儒家思想的忙，反而僵化了儒家思想。而且這樣只會把儒家變成維繫義務、律則的意識型態，無法昂揚人的善性與能動性。把儒家的道德思想視為無上命令，視為一種自律的道德，使儒家沒有辦法面對自由與創造的需要，這是義務論面對現代社會的另一個困難。〔註14〕

沈清松表示，遵守無條件為善的規則、規範、法令規章而行，只會帶來「民免而無恥」的道德感喪失，甚至有人會想方設法去鑽法律漏洞，更無法上升到「有恥且格」的自發向善。這種只是盡善卻未能盡美的自律道德，顯然只能表面約束大多數人的言行舉止，並不能讓人對行道德樂在其中。因此，他認為德行倫理學是更符合現今時代需求，也比效益論以及康德義務論更能還原儒家倫理學之深刻而全面的意義。他指出德行倫理學有兩個重點，一是本有善性的實現，就是智仁勇三達德的展現，在孟子而言就是四端之心的發揚光大；另一則是良好關係的圓滿整全，無論是朋友、夫婦、兄弟、長上，甚至是陌生人之間，都能建立一種良好的互動關係，這也就是德行倫理學為何強調人是政治的動物的深刻涵意。

---

〔註14〕沈清松：《對比、外推與交談》（臺北：五南出版社，2002 年），頁 326。

　　而站在規則倫理學立場，李明輝先生也相繼提出駁斥與論證，他根據牟宗三先生藉康德哲學詮釋儒家的進路，強調自主自律的道德主體是最基本的；而德行倫理學依賴經驗的陶冶、學習且夾雜著道德情感的牽扯不清，都有他律道德的嫌疑。因此，他認為：

> 康德倫理學並不屬於以亞里士多德為代表的「德行倫理學」（virtue ethics），但是卻包含一套「關於德性的倫理學」（ethics of virtue）。〔註15〕

> 以最溫和的形式而言，德行倫理學可被視為對於以後果論或規則義務論看待倫理學的方式之補充，藉由為這兩種看法之一補上與它相應的關於人類的德行、暢順、修養及哲學人類學之說明，而使之完足。〔註16〕

李明輝認為，主張以德行倫理學取代康德義務論的規則倫理學來詮釋儒家，是不成功的。一則種種「德行」並不能夠取代道德主體無條件為善的動機，成為更加堅定穩固的基礎，另一個原因，則是他認為康德規則倫理學完全可以包含德行倫理學，然而德行倫理學卻不足以涵蓋規則倫理學的獨特性，亦即先驗的自律道德，因此，只能作為規則倫理學之補充，成為附加說明。

　　而主張將德性倫理學與儒學相提並論的學者，如黃慧英表示，在《論語》中，「仁」被孔子提高到統攝諸德的地位，孔子賦予「仁」一個超越的涵義，並且為自律道德提供基礎。然而，她認為「仁」並不是個道德原則或價值標準，而是「一種基於感通和以非自我中心的性向所產生的能力」。〔註17〕

　　黃慧英雖表明她無意將儒家倫理學歸屬於西方的倫理系統中，而是透過與亞里斯多德德性倫理學比較，從而展示儒家倫理的特殊性格與意義。然而，從其論述可清楚看出她藉由亞里斯多德德性倫理學來詮釋儒家的義理。如她指出，儒家本身具備很豐富的成德工夫論，正好展示了儒家倫理的兩個信念：

　　1. 每人都有內在的能力去獲得德性；
　　2. 德性不是現成存在於個人之中，而必須靠後天的努力達成。〔註18〕

---

〔註15〕李明輝：〈儒家、康德與德行倫理學〉，《哲學研究》第 2 期（2012 年），頁 114。
〔註16〕李明輝：〈儒家、康德與德行倫理學〉，《哲學研究》第 2 期（2012 年），頁 115。
〔註17〕黃慧英：《從人道到天道——儒家倫理與當代新儒家》（新北市：鵝湖月刊社，2013 年 10 月），頁 197～202。
〔註18〕黃慧英：《從人道到天道——儒家倫理與當代新儒家》（新北市：鵝湖月刊社，2013 年 10 月），頁 167～168。

第二點就是主張康德規則倫理學所不認同的，規則倫理學者認為道德必須是先驗的，不是依賴後天相對的經驗塑造而成的，否則道德的超越性以及自主性不保。然而孔子指點「仁」，從來都是就著生活經驗來判斷「義」或「不義」，是有「禮」或「非禮」。這是德性倫理學者在詮釋《論語》時特別強調的「處境化原則」，以避免倫理學過於理論抽象化的弊病，能與現實情境更加緊密結合，以求實現美好而又豐盛的幸福人生。

柯雄文也不認同有一個普遍先驗的道德法則，可供所有人依循而行動，讓我們全部都在循規蹈矩中就能夠成為一個個有德性的人，社會就能和諧穩定美滿。他與其他主張德性倫理學詮釋儒家的學者不同之處在於，其他人關注於各種德性（德行、美德）、幸福、習慣⋯⋯等概念術語的分析與描述形容，他則特別關注並努力掘發儒家關於「君子」作為一個典範人物所涵藏著的豐富象徵意義。當我們愈重視活生生的「典範人物」對我們的指點啟發與影響，就愈不會依賴投靠於抽象的道德原則規範的懷抱，將一切訴諸超越的理念，而與現實脫節、抽離，甚至隔絕。

然而，典範人物既然是具體活生生的人，那就是有限性的存在，無法達到無限的普遍化。柯雄文說明典範人物的有限性：

> 他的判斷與相應行為可能只在一個有限範圍內具有普遍性，從而是在有限範圍內對其他人而言具有意義。〔註19〕

這個有限範圍指的就是典範人物本身所生長寄寓的歷史文化傳統，例如佛陀之於佛教文化傳統，蘇格拉底之於希臘歷史文明發展，耶穌基督與基督教文化，孔子與中華文化傳統，這些聖哲作為他們身處的歷史文明，從中汲取文化的養分涵養自身並加以轉化、內化，同時也對那個文化傳統中的其他人具有權威性的影響，成為精神指標。他認為典範人物肩負著對其歷史文化傳統繼承與創新的任務（task），因此典範人物必定是經過一番艱苦的奮鬥而自我轉化，才能成就其人格修養的高度。他說：

> 就典範人物自身與某一傳統之間的關係來說，他其實是將該傳統的內容傾注在他自己的生命中。這樣的結果，是一種轉變（transfiguration）。在這個過程中，他必須冒著被同胞非難與譴責的艱險。這或許是典範人物之所以能夠既喚起奉獻與熱情，又招

〔註19〕〔美〕柯雄文著，李彥儀譯：《君子與禮：儒家美德倫理學與處理衝突的藝術》（南京：江蘇人民出版社，2017年3月），頁7。

致來自聽眾的不友善回應的原因。唯有經過奮鬥才能完成轉變，一旦完成了轉變，多數人會開始接受他的新穎性與說服力。他可能開啓一個新的傳統，但就其自身之作爲一個活生生的人來說，他又並不是一個傳統。這也許說明了爲何典範人物的生命不可能真正成爲我們的生命。〔註20〕

柯雄文表示典範人物爲其自身的文化傳統樹立了一個新的模範，卻是一個不可重複複製的模範，我們即便學習他，也不可能與他一模一樣。因爲面對的時空背景處境不同，應對的問題不同，因此，典範人物需要不斷敏銳地反思其文化傳統中有助於解決眼前困境的部分，或是需要突破文化傳統，做出創造性的革新。由是，典範人物必然是從他自身的文化傳統中脫穎而出的革新者，同時又夾帶著原本歷史文化傳統中的力量，一起影響風靡著與他共在的存在者，並且漫延到後世數十代，甚至數百代，延續至今。

　　然而，這個典範人物並非天生具備如此的深厚涵養與人格魅力，他不是英雄式人物，而是一個具有文化傳承的權威領導式人物。他從原本的文化傳統中被涵養出來，並帶領著我們面對眼前的困境，給出適合且恰當的回應，而且不僅僅是處理眼前當下的疑難雜症，他的回應方式，同時啓發著後來者的思路。柯雄文於此有十分深刻細膩的論述：

　　　　典範人物之言辭的深切適用性，與它們能夠透過提出一種新的生活形態與方式，使人們據以安排自身的理想與抱負，從而讓它們本身能夠切近於實際道德危機有關。於是，這些睿識可能就變成了後世的普遍律則。但若要保有任何典範的睿識之活力與說服力，我們便不可爲了讓人遵守它，而將它封藏到一本滿是規矩與箴言的書籍裡頭；我們要將它當作一套透過關於它對人們在思考與抉擇的具體問題方面持續產生意義的實際測試，從而取得之規約性權威（regulative authority）的指導方針。用亞里斯多德的話來說：「在道德行動的領域裡，我們是透過生活中的實際事例來判斷眞理的，因爲關鍵的要素就存在這些事例之中。」〔註21〕

〔註20〕〔美〕柯雄文著，李彥儀譯：《君子與禮：儒家美德倫理學與處理衝突的藝術》（南京：江蘇人民出版社，2017年3月），頁3〜4。

〔註21〕〔美〕柯雄文著，李彥儀譯：《君子與禮：儒家美德倫理學與處理衝突的藝術》（南京：江蘇人民出版社，2017年3月），頁6〜7。

首先，他表達律則並非先驗的理性原則，而是後天的經驗積累，而且不是一般的經驗積累，而是典範的睿識在解決了實際困境後的成功經驗。這些經驗被當作具有規範性的原則，指導啓發後來者在面對類似困境時，能有個依循的方向以及參考的路標。其次，就是在亞里斯多德的德性倫理學，也包含著規約性的原則規範可供人依循遵守。然而，規約性原則是由典範人物的經驗所濃縮集結樹立的，有其規約性權威，指導著眾人的行爲規範，而且是眾人對典範人物的信服，產生心悅誠服遵守此規範的自主自發，並非外在強迫其必須順從規範。最後，這些規範有其時效性以及地域性的限制，必須要因時因地制宜、因革損益的調整變通，不能夠一成不變。如此才能保持著典範的睿識之活力與說服力。

以上爲柯雄文教授在對比儒家思想以及亞里斯多德德性倫理學時，最主要的論點。與其他「以西釋中」的學者相較，他不從「仁」—「德性」、「禮」—「風俗習慣」……等德目等概念詞彙來切入，反而從具體的典範人物——「君子」來展開析論，有其獨到的見解。袁保新亦曾就儒家成德之教，提出兩個特色：一是「即事言理」，另一個是重視歷史上具體的人格典範。他說：

> 儒家對道德的思考，從未將人從具體的歷史脈絡中抽離。我們看到孔孟對各種德性意涵的闡明，總是關聯某個具體眞實的人物，以及這個人物具體的言行與成就。這種特殊的言說方式，一方面固然是儒家即事言理的風格之衍伸，反映出孔孟不願將成德之學簡化爲某種抽象貧乏的理論知識，但另一方面也透露出，孔孟在教化上的用心，亦即，「舜何人也，予何人也，有爲者亦若是。」孔孟的言說旨在激勵每個生命自覺的走向成德之路。〔註22〕

由此可知，從具體的典範人物與事件分析探究，可以避免將一套生命的學問過度抽象化爲理論思辨的學問，盡可能地保留其實踐哲學的空間餘地，邀請每個後來者的參與，而非架構一套嚴謹且體系完整的封閉理論系統。

可以說，從安思康提出以古代亞里斯多德的德性倫理學，試圖扭轉矯正現代道德哲學過度理論化、系統化而逐漸變得抽象，不切實際的弊病，沈清松、陳來、余紀元、黃慧英、英冠球、柯雄文等學者也相繼舉起了德性倫理學的旗幟來進行儒學的對比詮釋，以與牟宗三先生代表的康德規則

---

〔註22〕袁保新：〈當代儒學詮釋的分化及其省察〉，《宗教哲學》第五十三期（2010年9月），頁139。

倫理學之儒學詮釋論辯對話。余紀元清晰地點出爲何他認爲以亞里斯多德德性倫理學詮釋儒學，比起牟先生以康德規則倫理學來詮釋儒學，更具有合理性。他說：

> 人的處境和行爲呈現出無窮的多樣性，是很不確定的。行爲的準則經常允許例外，且不能夠被機械地應用到所有特殊處境中。這是亞里斯多德爲何強調實踐推理的特殊性與情景性的原因。〔註23〕

有規則就會出現規則以外的例外情況，規則倫理學面對例外往往因無法處理而予以否定，然而，沒有一套規則可以涵攝現實中眼前當下的一切情況，並且應對未來層出不窮的問題。而提倡德性倫理學者，特別注重情境化的重要，而標舉「義」的「實踐智慧」能夠幫助我們在衡量舉措時，能夠更加貼合於眼前當下的處境去作出調整，而非一味地訴諸於理想中的規則原理。

　　然而，以德性倫理學詮釋《論語》或儒家思想，仍舊有其不相應之處，如在德性倫理學最高善的人神合一，與儒家的天人合一，是截然不同的。儒家講天人合一，亦即唐君毅先生所說的天命與自命的合一，是主客交融的情境限制下的立命。而亞里斯多德追求的人神合一，是在靜默冥想下的某種客觀理性，這個客觀理性是一致相同的完美無缺，是靜止不變的純粹理性。安樂哲針對這點對德性倫理學詮釋儒學提出異議，他認爲「儒家角色倫理學需要的則不是某種客觀理性，而是深厚涵融的智慧。」〔註24〕而亞里斯多德嚮往的沉思明覺之理性，仍舊有抽離現實的意味，與儒家在現實中打磨累積出來的圓熟智慧不同。安樂哲表示：

> 儘管儒家角色倫理學確實跟亞里士多德倫理學比跟康德或功利主義倫理學具有更多相似性，但我們並不認爲「道德倫理學」（virtue ethics）適於描述孔夫子及後儒的養成性道德感受觀。因爲道德倫理學的概念基礎乃是個人主義，而且是靠理性發展起來的。我們同樣也不相信，這樣一種道德倫理學及其對理性的誇大，可作爲今天文化多樣豐富世界的倫理。〔註25〕

---

〔註23〕〔美〕余紀元著、林航譯：《德性之鏡：孔子與亞里士多德的倫理學》（北京：中國人民大學出版社，2009年3月），頁17。

〔註24〕〔美〕安樂哲、羅思文著，何金俐譯：《生民之本：孝經的哲學詮釋及英譯》（北京：北京大學出版社，2010年6月），頁56。

〔註25〕〔美〕安樂哲、羅思文著，何金俐譯：《生民之本：孝經的哲學詮釋及英譯》（北京：北京大學出版社，2010年6月），頁58。

此處所說的「道德倫理學」即指亞里斯多德的德性倫理學。安樂哲指出德性
倫理學的基礎乃是建立在原子式的個人主義之上，而且預設著某種人人都有
相同的客觀理性，因此努力發展培養理性的潛能，會達到完美而共同的幸福
目的。他認為這個預設是未經檢視的假定，而且與「和而不同」的多元發展
式兩種不同的方向。安樂哲進一步說明用角色倫理學來詮釋儒家相較於德性
倫理學詮釋儒家有何不同，他說：

> 首先，亞里士多德道德倫理學很大程度服務於軍事貴族，而
> 儒家卻絕不尚武。更重要的是，亞里士多德道德倫理學理論似乎需
> 假定普世性格特徵乃人性的一部分。古典儒家著作儘管具有連貫
> 性，卻絕非要一致建構人性。他們假設人類【human-being】（在儒
> 家那裏或許應為「成人」【human-becoming】）面對行為、趣味的
> 文化生成諸模式是開放的，並且是為其塑造的，該立場迥然有異於
> 我們將之與亞里士多德道德倫理學關聯的假定的生物與形而上學
> 統一性。〔註26〕

> 亞里士多德將人做為某種既定潛能的實現，所謂既定潛能即指
> 那些使我們之為我們所是的假定的生物和形而上學統一性。〔註27〕

這一段對亞里斯多德德性倫理學詮釋儒家的批判可以從兩個層面來說，一個
是歷史、地理環境背景之不同，造成不同的問題意識產生，使得先秦儒家所
倡導的君子成德之教與希臘雅典的城邦貴族教育著重點不同。儒家的人格培
養是從生活的關係脈絡中開始，輔以六藝傳統的文化傳承，雖然也包括射箭、
駕御車馬等技能培養，但仍舊是以詩書禮樂的經典教育作為德性涵養的重要
資糧。然而，希臘城邦的貴族教育，是依法典、法律的公平、正義的精神為
主，並且因著地域特色有著與生俱來的尚武精神，這是與儒家重文的傾向截
然不同之處。

其次，它不從各自不同的歷史環境背景的有限性去加以討論，而是反省
整個理論體系的預設不同。安樂哲認為在亞里斯多德的德性倫理學中，人性
是具有同一性且普遍不變的 human-being，而實踐智慧僅僅是在輔助這個永恆

---

〔註26〕 〔美〕安樂哲、羅思文著，何金俐譯：《生民之本：孝經的哲學詮釋及英譯》
（北京：北京大學出版社，2010年6月），頁52。
〔註27〕 〔美〕安樂哲、羅思文著，何金俐譯：《生民之本：孝經的哲學詮釋及英譯》
（北京：北京大學出版社，2010年6月），頁52。

不變的人性（理性）如何面對變動複雜的事物，能夠更靈活變通地安排、支配，以簡馭繁，以一涵多。它最終還是要訴諸於最高的思辨德性，才能夠將潛能發揮到極致，最終一步步達到完美的目的。為了達到城邦中人人都過著幸福美好的和諧生活這個最高理想，我們須藉由「潛能—目的」的理論架構，將每個人的道德主體中的理性，由潛能開發到最高善的實現。它背後預設著理性的同一性，而這個同一的理性就在我們每個人的主體性身上。

　　然而，先秦儒家無論孔子或孟子都不曾將現實中的複雜問題寄託於抽象思辨的單一理性，他們不是基礎主義或主體性哲學。亞里斯多德追求可以人神合一的 human-being（人性）從某個層面來看是永恆靜止不變的理性，是純粹至善、完美無缺的獨立個體，可以與他者隔離切割而自我完足。然而，安樂哲認為儒家《論語》中關於人性卻是個 human-becoming，人性不是固定不變的東西，而是不斷與他者的互動中被豐富、調整、修改變化著的「學習去做個人」，是與他者息息相關，從來不僅僅是個名詞，而是個動詞，是個如何成為一個整全成熟的人的歷程。儒家的成德之教表達一個人在現實中歷史文化脈絡情境（禮）下，在人際關係互動中所培養、鍛煉的那種明察感應的能力〔註28〕，如何使自身的言行舉止甚至心態都能合宜恰當於自身與處境，更強調著具體的特殊性、差異性與多元開放性。

　　是以，當借用亞里斯多德的德性倫理學來詮釋儒家，詮釋《論語》時，可以發現從沈清松、余紀元、黃慧英、柯雄文等人為了矯正現代道德哲學（尤以康德義務論的規則倫理學為主）過於理論抽象化的弊端，從亞里斯多德的倫理學、政治學中，汲取與儒學相應的部分，諸如人是政治的動物所強調的人的社會關係性，而非獨立自存的個體；強調後天經驗累積的實踐智慧與習慣養成對人格的塑造、道德主體的養成有不可忽視的作用；強調情境化原則避免理論化的單一思考而更貼近於當下獨一無二的處境的複雜關係性；不只強調理性，同時也包含著道德情感，更貼近儒家講「仁」所自然流露的道德情感；以理性主體在「潛能—目的」的發展強調後天教育的重要，使人人能夠朝向最終目標「典範人格」的完成去努力奮鬥。這些德性倫理學的詮釋脈絡，都是建立在人是作為一個具有完美潛能的理性主體之上，預設著我們都有同一的理性主體。一旦面對後現代學者質疑、批判反思甚至鬆動這個主體性的基礎，主張儒學德性倫理學學者勢必要檢

〔註28〕即孟子言舜，有明於庶物，察於人倫的能力。

視「以西釋中」的反向格義〔註 29〕所夾帶的種種問題，尤以「主體性」問題為緊張迫切。

袁保新指出：

> 「道德主體性乃儒家人性論的基礎」，這個命題，在當代新儒家的幾代學群裡，幾乎是沒有人懷疑的基本教義。但是，近廿年來，學群外質疑之聲逐漸出現。先是傅佩榮教授的「人性向善論」，接著就是陳榮華教授援引海德格（M. Heidegger）存有哲學中對人的思考，提出一個新的詮釋模型。之後，大陸學界又陸續出現一些年輕的學者，如張祥龍、李晨陽教授，他們完全揚棄康德主體性哲學的進路，直接以海德格的「此有」（Dasein，或譯為「緣在」）來闡釋儒家人性論中心、性、天道的關係。〔註 30〕

這些質疑以「主體性」詮釋傳統儒學的學者，不僅僅是針對牟先生代表的康德哲學詮釋進路，也擴大到整個西方哲學傳統進行反思與批判。

張祥龍教授提出儒家是不是個「普遍主義」（universalism）的疑問。他說明某一種思想主張最有價值的東西，以此為基礎求得真理，這個基礎是可以普遍地推廣到所有存在者身上，這就是普遍主義。普遍主義追求的這種最有價值的真理，有各種名稱，或叫「正義」、「至善」、「神」、「理性」、「主體性」……等等名稱。與普遍主義相對的是「特殊主義」（particularism），認為最真實的事物是一個個獨一無二的特殊個體，不可籠統涵括化約。張祥龍認為儒家既非普

---

〔註 29〕 「格義」原指佛教傳入中國，借用中國某些特定語詞、概念來詮釋佛學。袁保新在其著作序文中說中國哲學「知識化」即為「格義化」。袁保新：《從海德格、老子、孟子到當代新儒家》（台北：臺灣學生書局，2008 年 10 月），見自序，頁Ⅶ，以及〈捌、再論老子之道的義理定位——兼答劉笑敢教授〈關於老子之道的新解釋與新詮釋〉〉，頁 271～273，和〈拾、知識與智慧——從廿世紀中國哲學「格義化」談起〉，頁 303～310。近代中國學術發展，多借用西方哲學系統的語詞、概念來解讀中國哲學，劉笑敢名之曰「反向格義」：「所以我們可以稱近代自覺以西方哲學的概念和術語來研究、詮釋中國哲學的方法為「反向格義」。……袁保新也曾感嘆：「曾幾何時，當代中國人在理解本國傳統時，由於知識、語言的生態環境丕變，以至於居然要通過西方哲學的概念語言，才能使傳統的智慧稍稍為本國人理解。」……狹義的「反向格義」則是專指以西方哲學的某些具體的、現成的概念來對應解釋中國哲學的思想、觀念或概念的做法。」見劉笑敢：《詮釋與定向——中國哲學研究方法之探究》（北京：商務印書館，2009 年 3 月），頁 101～102。

〔註 30〕 袁保新：〈人性與歷史——從當代儒學的詮釋爭議到孟子人性論的新試探〉，《宗教哲學》第八十二期（2017 年 12 月），頁 102。

遍主義，也不是特殊主義，而屬於非普遍主義。普遍主義訴諸於某一特定基礎，如道德理性、主體性、自由意志……等，然而他認為儒家思想並非立基在這些現成可對象化的基礎之上，而是在情境中，在日常生活的變化歷程中，不斷地湧現、生成著意義，無法用普遍主義或特殊主義加以定位。他說：

> 非普遍主義和普遍主義好像是相似的，但是他們之間有著深刻的思想方法上的分歧，因為在非普遍主義及非特殊主義思想的中心處，沒有一個柏拉圖主義或是亞里士多德主義的形而上學的「硬心」，這個硬心或者是普遍化的理念，或者是特殊化的個體。非普遍主義者的思想與表達的最核心處、最終極處，也沒有「意、必、固、我」，而是正在生成的，他們的真理總不離實際生活情境。〔註31〕

李晨陽亦表達亞里斯多德以降的西方哲學多以一種實體本體論的方式展開對世界的理解認識，而他認為事物並不是以單一各自獨立的方式存在，而是以一種物之多邊存在論展開。他在其專著《道與西方的相遇》導論中說：

> 亞里士多德關於存在的觀點是一種實體本體論。他主張，事物真正之存在乃其實體之存在，實體之存在由事物的本質決定。一事物之本質是單一的，確定的，不可變更的。中國傳統思想中蘊涵的存在觀念則主要是一種多方面的多視角的多邊存在論。按照這種多邊存在論的觀點，一物之存在總是在語境或域境（context）之中的存在，總是不脫離具體視角或方面（perspective）的存在。〔註32〕

物之多邊存在論挑戰了傳統一元的實體本體論，質疑本質主義、基礎主義將單一的本質視為一切存在物之唯一的基礎，無此基礎，則一切存在皆失去意義的說法。猶如瞎子摸象的寓言，我們只能從我們眼前手邊遭遇的部分去摸索真理的整體，藉由具體有限可知的部分，作為切入理解真理之具體的視角或方面，而不以自我為中心主體，去涵蓋囊括一切事物的意義。物之多邊存在論成就一個意義豐富的敞開的物境，然而我們須意識到自身的有限性，並自我要求放下主體意志對一切的主導掌控、宰制的欲望，才能靈活地出入此敞開的物境而游刃有餘，從物之多邊存在論的觀點，讓與我們相照面的事物意義能如實地開顯與綻露。

---

〔註31〕張祥龍：《先秦儒家哲學九講　從《春秋》到荀子》（桂林：廣西師範大學出版社，2010 年 1 月），頁 18～19。

〔註32〕李晨陽：《道與西方的相遇》（北京：中國人民大學出版社，2005 年 6 月），頁 2～3。

# 第三節　角色倫理學詮釋《論語》的妥適和反思
## ——在關係中不斷變動的過程是否淪爲經驗的相對主義

　　當安樂哲反對用西方現有的倫理學架構套用在傳統儒學詮釋，而別出心裁地提出了「角色倫理學」，有學者接受並響應，也有學者站在不同立場提出反駁異議。如吳先伍認爲角色倫理學完全不符合儒家倫理的本來面目，是一種對儒家倫理的誤讀。他首先說明他對角色倫理學的理解：角色概念來自於戲劇，而要完成、成就一齣戲劇的演出，必須要每個角色之間互相的配合，因此每個角色都很重要，他們彼此之間的身分與功能都不同，唯有他們發揮自身特定的功能才能完美呈現戲劇的有機整體。他對角色倫理學有頗深入的理解，他說明角色倫理學的特色爲：

> 每個角色並不是自我成就的，而是因爲由其所屬的團體、社會或關係所成就的，我只有承擔了特定的功能和作用，我才眞正成爲了這個獨特的角色。〔註33〕

角色雖非由自我所單獨成就出來的，然而所屬的團體關係，並非與我完全對立而分割的整體，自我亦在這個團體關係當中起作用、影響著團體的關係。因此，吳先伍此處對安樂哲角色倫理學之批判就不太站得住腳：

> 這種對社會整體性的強調，實際上就否定了個體的主動性與創造性，用整體代替了個體，用集體取消了個人。〔註34〕

在他看來，整體性與自我是對立的，自我是獨立於整體之外的主體，而整體是外在於我的客體。因此，他認爲將價值訴諸於外在的客觀整體性，是取消了自我的主動能動性，只能被動的被關係所決定，毫無自主性。是以，他認爲安樂哲以焦點場域模式的詮釋儒學，也僅是一種名詞上的變化，基本上仍舊是強調整體性而削減了人的主體性。

　　他認爲儒家倫理學是主動的承擔自我的義務，這種承擔義務的動力根源來自於理性的自覺，而非情感的自願。且他認爲儒家倫理學是爲我們行爲提供規範。從他的敘述可以清楚地看出他站在康德義務論的規則倫理學之立場，對於

---

〔註33〕吳先伍：〈儒家倫理的角色化之誤〉，《倫理學研究》總第 90 期，2017 年第 4 期（2017 年 4 月），頁 53。

〔註34〕吳先伍：〈儒家倫理的角色化之誤〉，《倫理學研究》總第 90 期，2017 年第 4 期（2017 年 4 月），頁 53。

角色倫理學提出批判反思。他表示角色倫理所強調的社會關係性只是一種消極的義務倫理，而儒家倫理學是自主自願承擔他者的責任，是一種積極的責任倫理學，是根源於內在的仁心，而非訴諸於外在的關係。而用角色倫理學詮釋儒家倫理學會使人缺乏主動、積極、創造性，與儒家的本色相違背。

然而，他忽略了安樂哲以角色倫理學詮釋儒家倫理學，特別重視「義」的權衡得宜的自主創造性。安樂哲反對西方本質主義下的自我觀念，他也不是只講關係性，而是將主客雙方的互動參與都兼容並蓄在「關係中的自我」：關係會決定自我的位置，自我的所作所為也會改變與他人之間的關係，而影響到整體，彼此交互滲透、不可分割。而作為關係中的人（自我）如何弘道，需要藉由文化傳統的「禮」之延續性（still），以及自我在關係中權衡拿捏分寸得宜的「義」之更新（novelty），在繼承與創新之中不斷因革損益著活出自身的道，同時參贊造化大道。並非如吳先伍所說的自我只是被動地由關係所決定，毫無自主創造性。

同樣站在康德規則倫理學與義務論立場質疑角色倫理學的還有郭齊勇教授、李蘭蘭以及趙清文〔註35〕等人。其中，郭齊勇與李蘭蘭發表的〈安樂哲「儒家角色倫理」評析〉〔註36〕這篇文章詳細地論述且深入地分析安樂哲角色倫理學的特色與其侷限。文中首先歸納指出「儒家角色倫理學」的特徵有以下三點：

（1）「角色」是不斷完成的，有著動態的生成過程。儒家要求在具體的場合中，應有所權衡變通、因時制宜，達到自我實現和兼顧他人的統一。

（2）「角色倫理」是持續穩定的，有著相對穩定的生活模式。角色倫理並非單純的思想道德意識，同時也是一種在實際的角色和關係中由積累而成的習慣性和適宜性。

（3）「角色倫理」是一種具體理性，而無意於抽象性的原理或規則。在儒家思想的價值體系中，沒有純粹抽象、脫離經驗層面的絕對普遍性，儒家倫理的普遍性和絕對性落實在人倫實踐中，帶有一定的宗教性，且其規範性和具體性是並行不悖的。〔註37〕

---

〔註35〕趙清文：〈儒家倫理是「角色倫理」嗎？〉，《學術界》第 12 期（2012 年 12 月），頁 103～110。

〔註36〕郭齊勇、李蘭蘭：〈安樂哲「儒家角色倫理」評析〉，《哲學研究》第 1 期（2015 年 1 月），頁 42～48。

〔註37〕郭齊勇、李蘭蘭：〈安樂哲「儒家角色倫理」評析〉，《哲學研究》第 1 期（2015 年 1 月），頁 43。

　　並且說明「角色倫理學」的理論基礎是從反對二元對立的二元論思維出發，不贊成中國哲學有嚴格意義的超越觀念；相對於西方的超越性思維，安樂哲表示中國人是關聯性思維，中國式的語言也是關聯性、修辭性、審美性的語言。中國哲學不是本質主義與超越性思維，而是過程哲學。過程哲學凸顯了開放性與實用性，超越性思維則是一種封閉式的預設哲學。

　　郭齊勇與李蘭蘭肯定儒家角色倫理學的理論特色，有以下的正面意義：

## 1. 不同於西方個人主義

　　安樂哲指出現代道德與政治哲學立基於「自由意志個人」概念，這種個人主義帶來了至少兩個負面影響：

> 第一，它使得自由的資本主義在美國、歐洲和亞洲快速發展，為一種不受約束的個人自由提供證明，將這種道德訴求作為政治正義的根本和終極來源，隨後反對正義的任何定義，是阻礙這種自由的觀念為根本的不道德。

> 第二，其普遍性已在西方知識份子思想中牢固確立，使得知識分子除了在後馬克思主義時代的一種差不多的沒有面孔的集體主義之外，幾乎不可能去看到替換這種已然確定的個人主義的其他選擇。〔註38〕

如同孟子批評楊墨無父無君那般，將理論充其極地思考透徹到底，自由意志個人的主體性被不斷強化，不僅僅是理論上可能出現壓迫、排擠他者的問題，在現實中，也出現了個人主體至上，不受任何道德正義制約、約束，自我無限膨脹，主體與主體之間互相衝突、爭鬥不休的混亂局面。

　　西方的個人主義，以主體的自主自決為基礎，無限制地蔓延展開，與《論語》中講：「子絕四，毋意，毋必，毋固，毋我。」的觀念是不相契的。然而，面對如康德倫理學立場關於角色倫理學取消人的個體性的質疑，角色倫理學也不同意。郭齊勇與李蘭蘭如此評論道：

> 「角色倫理」常常與關係的、功能性的、他律的、特殊的等形容詞聯繫在一起，它突出了人的社會性和外在性，而忽視了作為主體的個人的獨立性和自主性。〔註39〕

---

〔註38〕勇、李蘭蘭：〈安樂哲「儒家角色倫理」評析〉，《哲學研究》第 1 期（2015 年 1 月），頁 44～47。

〔註39〕郭齊勇、李蘭蘭：〈安樂哲「儒家角色倫理」評析〉，《哲學研究》第 1 期（2015 年 1 月），頁 45。

然而，角色倫理學在強調個體是「關係性的自我」時，仍舊十分強調修身的個人，只是這個個體性絕對無法抽離關係性去被理解作單一獨立的個人。強調「關係性的自我」是以整體性中的自我來取代單一獨立的個體性之預設，人與人之間的關係緊密聯結在整體性當中，成為息息相關的動態全息觀。而人作為一有限性的存在者，具體的家庭社會關係就是其不可忽視的存在限制，然而，個體也需正視這個有限性，從這個存在境遇中深入理解自身之所由來，才能在自身歷史傳統的角色關係中，激發創造性與開放性。

郭齊勇與李蘭蘭在文章中還提到：

> 儒家認為，對於父母兄長的孝悌和仁愛是發自於本心，內在於人性之中的，是人最自然本真的真情實感。但是，安樂哲「角色倫理」學說對於關係和角色的強調，容易讓人將儒家倫理與裙帶關係、任人唯親等劃上等號，近年來對儒家血親倫理的批判即與此有關。〔註40〕

這一點批評是來自於安樂哲從羅素對中國孝文化的嚴厲批判，思考過度重視家庭親情會導致什麼問題產生。他說：

> 然而我們還需要想到，家庭關係塑造社會，聽起來可能是有解放性的，但同時若沒有根據社會化常規性理念的恰當社會制度制約，對親情關係的依賴也會變成裙帶關係、任人唯親、地方主義和腐敗發生的分裂根源。〔註41〕

公私領域不明可能造成假公濟私的隱憂。而家長權威的專制也可能造成家庭中處於弱勢的角色，如孩童或婦女，有被壓迫、剝削等不公平、不合理的對待。這些可能的隱患被夾裹在家庭、家族關係中，容易被人忽視。西方重視法治精神，中國人好講人情，如何情、理、法兼備，才能真正讓人人走上成德之教的康莊大道。若只用理性原則與法條規章來制約人的行為，顯得冰冷、生硬而不講人情；只是滿腔熱情地感情用事，容易不講理地為所欲為，被感情箝制，無法理性思考全盤得失，不顧後果地衝動行事。而法律條文能強制有效地保障每個個體的權益，尤其是容易被忽視、壓迫的弱勢族群。西方以獨立個體為本體的哲學思考，為維護每個人最基本的生存權益，恰恰可以彌補中國傳統社會以「孝」主導所可能衍伸的問題。我們在兩種不同文化視野

---

〔註40〕郭齊勇、李蘭蘭：〈安樂哲「儒家角色倫理」評析〉，《哲學研究》第 1 期（2015 年 1 月），頁 46。

〔註41〕〔美〕安樂哲著，孟巍隆譯：《儒家角色倫理學：一套特色倫理學詞彙》（濟南：山東人民出版社，2017 年 3 月），頁 292。

中進行比較時，從「他山之石，可以攻錯」的角度，截長補短，則可避免過於依賴親情、重視關係而帶來的種種問題。

然而，除病不除法，沒有一個理論架構可以一勞永逸地解決所有的問題，尤其落實在生活實踐中，可能出現種種的弊病。然而，郭齊勇與李蘭蘭批評角色倫理學會導致裙帶關係、任人唯親等問題，這個評斷似乎不甚恰當。首先，這些問題是安樂哲檢視中國社會容易出現的問題，並且反思這些問題出現的原因是在中國人過度依賴親情關係。其次，他提出角色倫理學的用心，是爲了屏除反向格義——用西方哲學架構來詮釋中國哲學而帶來的視域不融合的矛盾。將裙帶關係、任人唯親等弊病說是角色倫理學之問題，是本末倒置的謬誤。安樂哲在其《儒家角色倫理學：一套特色倫理學詞彙》序言中即言：

> 儒家角色倫理學重視道德想像過程對思想與生活上「成仁」起的重要作用。對儒家角色倫理來說，它是有教養的想像力，汲取我們所有人文資源中的滋養，教我們謹言愼行，使我們可充分調動一切潛能，在我們的關係之中達到最理想的成長狀態。委實說，恰是這種在關係中的成長，才是道德之本質所在。

> 最後，儒家角色倫理並不與德性倫理（virtue ethics）或其他甚麼倫理「理論」搞競爭，其實它更是一種道德生活觀，它不接受「理論／實踐」二元對立。每當捧起儒學經典，我們想到的都是，當然要借鑒其一系列觀念，對自己所爲檢討反思，而我們更根本的，是以文化英雄之教誨與榜樣爲精神激勵，將我們自己修養爲更好的人。〔註42〕

當我們愈能從我們自身的歷史文化中汲取養分，涵養自身的言行舉止到心性修養，我們就愈能在關係中游刃有餘地學做一個成熟有教養的人。一個成熟而有教養的人，他重視與周遭之間的關係，希望能夠成爲一個更好的人，對身邊的人帶起正面的效應，時時爲身邊的人設身處地地著想，而不願做一個自私自利的人。這樣成熟而有教養的人，怎麼會任由自己依靠著裙帶關係上位，或是任人唯親地徇私？如《禮記・儒行》言：

> 儒有內稱不辟親，外舉不辟怨，程功積事，推賢而進達之，不望其報：君得其志，苟利國家，不求富貴。其舉賢援能有如此者。〔註43〕

---

〔註42〕〔美〕安樂哲著，孟巍隆譯：《儒家角色倫理學：一套特色倫理學詞彙》（濟南：山東人民出版社，2017年3月），中文版序言，頁5。

〔註43〕〔魏〕王弼、韓唐伯等注疏：《十三經注疏附校勘記・禮記注疏》（臺北：藝文印書館，1982年8月九版），頁978。

一位儒者為國舉薦賢才時，是內舉不避親，外舉不避仇，不會為了避嫌，而捨棄身邊的人才不舉薦。而其舉薦賢才，只是希望國君因得此人才，能夠施展其治國平天下之抱負，讓天下得到良好的治理，百姓能豐衣足食。其推舉人才，只求有利於國家百姓，不求個人的富貴。這是儒者秉持著為公不為私，舉賢援能的用心。

而會藉著關係鑽營，導致社會風氣敗壞，究其原因，是在人心的自私自利上，為營求一己之私，不在乎他人的利益受損。這是由於沒有人與人是息息相關的整體全息觀之故。儒家角色倫理學，正是以此整體全息觀的關係網絡，在提醒、邀請著每個個體生命，努力修身，學聖以成德，最終參贊於整體的和諧關係中，成為大道的一個化身，道成肉身。

## 2. 開放性與關聯性特徵

安樂哲用宏觀的視角對比中西文化之差異，反對用二元論的思考方式以及追求超越的形上理念（或上帝觀念）來解讀中國傳統儒家思想。他以關係—過程哲學，來拓展儒家角色倫理學的脈絡，較西方哲學更重視與成長的變化過程，標舉中國哲學的動態性；而強調息息相關的關係性、全息觀，則是將中國哲學視為一整體觀（holistic view）。郭齊勇與李蘭蘭在文章中認為這十分具有時代前瞻性意義：

> 「儒家角色倫理」極為重視中華文化的「闡釋域境（contextualization）」，力圖避免把儒家倫理強塞進西方的概念和話語體系中。此外，安樂哲闡釋了儒家角色倫理的關聯性特徵，儒家主張關係性的自我（relational self），而非原子式的自我（atomic self），個體在家庭、社群、國家等構成的角色與關係中實現自身。這種主體觀念表現在政治理論上及社群主義，提升個體的責任感，從而與自由主義、個人主義等相抗衡，進而有助於當代社會的政治建構和民主社會發展。〔註44〕

這段將安樂哲用心創建發明的角色倫理學之來龍去脈精要地說出，表示安樂哲針對以西方哲學理論詮釋中國哲學的方式，感到生搬硬套的格格不入，因此在深刻思考中西差異後，提出了「關係性的自我」（relational self）取代西方原子式的自我（atomic self）。而這樣既能避免削足適履地硬套理

---

〔註44〕郭齊勇、李蘭蘭：〈安樂哲「儒家角色倫理」評析〉，《哲學研究》第 1 期（2015年 1 月），頁 46。

論來詮釋中國哲學，又能在中國哲學現代化的實踐過程中，與後現代的思潮接軌，更加落實在具體的生活關係脈絡中，又更加多元開放性，不再追求唯一的超越實體。

然而，郭齊勇與李蘭蘭也指出「角色倫理學」的侷限性有三點：

第一，簡單用「角色倫理」視角考察和評價儒家倫理，容易否定個體人格的塑造，忽視超越於角色之外的內聖外王之「道」，從而消解儒家倫理對超越性的追求。

第二，在用「角色倫理學」來解讀中國傳統哲學時，應突出儒家倫理的終極性、普遍性的一面，而不應陷入相對主義和特殊主義之一維。安樂哲在承認「儒家角色倫理」自身所具有的調適性的同時，傾向於認為儒家倫理是相對性的、特殊性的。

第三，安樂哲的「儒家角色倫理」過分誇大了中西倫理思想的差異，違背了「人同此心，心同此理」的倫理原則，並認為儒家由於重視社會性和個體的教養過程，而沒有從實質性和本質性方面進行理論建構。因此，作為一種倫理學說（在安樂哲看來，儒家角色倫理學是作為義務論倫理學、功利主義倫理學和德性倫理學的替代），「儒家角色倫理」的主張者並不能很好地應對來自各方面的批評和挑戰。〔註45〕

首先，面對第一點缺乏對超越性的「道」的追求之批判，如同芬格萊特講「即凡而聖」，道就在日用尋常間，並不在人的生活之外，有個超越而高妙的「道」作為一切萬物的主宰或是最高原理。安樂哲說「儒家角色倫理」是一套「述行性」的實踐哲學，將過去好「究天人之際」地追求超越的天道，轉向落在具體的「通古今之變」的歷史文化視域當中，而在「成一家之言」的語言言說當中，成為文化敘事的自我引導、表述，需要我們每個生命的投入、行動、參與其中。他反對西方哲學追求普遍性與超越性的「同一性」，而從自我與他者的「關係性」著眼人在情境中的自我轉化，角色並非僅僅被安排設定好，固定而不可變動，人就在活出自己獨特的角色，在過程中自我轉化、提升、成長而自我超越，恰到好處而精采地活出角色的意義。

第二點的批判，是立基在以絕對主義為唯一正確的答案，來否定相對主

---

〔註45〕郭齊勇、李蘭蘭：〈安樂哲「儒家角色倫理」評析〉，《哲學研究》第1期（2015年1月），頁47。

義。相對主義是在情境中相對而成立，不斷變動，無法有個固定不變的絕對原則可依賴投靠，因此沒有穩定可信度。然而，如後現代所質疑對於絕對本質基礎的預設，是否眞的不可動搖？是否眞實可靠、普遍而無遺漏？當我們反思是否過度迷戀正確〔註 46〕、不加思索地信賴絕對，思考的面向或許就不同了。眞理究竟是對絕對的、超越的、同一的原理之符應，還是一種生活智慧的開顯？當轉換到另一種眞理觀，或許我們會對「道」有更敞開的思路、更多元開放的理解可能性。

　　第三點關於過分誇大中西思想差異的批判，于連（François Jullien，或譯朱利安）在比較中西思想兩種不同文化時，他反對用文化「差異」，而是用文化「間距」來表達。說「差異」表示背後認同某一同一性，任何不同的差異，只是對於那個同一性的異化扭曲，最終仍舊需要回歸同一性的目的。而「間距」就不一樣了，他說明「間距」與「差異」有以下三點不同：

　　　　首先，間距並不提出原則認同，也不回應認同需求：但是間距把文化和思想分開，因而在它們之間打開了互相反思的空間，思考得以在其間開展。因此，間距的形象不是整理排列存放，而是打擾，它以探險開拓爲其志向：間距使眾多的文化與思想凸顯爲多采多姿的豐富資源。最後，我們還可以在間距概念裡避免提出—假設—有關人的本性的一些總是帶著意識型態的成見；間距邀請我們從事我稱之爲人文的**自我反思**。〔註 47〕

于連認爲講差異是背後認同了某個預設，而講差異的目的是爲了消除差異而達到其認同的那個同一性原則。然而，從一開始他就不認同背後有個超然物外的超越性或同一性原則，而是從他者性出發。他說：「透過所打開的空間，間距使雙方彼此注視：在他者的眼神之中、從他者出發」〔註 48〕，

〔註 46〕黃百銳在〈莊子與迷戀正確〉一文中表達莊子並非懷疑論者，但他的思想中隱含提倡懷疑精神，而懷疑、疑惑的同時也是深入地參與，懷疑與參與是一致的。他認爲莊子的思想中鼓勵人們去質疑一切已有的結論，從而打開心胸、開闊視野，看到更多新的發現。這個說法也與李晨陽提出的物之多邊存在論相通，是一種敞開的物境，而非封閉完整的理論化思考。詳見〔美〕姜新豔主編：《英語世界中的中國哲學》（北京：中國人民大學出版社，2009 年 12月），頁 493～514。

〔註 47〕朱利安著，卓立、林志明譯：《間距與之間》（臺北：五南圖書出版社股份有限公司，2013 年 9 月），頁 33。

〔註 48〕朱利安著，卓立、林志明譯：《間距與之間》（臺北：五南圖書出版社股份有限公司，2013 年 9 月），頁 35。

當他者性被承認，不被主體同化，而是如其所是地呈現自身本來面目。他生動地用「打擾」來表現兩種文化視域之間的互動、交流、碰撞，是和而不同的存在，打擾帶來了張力進而深思、承認彼此的不同，不是為了認同某一種真理，消除彼此的差異。

第三點的評論正是站在認同一超然、普遍的同一性真理之上，來說有一「人同此心，心同此理」的同一性原則。然而，「人同此心，心同此理」也可解讀為一種人與人之間相互感通的共通感〔註 49〕，而不是作為個體內在普遍的超越理性。安樂哲提出儒家角色倫理學，並非為了建構一套超越並取代其他哲學體系的完整而嚴謹的理論系統，他反對預設某個超越實體為基礎的本質主義，認為這樣的理論系統是靜態抽象而封閉固定的，沒有辦法將人真實具體的生活闡述恰當。尤其在詮釋中國哲學時，用分析性的概念、理論框架，將之理解為一套靜止不變的理論知識，而失去其本身實用性的生機活力，成了「支離事業竟浮沉」。他反對用「理論／實踐」二分的方式解讀儒家，試圖以關係性以及生活化的語言，來表達人在成長的過程中，走在學聖學賢的成德道路上，是如何藉由經典與傳統來自我激勵與砥礪磨練，努力學習成為一個對周遭來說更好的人，而非道德理論知識完備的人。

將一切價值意義訴諸一個超越的根據，是一種本質主義、基礎主義的立場，堅持著有一個普遍超越客觀的最高原理，這個超越的原則同時是內在於一切萬物的同一化本質；然而後現代反對普遍超越的本質主義、基礎主義，而關注於真實具體在場的相對關係、脈絡，這個脈絡不能夠由一個超然預設的理念安排掌控，必須要進入到脈絡中共在、共振，才能夠深入地理解。脈絡主義或是關係過程哲學看似變動不穩定、不易理解，然而卻是以一種「大成若缺」的方式，保存、保留著過去的歷史文化框架，並邀請眼前在場與未來不在場的存有者進入其中，共同在生活中成就著、參與著大道的生成脈絡當中。

---

〔註 49〕張鼎國教授通過詮釋學的思考關於「共通感」、「團結」與「共識」的實踐問題，他說明「共通感」表達「一種長期維繫社群穩定、常態發展的最關鍵力量所在。」並進一步說明共通感這個概念的深層涵義：『共通感概念不只是一個審美觀念，不只表達一種「趣味」或「品味」的普遍可傳達之可能，而且還提供一種倫理的群體生活基礎和依賴，根植於傳統與習俗的流通有效，內在於生活世界的軌跡和共信共守的行為準則。』詳見張鼎國著，汪文聖、洪世謙編：《詮釋與實踐》（台北：政大出版社），2011 年 12 月，頁 197～214。

## 第四節　還有哪些後現代語境下的《論語》倫理學詮釋
## 　　　　——他者倫理學、關愛倫理學、示範倫理學

### 一、儒學與列維納斯他者倫理學

　　近幾年儒學研究，開始有中西學者嘗試與關注將中國哲學（儒學）與列維納斯（Emmanel Levinas, AD1906～1995）的他者哲學做比較，並且借鏡列維納斯開啓與儒家當代倫理學的相互詮釋之試探。最早由曾翻譯過列維納斯文章〔註50〕的紐西蘭坎特伯雷大學的伍曉明教授出版的專書《吾道一以貫之——重讀孔子》〔註51〕嘗試從《論語》的閱讀思考中，得到來自他者的啓發。他不像大多數中西比較學者將兩種思想並列進行會通，他表示：

> 我們也希望自己對於孔子的重讀並不是來維納斯的語言和思想的某種重複，而是對孔子的語言和思想本身所蘊涵的力量的一種激發和解放。〔註52〕

伍曉明對《論語》以及列維納斯思想都頗爲精熟，在《論語》原典的詮釋上沒有兩種不同思想生硬湊泊那種格格不入的違和感，融會貫通，十分有新意，發人深省。如他解釋《論語》中「己欲立而立人」：

> 因此，己在欲立自己之前必然對自己——那個尚不存在的自己，還一無所知。所以，己原則上不可能首先並僅僅只從自己之內接受人和先在的理想以作爲自己的指導。己從根本上需要人—他人—來讓它知道它應該是「誰」或者爲「何」。而正是在我能夠發現有「他（人）」之時，正是我開始面對他人之時，正是在他人面前，我才可能開始說「我」，我才可能開始發現我自己，一個已經映現在我所面對的他人之中的自己。於是我才可能開始認識自己，知道自

---

〔註50〕伍曉明曾翻譯過列維納斯的文章，分別是〔法〕列維納斯著、伍曉明譯：〈主體性與無限（上）〉，《思想與文化》第十五輯（2014年2月），頁1～35。〔法〕列維納斯著、伍曉明譯：〈主體性與無限（下）〉，《思想與文化》第十五輯（2014年2月），頁36～66。〔法〕列維納斯著、伍曉明譯：〈異於去是，或在是其之所是之外〉，《世界哲學》2007年第3期（2007年3月），頁4～21。〔法〕列維納斯著、伍曉明譯：〈異於去是，或在是其之所是之外（續）〉，《世界哲學》2007年第4期（2007年4月），頁66～76。

〔註51〕伍曉明：《吾道一以貫之——重讀孔子》（北京：北京大學出版社，2003年3月）。

〔註52〕伍曉明：《吾道一以貫之——重讀孔子》（北京：北京大學出版社，20013年3月第二版），頁32。

己，渴望自己，走向自己。〔註53〕

他不認為有個先驗的理性的自我，現成地存在在那，唾手可得，相反地，自己是全然開放，無意必固我的自己，需要藉著他人與自己的互動關係，才能夠準確地定位與認知到自己與他人的存在。他在書中反覆地對某些我們確信不移的觀念提出疑問，搖晃動搖著我們某些既定看法，在絮絮叨叨、不厭其煩的敘述中，引領著我們更細膩深入地沉浸在文本的閱讀領會中，深思。他表示列維納斯的他者哲學在儒學的思考脈絡中十分關鍵要緊。孔子所說的「仁」就是在人我之間展開的活動。他表示儒家的倫理是建立在自我要求對他人負責、關懷、善意對待：

> 的確，幾乎所有重要的儒家傳統觀念，仁、愛、孝、悌、恭、敬、忠、信，以及不可一日或缺之禮等，其實都是對我—每一個我—的要求。而要求只能來自他人，即使有時這一他人只是我自己，一個作為他人的自己。總是他人在要求著我仁、愛、孝、悌、恭、敬、忠、信並有禮，而仁、愛、孝、悌、恭、敬、忠、信、有禮則必然始終都是對他人—某一他人，某些他人，一切他人—的仁、愛、孝、悌、恭、敬、忠、信和有禮。對於孔子來說，我—任何一我—如果能夠如此就是君子或仁者。〔註54〕

自己的道德、德性並非先天本自具足的，而是在與他人的相處互動中生成激發出來的自我要求。這個自我也不是自由意志的自我，不能夠用無條件為善的方式自我立法，成為一切規範、規則的來源，一切規範、規則甚至美德品行，都是源於與他人的相互需求而來。如仁、愛、孝、悌、恭、敬、忠、信和有禮，這些德目，都是在我與他人之間的良好互動的關係，如身為子女對父母的孝愛，身為弟妹對兄姊的手足友愛之情，我們對他人需恭敬有禮、言行得體，才不會害人傷己，使人我關係破裂、隔閡。這些種種君子、或說仁者所需修養的品德，都是我面對他人時，才被自我要求展開具體的活動。

　　伍曉明雖用列維納斯他者哲學反省、批判並重新定位倫理學中的自我不再是康德哲學意義下，那個獨立自主、無條件為善的主體性，然而，從他人映照出的自我，卻並未失去自我的能動性，迷失在外在客觀性之中，而是在

---

〔註53〕伍曉明：《吾道一以貫之——重讀孔子》（北京：北京大學出版社，20013 年 3
　　　　月第二版），頁 60～61。

〔註54〕伍曉明：《吾道一以貫之——重讀孔子》（北京：北京大學出版社，20013 年 3
　　　　月第二版），頁 28～29。

「立人」之前而必須先「自立」，在通向他人的「達人」而成為通達有智慧的仁者。通向他者的自我是極富有責任感，努力走出自身，朝向他者敞開的存在者。如此才能夠「以文會友，以友輔仁」，與周遭的他者在某個特定的文化氛圍氣息下相照面，自我進入到他者的生命中，他者進入到自我的生命中，彼此都進入到「道」當中而相逢，並且碰撞、激盪出豐富有趣的化學變化，意義生成無窮。

　　關於儒家思想與列維納斯他者哲學會通的專著，除了伍曉明《吾道一以貫之——重讀孔子》之外，還有李凱《孟子倫理思想研究——以列維納斯倫理學為參照》〔註55〕也極富參考價值。除此之外賴俊雄關於列維納斯思想的介紹專著《回應他者——列維納斯再探》其中第十章〈全球倫理：列維納斯與新儒家〉〔註56〕介紹了現當代關於儒學與列維納斯哲學相互詮釋的一些研究成果，可按圖索驥了解現當代他者哲學詮釋儒學的學者與著作。此外，還有愈來愈多的期刊論文發表關於儒學與他者哲學相會的研究〔註57〕，可見列維納斯他者哲學詮釋儒學這樣蓬勃興起的現況深具時代意義，批判著自我意志對他者的宰制與壓迫，而我們如何放下對他人的掌控欲，學習尊重、欣賞、關心他者，走出自身，從他者出發再回到自身的相互激盪中，領會人我之間有著某種無法言說超越性的「仁道」。

---

〔註55〕李凱：《孟子倫理思想研究：以列維納斯倫理學為參照》（北京：人民出版社，2016 年 12 月）。

〔註56〕賴俊雄：《回應他者——列維納斯再探》（臺北：書林出版有限公司，2014 年 7 月），頁 421～481。

〔註57〕如王宏德：〈「仁」的他者優先倫理取向——兼論社會主義核心價值觀之「友善」〉，《佳木斯大學社會科學學報》第 33 卷第 3 期（2015 年 6 月），頁 4～6。林建武：〈塑成作為倫理主體的父母與子女——勒維納斯與儒家的孝道和父道〉，《道德與文化》2016 年第 4 期（2016 年 4 月），頁 84～90。徐寶鋒：〈「他者」的缺席與在場——簡論《禮記》的詩性倫理邏輯〉，《湖北民族學院學報》（哲學社會科學版）第 28 卷第 2 期（2010 年 2 月），頁 89～93。江怡：〈如何解讀《論語》的「微言大義」——談伍曉明《吾道一以貫之——重讀孔子》〉，《中國圖書評論》第 4 期（2007 年 4 月），頁 4～8。伍曉明：〈仁與他者：再論傳統文化的解讀——回應江怡〉，《中國圖書評論》第 4 期（2007 年 4 月），頁 8～12。伍曉明：〈《論語》中的「論辯」與孔子對言的態度〉，《中國文化研究》2008 年春之卷（2008 年），頁 41～61。李凱：〈孟子的「惻隱之心」與列維納斯的「感受性」——兼與伍曉明先生商榷〉，《道德與文化》2011 年第 2 期（2011 年 2 月），頁 153～156。柯小剛：〈教學與他者的倫理：《論語・學而》首章解讀〉，《現代哲學》2010 卷第 1 期（2010 年 1 月），頁 115～120。……等等。

## 二、儒學與女性主義關愛倫理學（feminist care ethics）

在國外漢學界的李晨陽教授與在台灣的方志華教授，不約而同地提出了將儒家思想與女性主義的關愛倫理學進行比較的思考。其中，李晨陽站在宏觀的中西思想對比的脈絡下，試圖將儒家思想接軌後現代思潮的關愛主義。如前所述，李晨陽認爲中國哲學與傳統西方哲學的「單一實體存在論」不同，中國哲學是以一種「物之多邊存在論」的方式多元化地兼容並蓄著。因此，他藉女性主義中的關愛倫理學來與儒家的「仁」觀念作對比，凸顯傳統儒家思想中，自我觀念並非是孤立的自我，而是與他人緊密相關聯的自我，是在具體的關係中的自我。西方傳統倫理學往往立基於在個人的權利基礎上，探討如何不妨礙他人的權力來行使自己的權利；儒家與女性主義更著重在如何兼顧對自己、對自己的家庭、對他人負責的道德生活。

方志華則從教育實踐應用方面入手，嘗試將關愛倫理學具體落實在台灣的教育環境中，同時也與儒學相應和，使兩者在對比中能夠相輔相成、共同成就，呈現儒學現代化的教育意義。

本文主要介紹在中西對比脈絡下的視野，李晨陽如何將儒家的「仁」與女性主義關愛倫理學的「關愛」（care）相互詮釋，藉此深化並開放《論語》的「仁」之意涵。李晨陽也表達他的目的是從兩者異中有同的相通處，找到彼此之間交流對話的可能：

> 從傳統儒家哲學與男權中心主義的關係來看，人們一般會認爲儒家以仁爲核心的倫理思想和女性主義的關愛倫理學是相對立的兩種哲學思想。它們不一致的地方確實是不可否認的。但是，我們也不應該忽視它們之間重要的相似之處。……我們認爲，這些共同點可以成爲這兩種哲學互相學習互相支持的基礎。〔註58〕

李晨陽無意標舉女性主義關愛倫理學爲傳統儒學最好或者唯一的詮釋架構，反而是藉由兩者深入地相互詮釋理解，對過去儒學倫理學詮釋典範——尤以規則倫理學爲主的反省與批判，讓我們看到除了康德哲學詮釋下的儒學規則倫理學以及亞里斯多德式儒學德性倫理學之外，還有什麼其他的可能詮釋理路。這個理路不是唯一的、最好且固定不變的，而是打破自身的封閉視野，走向另一個他者，敞開自我去向它學習，在比較、對話、交流、溝通的過程

---

〔註58〕周大興主編：《理解、詮釋與儒家傳統　展望篇》（臺北：中國研究院中國文哲研究所，2009 年 12 月），頁 209。

中，逐漸視域融合。儒學與女性主義的關愛倫理學，兩種不同的文化視域，不同的視域之間有其距離與間距，此距離與間距帶來了陌生隔閡與不理解，而我們就在會通比較使之視域融合的過程中，從不理解到理解，從誤解到彼此欣賞，截長補短，彼此相得益彰。

　　李晨陽認為西方傳統哲學以個體性（indivituality）為基礎，個人優先於社會，這是男性思維的特色。而女性主義的思維方式恰好相反，他們認為「我們」比個人更原始，「我們」代表了個人身處的關係性，也就是說，人我的關係性比個體性更優先、更原初。〔註59〕他對儒家的自我定位有兩個特色，與西方傳統哲學的自我理解，迥異其趣。他認為儒家的自我，首先是一個「動態的創造過程」，不是什麼預先給定的東西。當自我是個先驗的理性，或是內在的潛能，則儒家的修身成人種種努力開創以變化氣質如何可能不受侷限？當自我被理解為先驗理性、個體性、主體性，就不免成為孤立的、冷漠的自我，少了情感的潤澤而與他者、周遭格格不入。當自我被當作是個內在的潛能，他雖然可以潛力開發地改變原本的樣貌，然而，卻是奔向一個唯一特定的目的前去，沒有別的可能性，扼殺了人的無窮創造力與想像力。其次，「自我不是一個獨立存在的原子實體」。他認同安樂哲所說的「焦點」（focus）－場域（field）的詮釋框架，每個自我都是關係性的自我，焦點是可以轉移的，場域是可以擴大的，而自我理解也是需要隨時不斷修正、調整、改變的。順著對「自我」的認識理解，他表示儒家跟女性主義關愛倫理學相近之處，在於他們不以個人權利為基礎，而追求如何兼顧對自己、對自己的家庭、對他人負責的道德生活。

　　李晨陽對比儒家的「仁」與女性主義關愛倫理學的「關愛」：表示「仁」有兩層意思，一是親情之仁，就是不忍之心；一是德性之仁，就是人的完美的德性。孟子講四端之心中的惻隱之心即是仁之端，也就是不忍人之心，而這個不忍人受苦的心可以被理解為仁慈、愛、溫柔、同情……等等，不僅僅是對自己親人的感情，也擴及到其他人身上。這個不忍之心與「關愛」－關心、關懷、體貼、照顧、愛護，極為相近，是一種重要的「孿生姊妹」的關係。他說：

　　　　孔子把仁解釋為「愛人」。借用女性主義的話說，仁在某種意

〔註59〕周大興主編：《理解、詮釋與儒家傳統　展望篇》（臺北：中國研究院中國文哲研究所，2009 年 12 月），頁 217～220。

義上就是關愛他人。在孟子，仁作為關愛的意思則更加明顯，當我
們看到一個小孩兒就要掉入井裡時，我們為什麼會覺得不忍？孟子
相信這是因為我們有同情心，所以我們會關心這個小孩的命運。在
孟子看來，人都生來具有同情之心。這種同情之心使我們有一種關
心他人的自然傾向。順著這種自然傾向發展下去，我們就會發展出
一顆仁心，成為仁人。〔註60〕

仁人就是一個能夠關心、照顧、愛護他人的人。一個人如果能不斷培養、擴
大這份對周遭的關愛之心，「己欲立而立人，己欲達而達人」，在關係中通向
他者。而且這種關愛的方式是由己向外推擴，是有等差的愛，而不是超然普
遍的兼愛或博愛。女性主義關愛倫理學家瑙丁絲也說：

我對別人的關心總是表現為從以自我為起點向遠處的擴
展……我深深地關心在自己的內部圈子裡的人，對與我的個人生活
相去甚遠的人則不那麼關心……我們從關愛出發的行為則因為具體
情況和關係類型的變化而不同。〔註61〕

瑙丁絲也表示了我首先關心關愛與我生活切身相近的人們，然後才是其他的
人，這種關愛之情的落實會因為具體的情境，而有不同的因應對待，不會一
視同仁，無法消除差別對待。除了因為人是有限性的存在，不可能如同愛自
己的至親一樣去對待其他所有人，在中國傳統儒家思想會認為：愛有等差才
是合於情理的，而兼愛天下是違背人情，太過勉強的自我要求，雖然這是很
高的理想，然而具體落實起來卻是困難重重、不切實際的。人與人之間關愛
的具體應用，需要因「遠近親疏」的不同而有所取捨，不可一概而論。這是
儒家與女性主義關愛倫理學所共同認可的。

還有一點，就是關愛倫理學是個不依賴普遍規則的倫理學。如同張祥龍
論證儒家是非普遍主義，關愛倫理學者也反對那些要求人們依賴遵循某些普
遍規則而行的思維。雖然關愛倫理學與儒家並不完全排除規則的運用，然而
他們並不依賴規則，反而更重視具體的情境、處境，而因時制宜、因革損益。

---

〔註60〕 周大興主編：《理解、詮釋與儒家傳統　展望篇》（臺北：中國研究院中國文
哲研究所，2009 年 12 月），頁 220。

〔註61〕 轉引自周大興主編：《理解、詮釋與儒家傳統　展望篇》（臺北：中國研究院
中國文哲研究所，2009 年 12 月），頁 234～235。原文出自 Nel Noddings: Caring:
A Feminine Approach to Ethics and Moral Education（Berkeley and Los Angeles:
University of California Press 1984），p.16。

他們認為規則是有其侷限性的，唯有直面眼前獨一無二的情境，才能夠更靈活、細膩、更貼近當下的人事物去作出恰當的回應，與之互動，再從其反饋訊息中回過頭來調整自身。《論語》言：

> 子曰：「不患人之不己知，患不知人也。」（《論語·學而》，頁9。）

> 樊遲問「仁」。子曰：「愛人。」問「知」。子曰：「知人。」（《論語·顏淵》，110。）

知人，不僅僅是客觀地知，而是因為關愛的試著去理解對方的做法、反應、態度、想法、背景……等，然後用對方能夠接受的方式有效地去付出關愛、關懷。知人，就是願意去理解人，因為有關愛他人的心，同情共感的心，才會願意敞開心扉去理解與我完全不同的他者。知人，就是在特殊具體的情境下，去思考我的處理、回應方式應該如何「因人而異」地調整調適著，在調適中上遂於道，而非一味從主體自覺要無條件為善，就強加予人我所以為的善，那不就成了「災人」？這種強迫的愛，不考量、在意對方的意願，反而讓人反感而受傷，最終遭受反噬。

李晨陽藉由女性主義的特色，不同於男性思維注重邏輯、概念、規則，女性思維的關愛是細膩、體貼入微的，看似瑣碎沒有組織系統，卻能夠彌補規則倫理學的不足。而我們也可以藉由這個有意義的比較，進一步思考儒家對待婦女的態度應如何闡述，可以跳脫過去歧視婦女、壓迫弱勢的威權負面印象，而與世界哲學交流對話時，激發其新意。

## 三、儒學之示範倫理學

曾經翻譯過海德格《存在與時間》的王慶節教授，考察由天主教神學家孔漢思（Hans Kuhn）所提出的全球普世倫理，有兩個基本原則，一是每個人應當得到人道的待遇；一是己所不欲，勿施於人。王慶節表達他對此普世倫理不贊同的理由：

> 我贊同孔漢思普世倫理的設想，也認為一個以人道原則與恕道原則為基礎的普世倫理是必要的和可能的。但是，我很難同意孔漢思將建立在人道與恕道基礎上的普世倫理，仍舊理解為以基督教的神道普世精神為核心的規範倫理學，這種倫理學的現代目標在於尋找某種最低限度的基本共識，並試圖以此為基礎來成全人類普適的，或所謂「最低限度」的、「不可取消和無條件的」倫理規則。這

> 些規則被用來規範、裁判不同文化、宗教傳統和不同生活情境中的
> 個人社會倫理生活。〔註62〕

王慶節認爲用一個所謂最低限度的道德規範原則，作爲全世界各種不同文化、宗教必須遵守、依循的普遍行爲規範，是不恰當的。這種以一統多、以一制多的規則倫理學，是來自於西方基督教傳統，有一個無限完美的上帝形象。上帝作爲絕對超越的精神性，是唯一、終極的標準，所有人必須無條件地奉行他的命令，遵守規則生活，否則即是不道德的。他認爲在孔子與其門人弟子所關心追求的，不是某個普遍性的規範原則，而是一種「共通性」。這種共通性上通天地神靈，下通百姓萬物，如同唐君毅先生將「仁」定義爲「感通」之義。王慶節說：

> 中文語境中「恕忠之道」的「道路」並非英文「金律」（Golden
> Rule）中的「律法」、「律則」、「命令」的概念，充分顯現出「恕忠
> 之道」作爲「道德金律」，並非由天神頒布，吾等凡俗之輩必得遵從
> 的「天條」。相反，它是根於我心，起於我行的人間之道。當然，這
> 種人間之道，通過聖人與凡人的踐行，通過歷史傳承，一直接到「天
> 道」的渺茫深幽處。這也就是爲什麼孔子說「人能弘道，非道弘人」
> 的緣由。在這一「弘道」的過程中，人與人之間相互靠近，人與歷
> 史相互接通，人類的群體生活得以可能。〔註63〕

基督教神學傳統的律則，是一個由上到下、以一統多的強制命令，所有人都必須要遵從此一命令原則。然而，儒家的成德之教一直追尋的是人道，打開人我之間的一條通道、道路，通到歷史傳承中去繼往開來，一直通向天人之際那無窮浩瀚的意義之源。

　　然而，不依循某個常道常軌，人們將無所適從。那麼，孔子所說的一以貫之的「道」要如何表述，才能夠凸顯這個「共通性」，而非規範性？他認爲：

> 孔子所理解的倫理學的本質應當更多地傾向於「示範」而非「規
> 範」，「教化」而非「命令」，「引導」而非「強制」。〔註64〕

---

〔註62〕 王慶節：《道德感動與儒家示範倫理學》（北京：北京大學出版社，2016年，9月），頁76～77。

〔註63〕 王慶節：《道德感動與儒家示範倫理學》（北京：北京大學出版社，2016年，9月），頁78。

〔註64〕 王慶節：《道德感動與儒家示範倫理學》（北京：北京大學出版社，2016年，9月），頁79。

示範是多元的可能，規範則是單一的標準；教化是引導每個人自發自願的敞開、學習、提昇，命令則是要求每個人無條件的服從；引導是適性順勢地讓每個人成就他自身美好的可能性，強制則是壓抑、控制、安排使之循規蹈矩，不亂套，卻也缺乏變化，失去創意。

王慶節認為用示範倫理學來詮釋儒家倫理學，是順應中國文化傳統本身的生活脈絡的。他說：

> 儒家倫理看重的，不是去制定這樣那樣的規則、規範，而是強調在道德生活中樹立榜樣。我們自小在生活中，更多地不是從規則、規範裡學會道德的行為，而是從家人、父母、鄰居、同伴以及歷史生活的實例、榜樣中來學習和培養道德感、道德習慣和道德情操的。〔註65〕

要學習成為仁者，需要「能近取譬」，我們就在切身周遭的具體人物身上，自然而然地受到他們的影響，無論是「擇其善者而從之」，還是「其不善者而改之」，典範人物有血有肉地活出「道」的具體意義，而我們也被典範人物的人格魅力、影響力所震撼、動搖而興起見賢思齊的仿效動力。儒家的仁義道德不是教條活者抽象概念，而是從我們身邊的有德者、歷史中的古聖先賢，與我們在交會當下，因感動而視域融合，激發我們向善、傚效這些榜樣。是以孟子在解釋「性善」時，不是用概念語言去為性善作定義，而是從堯與舜這些具體活生生的典範人物身上，汲取他們啟發我們對「性善」的理解。

安樂哲在討論「人性」時，說明人性不是個外在的渴望，而是內在的激勵。而能激勵人性的具體歷史典範人物，就是堯、舜，所以孟子道性善，言必稱堯舜，就是因為孟子不是架空地論述一套抽象思辨的理論，而是回到真實具體的生活實踐中，勉勵每個人朝向自我實踐的道路開拓。

> 孟子曰：「堯舜，性之也；湯武，身之也；五霸，假之也。久假而不歸，惡知其非有也？」〔註66〕

---

〔註65〕 王慶節：《道德感動與儒家示範倫理學》（北京：北京大學出版社，2016年，9月），頁89。

〔註66〕 〔魏〕王弼、韓唐伯等注疏：《十三經注疏附校勘記・孟子注疏》（臺北：藝文印書館，1982年8月九版），頁239。《孟子・盡心上》第30章。孟子這段在說堯舜是自然而然地體現其仁義之性，然而五霸卻是假仁義之名，行霸業之實。時日一長，被假借的仁義，也為人所懷疑是否真有仁義存在。孟子欲說明的是雖然現實中「仁義」被扭曲、濫用成假仁假義，然而，我們怎能因此就否認「仁義」的存在。他希望我們透過真實的人格典範身上去體會仁義，而不著於名相上，被假借仁義虛名的人給蒙蔽，甚至不相信有仁義存在。

孟子道性善，言必稱堯舜。〔註67〕

安樂哲舉這兩段說明：「孟子把堯、舜這兩位具體的歷史典範看成是激勵人的人性模範」〔註68〕。學習榜樣、模範不代表我們須以此爲標準，統一化、標準化去一模一樣地複製，失去自身的獨特性。

儒家示範倫理學是以一種「物之多邊存在論」展開教育引導的方式，呈現人豐富多元的可能樣貌，而非如普世倫理追求單一普遍的原則，忽略人與人之間的特殊差異性。即便是儒家談論最高的理想：「聖人」這般盡善盡美的人格典範，他仍是允許有各式各樣不同面向的呈現。故孟子說：

伯夷，聖之清者也；伊尹，聖之任者也；柳下惠，聖之和者也；

孔子，聖之時者也。孔子之謂集大成。〔註69〕

聖，可以有清者、任者、和者和時者……等各種不同的呈現，但是相通的是，它們都可說是仁且智的聖人。然而，在不同時空背景下，他們做出獨一無二的自我抉擇，並承擔之，不在乎眾人的議論，也不管歷史評價如何，就自己選擇的那條成聖之道努力開拓、前行。因此，聖人作爲一個完滿的人格典範，道的象徵，並非抽象而遙不可及的無限理想。如前所引述，袁保新關於儒家成德之教，提出的兩個特色：一是「即事言理」，另一個是重視歷史上具體的人格典範，可啓發我們對於聖人允許有不同的理解。這個理解，必然是落在眞實具體的情境之中，體現其個別差異性、特殊性，同時也在視域融合的動態歷程中，承接著某種連續性。這些成就自身可能性之聖人，皆不約而同地回應其天命之召喚、歷史傳統之召喚，回過頭參贊造化、賦予大道日新又新的意義。

王慶節提出的儒家示範倫理學以「系譜學的自我」展開，與安樂哲角色倫理學講「關係性的自我」可相互發明，彼此相通。而作爲示範的具體存在者：典範人格，亦可參考借鑒柯雄文對於典範人物的深入掘發討論。〔註70〕

〔註67〕〔魏〕王弼、韓唐伯等注疏：《十三經注疏附校勘記·孟子注疏》（臺北：藝文印書館，1982年8月九版），頁80。《孟子·滕文公上》第1章。孟子從未離開具體實存的生命，空談「性」的普遍超越義。這是一種即事言理，即人見道，即凡而聖的理路脈絡。

〔註68〕〔美〕安樂哲著、彭國翔譯：《自我的圓成：中西互鏡下的古典儒家與道家》（河北：河北人民出版社，2006年7月），頁300。

〔註69〕〔魏〕王弼、韓唐伯等注疏：《十三經注疏附校勘記·孟子注疏》（臺北：藝文印書館，1982年8月九版），《孟子·萬章下》，頁176。

〔註70〕〔美〕柯雄文著，李彥儀譯：《君子與禮：儒家美德倫理學與處理衝突的藝術》（南京：江蘇人民出版社，2017年3月）。

儒家示範倫理學不依賴西方倫理學架構展開，避免了反向格義的問題，提供我們新的詮釋視角。王慶節自言：

> 如果我們順著示範倫理的方向，可能我們會變得更加寬容，也更加自信。堅持理想，認爲這是對的就去做，做給你看，這才是以身作則，這才是儒家的從自己做起，叫將心比心、推己及人。我覺得儒家倫理的現代意義或現代價值恰恰就是在這方面，而具體到個人的道德生活中，則是每個人「爲仁由己」，自己用心去做，去踐行。〔註71〕

坐而言，不如起而行。王慶節認爲示範倫理學提供了更寬容的詮釋進路，有待我們每個人活出止於至善的示範意義，同時也與身邊的典範人物、歷代古聖先賢互相輝映，共同活出儒家「人能弘道」的意義，成爲一直在道路上的實踐哲學。

## 第五節 小結

從 1912 年，中國哲學這套傳統的學術思想與西方文化頻繁交流，我們已經無法再用過去傳統以經解經的注疏傳統來理解《論語》等歷代聖賢留下的經典意義。然而，從以往的注疏傳統過渡到用西方理論化、知識化語言解讀經典著作，《論語》倫理學的詮釋典範，在時間推移、社會變遷下，逐漸產生了典範轉移的歷程。

牟宗三先生康德規則倫理學爲我們樹立了生命的主體性，爲儒學提供一套「開闢價值之源，挺立道德主體」的道德的形上學。不僅在中西文化交流中，爲中國傳統文化開創了一席之地，讓中國學術能在世界的舞台發聲，更重要的是，爲當時花果飄零、喪失自信的民族同胞們提供了一個重要的精神支柱。我們雖然在科學民主方面的成就不如西方，然而我們每個人都有良知本心、有道德義理支撐著我們的生命價值，是我們生而爲人的尊嚴與自信。

然而，這套道德的形上學夾帶著西方的二元對立，如理念／經驗、應然／實然、理性／感性、自律／他律、物自身／現象、無限／有限、絕對／相對、精神／物質、心靈／身體、永恆靜止／變動不居……等兩層世界的區分，使得我們無法橫跨，實存的生命在實踐與理論之間產生了隔閡與破裂感。究

---

〔註71〕 王慶節：《道德感動與儒家示範倫理學》（北京：北京大學出版社，2016 年，9 月），頁 90。

其根本，乃是因中國哲學這套生命的學問總是落在具體的情境而言，重在當下的啓發，而非嚴整理論之建構。運用康德規則倫理學詮釋《論語》，不免攜帶著西方本質主義、基礎主義的架構，框住了儒學活潑流轉的生命力。

沈清松、陳來、余紀元等人不約而同紛紛提出了以亞里斯多德德性倫理學架構來重新檢視儒學，爲儒學帶來新的理解方式。相較於康德的規則倫理學，德性倫理學更重視情境化原則的具體實踐，提出了實踐智慧幫助我們將德性落實在生活運用中。同時德性倫理學不像規則倫理學一味地屏除情感，只講純粹的理性，更加的情理交融。然而，安樂哲仍敏銳地指出，德性倫理學詮釋架構，仍舊是一套本質主義、基礎主義。德性主體在「潛能—目的」的展開方式中，只能朝向單一的目的發展，不允許其他的可能性，扼殺了人的想像力、創造性。德性倫理學追求的美好的人生，建立在單一的理性主體上，是一種原子式孤立的自我，與他者始終格格不入。

安樂哲提出了儒家角色倫理學，強調人的自我觀念不是獨立自主的，而是在關係中的自我，是無法剝離於家庭、社會、群體關係以及歷史文化的。關係中的自我不再是永恆靜止的先驗理性，而是一在動態變化歷程中不斷透過修身、涵養成爲一個有教養的人，活出一個成熟的人的生命。角色倫理學也遭受其他學者的質疑挑戰，思考我們過於依賴關係，是否會變成依靠裙帶關係、任人唯親、地方主義和腐敗發生等種種現實上的弊病。

除了角色倫理學，後現代思潮中，反本質主義、基礎主義、普遍主義的脈絡下，還有許多可供我們參考、資藉、靈活運用的倫理學來詮解、闡述《論語》等儒家經典，如：他者倫理學、關愛倫理學、示範倫理學……等。

列維納斯經歷過納粹集中營的非人折磨，對於人性中對他者的宰制、壓迫有極其切身、痛切的體會與反思，由此而提出了反對戰爭、爭鬥的他者哲學，更能凸顯他者性的特殊，以及我與他者相處時應承認並「尊重」他者之不可同化性。因此，《論語》中的「和而不同」講的不同，才不會被忽略與抹殺。

女性主義者提出的「關愛倫理學」不僅批判與父權體制思考下以權力、正義、主權、主體性等男權中心主義，更正面提出了以「關愛」來取代「理性」的核心價值，使得人與人之間的相處，更加著重於彼此之間的感通與關懷。李晨陽提倡的關愛倫理學與安樂哲主張的審美思維以及關係過程哲學，內在的理路是相通的，只是著重的焦點，凸顯的面向不同，可相互補充。尤

其在這個男女平等，甚至是女權高漲的時代，傳統儒家面對歧視婦女的問題上，不用再閃避性別問題的質難，而有正面積極的回應。

王慶節提出的示範倫理學更是深具洞見，且極其貼合中國傳統智慧的調性與韻味。我們不僅僅是要做一個與他人關係融洽、關懷他者之人，同時更要活出自身獨一無二的典範性，成為道成肉身的在世典範人物。我們每一個人既可以是超越性的超出自身的視域，同時也是特殊性、差異性的具體存在，活出「道」的各種豐富多變的面向，透過自己的形軀生命，綻露道之多采多姿，多音複調，百花齊放。這也是孟子講「踐形」以呈現「道」之極高明而道中庸的意涵。我們就在日常生活中活出自身獨特的示範性，啟發他人也活出自身的示範性，每個人都可以成聖成賢，並投身造化、參贊化育、擁抱大道。

這些倫理學關注的焦點不同，各有傾向與其特色，然而可以讓我們深刻地思考：在如今多元紛亂，各種衝突頻繁的時代處境下，如何藉由《論語》中聖賢的智慧之言，激發我們在道德兩難中有更多思考的資糧與憑藉，並且活出自身的典範意義與價值。

# 第六章　結論──當代儒學倫理學定位之商榷及反思

　　綜合以上各章的討論，以下我們歸納出以康德哲學爲主的「規則倫理學」、「德性倫理學」以及安樂哲提出的「角色倫理學」這三個儒學詮釋系統在解讀《論語》時所展開的詮釋重心及其衍生的問題。並進一步思考，我們究竟選擇哪一個詮釋理論架構，更適合解讀、釋放、展開儒家義理的現代意義？哪一個更能夠幫助現代人從《論語》中掘發古人的智慧無盡藏，來解決我們眼前道德衝突、資源枯竭、資訊爆炸、心靈空虛、意義缺乏……等等現實問題？

## 一、當代《論語》詮釋典範之理論預設與貢獻

　　以牟宗三先生爲代表運用康德規則倫理學詮釋儒學，歸納出以下幾點理論預設與其貢獻：

1. 一切存在的價值基於「主體性」：在儒家式的「一心開二門」，仁心是一切存在的基礎、根源。仁心的主體性可澈上澈下地貫穿溝通形上／形下、超越／內在、主觀／客觀、理性／感性、精神／形軀、意志／肉身、現象／物自身、實然／應然、事實／價值……等兩層區分，可說是一切變化的定海神針，一切以此主體性爲依歸，無法超出此主體性基礎。

2. 此主體性是先驗的純粹理性，自給自足，不假外求：此先驗的純粹理性用《莊子》的話來說，就是「無待於外」，是「我欲仁，斯仁至矣」，是「非由外鑠我也」的基礎原理，一切變化收攝在此自由無限心當中。主體的仁心發用於現實毋需依賴任何外在的客觀經驗或條件因素，只要依此主體意

志之純粹存心動機活動行事，即可在此道德的創造活動中，成就並體現客觀世界的道德價值意義，此即儒家「道德的形上學」完成。

3. 一切道德價值意義之在其自己：行道德成為我們每個人應盡的義務，而種種不道德與未能行道德的現象，皆是我們需要反求諸己，不能找任何藉口或理由逃避無條件為善的責任感。

　　首先，規則倫理學藉由形上／形下、超越／內在、主觀／客觀、理性／感性、精神／形軀、意志／肉身、現象／物自身、實然／應然、事實／價值……等兩層區分解讀儒學，使立論分析更加清晰，一目瞭然，使讀者在閱讀古典文獻上，不再陷入渾圇難懂的模糊地帶，而有一個明確的理解剖析問題的切入點。同時，此兩層區分的方式與西方哲學，尤其是傳統形上學可相通，成為中西哲學對比會通嫁接的橋樑。

　　其次，將兩層區分的基礎奠定於主體性，使理論架構的基礎是一元論，上下理路一致，而不會產生二元論或多元論的內在彼此矛盾的問題。僅就思辨理論的邏輯而言，是沒有漏洞、破綻的完足體系，內部一致，首尾一貫，理論性嚴整且完滿整全。

　　第三，用康德規則倫理學詮釋儒學，將一切道德活動奠基於主體意志的自由無限心。此主體意志承擔、擔負著人之道德與否，可說是謹守著儒家時刻「反求諸己」的內省工夫。此自律道德有強烈的自我要求行義務，自我節制，克制欲望與情感的氾濫，在「克己復禮為仁」中，將仁心的理性主體發揮到極致，即是「從心所欲不逾矩」。依理性主體而行無論如何都不會逾越規矩、規範，而且就在這些規範中游刃有餘地自由抒發，沒有感情用事或婦人之仁的弊端，純粹是理性的、自制的、自發自願在行道德。這一點的的確確樹立了人的尊嚴與崇高品行，特別凸出堅守儒家道德者的風骨與氣節。

　　以余紀元為代表運用亞里斯多德之德性倫理學詮釋儒學，歸納出以下幾點理論預設與其貢獻：

1. 「仁」不只是理性主體，同時也包含著情感：德性倫理學不把規則當作第一要務，而是追求個人品格德性之培養。而德性不僅僅是思辨理性主體，還包括對他人感通覺潤的情感，是情理兼備的內在潛能。

2. 「義」的實踐智慧作為情境化原則：實踐智慧幫助我們的德性主體落實在具體生活情境中如何運用得當。「義」使我們在道德實踐的過程，更靈活有彈性，不會拘限於規則，不知變通。

3. 重視後天「禮」的經驗性格：了解並學習傳承下來的風俗習慣，透過培養好的習慣，逐漸內化成個人的品格與德性修養。德性倫理學對現有的公共制度，秉持著十足的尊重這些客觀化的經驗傳承。

4. 以追求「幸福美好的人生」為目的：德性倫理學所追求的幸福美好的人生目的，不只來自於先驗的思辨理性，必須要有情感與經驗的灌注才圓滿。除此之外，幸福美好的人生不僅包含道德行為，也包含非道德方面的卓越表現。

　　總地來說，德性倫理學圍繞著「德性」的培養展開討論，討論一個人如何在理性與感性、潛能與目的、理論與實踐中更整體、更多方豐富自身的品格德性。而在詮釋《論語》的「義」為亞里斯多德的實踐智慧，更加強調從抽象的理論系統落實在具體的情境中該如何實踐，也因此更加重視經驗的積累與良好習慣的養成。

　　安樂哲反對用傳統西方哲學架構套用在中國哲學上，別出心裁地提出了其「儒家角色倫理學」，為先秦儒學量身打造一套符合中國哲學調性的言論，一套以實踐為主的「述行性」言論。以下，歸納出幾點關於「儒家角色倫理學」之理論預設與其貢獻：

1. 反本質主義的「關係過程哲學」：角色倫理學反對將儒學解讀為立基於某一個單一標準原則的本質主義，而主張儒學是忠於實踐的人格修養過程。強調角色關係，是在明確定位，明白彼此的分際不同，以及如何合情合理地拿捏分寸使彼此相處融洽之道。重視過程，是不依賴於現成既定的事物或原則，不局限於固定模式之中，而隨時根據現況靈活調度調整，與時俱進，因時制宜，不把變動不居的世界化約在一個靜止不動的原理之下，忠於變化的世界。

2. 「焦點—場域」的雙向互證：安樂哲雖反對運用任何單一固定的標準、原則作為一切存在的基礎，然而，他也不是如懷疑論者懷疑一切、解構一切標準原則後，陷入虛無的混亂之中，無所依止。他提出「焦點—場域」的模式，表示被凸顯的原則原理只是暫時被聚焦的焦點，這個焦點與其相關聯的點之間，有其特定的脈絡，這些脈絡關係網是支撐著這個焦點的背景場域，焦點並非孤立單一的存在著。焦點也是可轉換，不是固定不變的。透過聚焦的焦點，使我們能順藤摸瓜進而掌握背後的關係脈絡場域，而不至於陷入隨便的解釋，茫然失措，恣意妄為。

3. 重視歷史文化傳統之養成：安樂哲不認同將人視爲由原子式的構成組成，而是一種「境生」的意義生成。「境生」表示我們的價值意義是由我們具體的生活情境中與我之間相互感應、激盪而自發產生的意義，這個生活情境也就是我們特定的歷史文化語境。我們就在此文化語境中被塑造、陶冶、教養出來，並且努力回過頭參與、豐富、成就此文化傳統，成爲典範之一。他不認爲我們有一個超越的無限智心、先驗理性主體可供依靠，作爲我們一切道德活動之根源；源源不絕的意義來自於歷史文化傳統之中，在我們有意識、無意識之間灌注、潤澤我們的生命，造成潛移默化的影響、改變。

角色倫理學在詮釋儒學上，一反過去強調道德主體、德性主體的單一基礎，而是著眼於雙向互動所展開的關聯性，以及如何在此關聯性中達到和諧平衡的具體行動。因此，角色倫理學的脈絡主義更能接軌後現代的多元與快速變動的節奏，釋放《論語》的經典意義，掘發古聖先賢智慧的無盡藏。

## 二、三家倫理學詮釋《論語》之不同關注焦點與特色

### （一）「仁」爲《論語》規則倫理學之詮釋核心

以康德的規則倫理學來詮釋《論語》時，明顯地將詮釋重心擺在「仁」上。「仁」作爲儒家道德哲學的基礎，是我們每個人都先天具備的既超越又內在的主體性。這個超驗的主體性是超越於經驗又作用於經驗的存在，是自給自足的獨立個體，不假外求，不受到經驗或感性欲望的動搖、干擾。當我們自覺此內在的道德主體性，並自我挺立、顯揚每個人仁心之無限感通、感應時，道德的價值意義與人性的尊嚴在此得到保證與確立。

順著規則倫理學來理解《論語》、理解儒家，我們可以清楚明白只要把握住本心的良知善性，發揮「仁」體的自由無限心，便不至於感情用事或是被形下的經驗層侷限思考，守住「反求諸己」的內省進路。也由於將一切價值意義收歸涵攝在「仁」之中，逆反回自身的思考方式，更凸顯儒者自我負責的道德意識。道德不道德，都是因爲我內心動機之純粹與否，因此，規則倫理學特別顯現儒者努力刻苦奮進的自省工夫。

雖然在當代有許多批評、攻訐以規則倫理學詮釋儒學的弊病，然而，不可否認的是，運用規則倫理學詮釋儒學特別能夠振奮、興發人的道德意識與道德感，它肯定我們人人都有此自由無限仁心，依此努力發揮，即可以成聖

成賢，朗天照地。我們只要立其大本，肯定我們內在的仁心，就可以藉由內聖通向外王事業，順理成章，輕而易舉。這也是規則倫理學的特色，易簡工夫終久大，只要把握住簡明扼要的原則，後續則可大可就；然而若不明本心，則終在形下事相上浮沉搖擺不定，無所依歸。「仁」之道德主體可說是規則倫理學的詮釋重點，一切立基在此仁心的理性主體，在不斷肯認此人人可以成聖的仁心是我們人皆有之，不假外求的當下，興發、喚起我們內在的道德意識，顯露儒學使人嚮往的理性光輝。

### （二）「義」為《論語》德性倫理學之詮釋著力點

亞里斯多德的德性倫理學以追求美好人生為目的，他認為美好的人生不僅只是根據超越經驗的理性主體而行即可達成，因為理念是單一的，現實人生的處境卻是無窮多樣的。因此，要將此理性的美德、品質落實到具體情境中，需要實踐智慧「義」來幫忙衡量、取捨。作為實踐智慧的「義」雖非首出的德性主體「仁」，然而，沒有實踐智慧的「義」之協助，僅依賴「仁」並不足以在具體生活中達成幸福美好人生的終極圓滿成就。

「義」在德性倫理學被解讀為「實踐智慧」，是理論如何與實踐接軌重要的品質、能力，是如何妥貼的將美德運用在具體生活中的行動方針。相較於規則倫理學所強調「理一」的規則、原理，德性倫理學著眼於「分殊」的情境。而處理種種特殊、差異的生活情境、人生際遇的「義」，必須要從經驗歷練中去汲取、習得此衡量判斷的能力。「義」沒有實質的內容意義，而是提醒我們在道德實踐的過程中，因應眼前當下的情境來作出靈活彈性的調整，不能一概訴諸於規則，導致道德行為的僵化與不合時宜。

相較於規則倫理學，運用德性倫理學詮釋儒家更加關注「義」作為情境化原則，是如何將各種德性由潛能培養成習慣，在具體特殊的處境下逐漸開發潛能，最終達到幸福美好人生的目的。德性倫理學不關注理論的建構嚴整與否，更著眼於現實、具體、差異、特殊的人生情境，把握住儒學的實踐性格，在循規蹈矩的培養品格、美德的同時，也能夠通權達變，因時制宜。

### （三）「孝」為《論語》角色倫理學之詮釋特色

角色倫理學同德性倫理學一樣都十分強調情境化原則，只是它用「角色關係」更細緻地展開對各個所處情境的描述與思索，並且強調人我、物我、天人之間的關係是密不可分的，不能將人視為孤立的、分別的、不相關聯的個體。

　　這種緊密相聯繫的關係首先表現在「家庭」關係的「孝」當中。「孝」不是單向的要求子女對父母的孝順、奉養、服從，而是雙向的父慈子孝。孝是孝慈，是父慈子孝的雙向互動關係中湧現的自然親情，就在上一輩對下一代的呵護、關切、無微不至的照顧與下一代對長輩們自然而然的孺慕之情、感念之心當中，自然而然地衍生出來。

　　「孝弟也者，其爲仁之本與！」這句在角色倫理學的解讀爲：家庭，是父母慈愛照護子女之場所，同時也是子女孺慕愛敬父母之處，是道德情感最原初的生發場域，也是人格教養最重要的培育之所。

　　在規則倫理學，「孝」作爲美善的德目之一，是不足以跟「仁」相提並論的。仁是根本，是內在內聖的道德根源；孝只是仁的呈現，是末端，是外王的自然結果。若仁心挺立自覺，自然就會孝順父母、友愛兄弟，孝只是將仁心顯露的「踐形」義務。這其中，還夾帶了西方文化以權利義務思考下「欠債─償還」的關係。

　　在德性倫理學，因爲中西文化的背景差異，「孝」被解讀爲友愛，家庭被當作教養有德性的公民之所。亞里斯多德將人定義爲政治的動物，他更關注於公共事務的運行、推動，因此，未成年的子女在家庭中最重要的事，便是學習如何在成年之後順利融入城邦政治關係中，成爲優秀卓越的公民。在德性倫理學，政治、社會關係比起家庭關係更重要與優先。

　　安樂哲角色倫理學特別凸顯「孝」的家庭關係互動中，父母對子女自然流露的慈愛、照顧，以及子女對父母天生的孺慕、敬愛、關懷，都是在相對應的互動中不斷加深。「孝」就在父慈子敬之間不斷被深化，擴大到祖先與後代子孫，並延伸到宗族與家國社會天下，甚至將天地視爲我們的父母，禮敬天地，希望毋忝所生。儒家角色倫理學的特色表現在「孝」的思考研究中，可說是比規則倫理學與德性倫理學在詮釋儒家更爲深刻與豐富。

　　時至今日，該選取規則倫理學、德性倫理學、角色倫理學，還是其他倫理學來詮釋《論語》，方能幫助我們更加理解孔子與其弟子在問答之間所隱含的深意？儒家是屬於規則倫理學、德性倫理學，還是角色倫理學？這個問題，我們從詮釋學的觀點，不認爲有一個最終唯一的標準答案能夠窮盡《論語》的詮釋，這些「不同的理解」都有其各自的勝場與特色。就筆者的觀察，在過去二、三十年前，台灣學術界詮釋儒學，以規則倫理學的觀點最爲盛行，可說是當時的主流詮釋典範。而今，在麥肯泰爾《德性之後》（After Virtue）

帶起了一波復古思潮（恢復到古希臘時期的全人教育，更全面地發揮人的各種潛能），引動兩岸三地以及國際漢學界運用德性倫理學來詮釋儒學，這個潮流似乎隱然成爲我們當今這個時代的詮釋典範。德性倫理學有明顯的反理論傾向，更重視實踐的特殊情境與差異，較之規則倫理學對人的品格、德性方面呈現出更加多元而豐富的詮釋。德性倫理學不將理性與感性、超越與經驗、主觀與客觀等切割看待，更強調整體觀（holistic）。

　　而安樂哲提出的儒家角色倫理學，更是在最近十年，有許多學者加入討論與思索。他宏觀對比中西文化差異的視角，並且謹慎地避免用本質主義的思路、框架、術語詞彙套用在中國哲學的詮釋上，努力爲《論語》打造一套量身訂做、獨特的倫理學。角色倫理學不僅運用想像力豐富的審美思維、關聯性思維以解讀《論語》及其他經典，同時也立基在文獻依據之上，有理有據，十分富有啓發性與說服力。

　　然而，《論語》詮釋典範的轉移，是讓我們更加混亂茫然，莫衷一是，還是幫助我們在閱讀與理解《論語》時，擁有更多豐富的資藉？筆者面對規則倫理學、德性倫理學、角色倫理學這三個立場明確，各自完整、成熟的詮釋系統架構在解讀儒家，究竟選取哪個立場能更貼近《論語》本身蘊含的深刻人生智慧？

　　如《莊子·天下》篇說道術將爲天下裂，諸子百家爭鳴，這些學說都僅得整全的道術的其中之一，都只是一曲之士，沒有哪一家能夠將完備的道術全盤托出。而無論是規則倫理學、德性倫理學還是角色倫理學，都有其各自關注的焦點、脈絡，沒有哪一個能夠將《論語》隱藏的無盡意義全盤托出。更重要的是，儒家的成德之教，不是一套邏輯嚴整的知識理論，而是生命的學問。如安樂哲說的，儒家的倫理學是一「述行性」的學問，是需要我們在文化敘事的脈絡中展開，同時在生活實踐中將自身投入，去理解、消化、運用、參與它，去將它活出來，而不能夠用一套既定現成的理論框架、邏輯系統來框限住其中蘊藏的無窮意義。

　　所以，我們在面對儒家倫理學的各種詮釋系統、脈絡，是否仍舊堅持要獨尊一家，以某一個詮釋爲最終定論，還是以開放的心態欣賞儒學的百花齊放？

　　儒學之所以能長久地傳承下來，就是因爲它有深厚的人文關懷，而儒家本身的性格是兼容並蓄，也因其兼容並蓄的性格，故儒學的發展可長、可久、可大，才能有恢弘的大格局。忠於文本與文化語境的作法，是不將儒家成德

之教定於一尊，為儒學找一個特定唯一的標準詮釋架構。若是要為儒家尋求一個唯一特定的理論系統，講究理論的嚴謹一致性，終究淪為空談心性、玩弄光影地為儒學蓋一棟空中樓閣，美則美矣，華而不實，與儒學本身的實踐性格背道而馳。我們就在不同的詮釋中，努力掘發出《論語》可能的詮釋意義，在多音複調、百花齊放的諸多詮釋脈絡中，能夠有更多參考資藉的材料，幫助我們左右逢源，深入淺出地釋放儒學的意義。

筆者在後現代語境下，通過對中國哲學的閱讀、理解與體會，努力運用更生活化的語言方式展開論述，邀請、引領著讀者一同徜徉在《論語》等儒家經典的智慧之海，一同洗滌、潤澤我們的生命，而對《論語》詮釋有更開放、更宏觀的視野，去進行視域融合。儒家講「仁」是走出自身，去擁抱他者，投入到眼前當下的生活世界中，去活出我們這個時代的儒者獨一無二的氣象、風貌的。

因此，當我們秉持著忠於文本、忠於當下的文化語境來尋找《論語》的現代詮釋時，不必非得為儒家尋找一個特定的倫理學定位。《論語》倫理學詮釋既可以是規則倫理學、德性倫理學，也可以是角色倫理學，甚至其他後現代的倫理學詮釋，但，它又不僅限於某一種特定的詮釋模式，不允許另作他解。或許，更妥當貼切的《論語》倫理學之詮釋，是從儒家是「成德之教」去定位它，更寬鬆、有彈性、允許多元詮釋進入的儒家「成德之教」。儒家的成德之教，往上繼承古聖先賢留下的訓誨教化，向後又能展開各種後現代多元詮釋。更重要的是，儒家「成德之教」始終把握住「實踐之學」的調性，指引我們每個人活出自身的成德之路、成聖成賢之道。我們就在繼承中創新，在批判反思中後出轉精，在實踐中改過自省，在日常生活中應用落實。儒學的詮釋不定於一尊，才能使我們這個世代不因畫地自限而斷絕，在一代代的傳承中能日新又新！

結論注定只能在不斷面對生活中各種層出不窮的問題時，每一個實存生命，認真謹慎地根據其所處境遇，做出獨一無二的自我抉擇，展現詮釋其自身生命的意義，並以此回應大道，此為儒者之立命。我們無法訴諸一個普遍必然的抽象原則，期待有一個一勞永逸的答案，使我們能安心投靠，毋須煩惱，更不用奮鬥。我們只能將答案懸置著。雖然遺憾未能有個放諸四海皆準的標準答案，然而，正因如此，我們才能回過頭肯認每個精進不懈、認真懇切的生命詮釋者皆能夠投入造化之洪流，彼此交織共振，互相影響著，都是

參贊天地化育的一份卓越貢獻，是歷史長河中的一道活水，是點燃宇宙火光的一根柴薪，永不止息。

　　論文受限於筆者學力不足，涵養淺薄粗鄙，行文用詞時有過激，未能溫厚蘊藉以饒益他者，十分慚愧！倉促成文間，多所疏漏，衷心期盼學界以及社會各界的先進前賢們不吝指正！後學願藉此論拋磚引玉，引起更多人對儒學的關注與討論，在這個新世代為經典注入生命力，讓聖賢智慧法語滋養與豐富我們的生命，並活出來新時代儒者的風範。

# 參考書目

## 一、傳統文獻（依年代排序）

1. 〔漢〕許慎撰，〔清〕段玉裁注：《說文解字注》（臺北：漢京文化事業有限公司，1985 年 10 月）。

2. 〔魏〕何晏等注、〔宋〕邢昺疏：《重刊宋本論語注疏附校勘記》（臺北：藝文印書館，1982 年 8 月九版）。

3. 〔宋〕朱熹編著：《四書章句集註》（新北市中和：鵝湖月刊社，1984 年 9 月初版）。

4. 〔宋〕朱熹：《論語或問》（臺北市：臺灣商務印書館，2009 年《景印文淵閣四庫全書》）。

5. 〔清〕阮元校勘：《論語注疏》（臺北：藝文印書館，2001 年 12 月）。

6. 〔清〕王先慎撰：《韓非子集解》（臺北：藝文印書館，2008 年 3 月初版五刷）。

## 二、近人論著（依姓名筆畫排序）

### （一）中文專著

1. 王邦雄、岑溢成、楊祖漢、高柏園著：《修訂本中國哲學史》（上下）（臺北：里仁書局，2009 年 2 月修訂三版一刷）。

2. 王邦雄、曾昭旭、楊祖漢：《論語義理疏解》（臺北市：鵝湖月刊出版社，1983 年）。

3. 王慶節：《解釋學、海德格爾與儒道今釋》（北京：中國人民大學出版社，2004 年）。

4. 王慶節：《道德感動與儒家示範倫理學》（北京：北京大學出版社，2016 年，9 月）。

5. 王慶節、張任之編：《海德格爾：翻譯、解釋與理解》（北京：生活・讀書・新知三聯書局，2017 年 6 月）。

6. 王恒：《時間性：自身與他者——從胡塞爾、海德格到列維納斯》（南京：江蘇人民出版社，2007 年 8 月）。

7. 石元康：《從中國文化到現代性：典範轉移？》（台北：東大圖書公司，1998 年 10 月）。

8. 牟宗三：《圓善論》（臺北：臺灣學生書局，1996 年 4 月）。

9. 牟宗三：《中國哲學的特質》（臺北：臺灣學生書局，1998 年 5 月）。

10. 牟宗三：《中國哲學十九講》（臺北：臺灣學生書局，2002 年 8 月）。

11. 牟宗三：《牟宗三先生全集》（臺北：聯經出版事業公司，2003 年 5 月）。

12. 牟宗三：《心體與性體》（共三冊）（臺北：正中書局）（2006 年 3 月）。

13. 伍曉明：《吾道一以貫之——重讀孔子》（北京：北京大學出版社，2003 年 3 月）。

14. 任劍濤：《複調儒學——從古典解釋到現代性探究》（台北：國立臺灣大學出版中心，2013 年 4 月）。

15. 李瑞全：《儒家生命倫理學》（新北市：鵝湖出版社，1999 年）。

16. 李瑞全：《儒家道德規範根源論》（新北市：鵝湖出版社，2013 年）。

17. 李澤厚：《論語今讀》（臺北：允晨文化，2002 年）。

18. 李明輝：《儒學與現代意識》（臺北：文津出版社，1991 年 9 月）。

19. 李明輝：《四端與七情：關於道德情感的比較哲學探討》（臺北：國立台灣大學出版中心，2012 年 1 月）。

20. 李明輝：《當代儒學之自我轉化》（臺北：中研院文哲所，2013 年 4 月）修訂一版。

21. 李明輝：《儒家與康德》（增訂版）（臺北：聯經出版事業股份有限公司，2018 年 11 月）。

22. 李晨陽：《道與西方的相遇》（北京：中國人民大學出版社，2005 年 6 月）。

23. 李凱：《孟子倫理思想研究：以列維納斯倫理學為參照》（北京：人民出版社，2016 年 12 月）。

24. 杜維明：《現代精神與儒家傳統》（台北：聯經出版事業公司，1996 年 2 月）。

25. 杜維明著，陳靜譯：《儒教》（臺北：麥田出版社，2002 年 12 月）。

26. 杜維明著，彭國翔編譯：《儒家傳統與文明對話》（河北：人民出版社，2010 年 1 月）。

27. 杜維明著、段智德譯：《中庸：論儒學的宗教性》（北京市：生活・讀書・新知三聯書局，2013 年 6 月）。

28. 杜維明：《否極泰來：新軸心時代的儒學資源》（北京：北京大學出版社，2016 年 4 月）。

29. 吳汝鈞：《當代新儒學的深層反思與對話詮釋》（臺北：臺灣學生書局，2009 年 10 月）。

30. 何懷宏：《中西視野中的古今倫理——何懷宏自選集》（上海：上海文藝出版社，2014 年 1 月）。

31. 沈清松：《對比、外推與交談》（臺北：五南出版社，2002 年）。

32. 林遠澤：《儒家後習俗責任倫理學的理念》（臺北：聯經出版社，2017 年 4 月）。

33. 林鎮國：《辯證的行旅》（臺北：立緒文化事業有限公司，2002 年 1 月）。

34. 周與沉：《身體：思想與修行》（北京：中國社會科學出版社，2005 年 1 月）。

35. 俞宣孟：《本體論研究》（上海：上海人民出版社，1999 年 5 月）。

36. 徐復觀：《中國人性論史　先秦篇》（臺北：臺灣商務印書館股份有限公司，2003 年 10 月）。

37. 唐君毅：《中國文化之精神價值》（台北：正中書局，1953 年 4 月）。

38. 唐君毅：《唐君毅全集》（臺北：臺灣學生書局，1991 年校訂版）。

39. 唐君毅：《中國人文精神之發展》（臺北：臺灣學生書局，2000 年 6 月）。

40. 唐君毅：《中國哲學原論：原道篇》（臺北：臺灣學生書局，2004 年 10 月）。

41. 唐君毅：《中國哲學原論：導論篇》（臺北：臺灣學生書局，2004 年 10 月）。

42. 唐君毅：《中國哲學原論：原性篇》（臺北：臺灣學生書局，2006 年 11 月）。

43. 洪漢鼎：《詮釋學——它的歷史與當代發展》（北京：人民出版社，2001 年 9 月）。

44. 袁保新：《老子哲學之詮釋與重建》（台北：文津出版社，1991 年 9 月）。

45. 袁保新：《從海德格、老子、孟子到當代新儒家》（台北：臺灣學生書局，2008 年 10 月）。

46. 秦越存：《追尋美德之路：麥金泰爾對現代西方倫理危機的反思》（北京：中央編譯出版社，2008 年 8 月）。

47. 夏可君：《論語講習錄》（合肥：黃山書社，2009 年）。

48. 夏可君：《《中庸》的時間解釋學》（合肥：黃山書社，2009 年 6 月）。

49. 夏可君：《庖丁解牛》（鄭州：河南大學出版社，2015 年 11 月）。

50. 孫向晨：《面對他者：萊維納斯哲學思想研究》（上海市：上海三聯書店，2008 年 12 月）。

51. 梁漱溟：《東西文化及其哲學》（臺北：里仁書局，2000 年 3 月）。

52. 陳來：《孔夫子與現代世界》（北京：北京大學出版社，1996 年 3 月）。

53. 陳來：《古代思想文化的世界——春秋時代的宗教、倫理與社會思想》（北京：三聯書店，2002 年 12 月）。

54. 陳來：《古代宗教與倫理：儒家思想的根源》（臺北：允晨文化實業股份有限公司，2005 年 6 月）。

55. 陳榮華：《葛達瑪詮釋學與中國哲學的詮釋》（臺北：明文書局，1998 年 3 月）。

56. 陳榮華：《海德格存有與時間闡釋》（臺北：臺大出版中心，2008 年 11 月）。

57. 陳榮華：《高達美詮釋學：《真理與方法》導讀》（台北：三民書局股份有限公司），2011 年 9 月。

58. 郭齊勇：《儒學與儒學史新論》（台北：臺灣學生書局，2002 年 10 月）。

59. 郭齊勇、鄭文龍編：《杜維明全集》（武漢：武漢出版社，2002 年）。

60. 崔大華：《儒學的現代命運——儒家傳統的現代詮釋》（北京：人民出版社，2012 年 3 月）。

61. 勞思光：《新編中國哲學史（一）（二）》（臺北：三民書局，2000 年 10 月）。

62. 傅偉勳：《批判的繼承與創造的發展》（臺北：東大圖書公司，1991 年 8 月）。

63. 傅偉勳：《從創造的詮釋學到大乘佛學》（臺北：東大圖書公司，1999 年 5 月）。

64. 曾昭旭：《在說與不說之間——中國義理學之思維與實踐》（臺北：漢光文化事業股份有限公司，1993 年 2 月）。

65. 曾昭旭：《論語的人格世界》（臺北：漢光文化事業股份有限公司，2004 年 3 月）。

66. 曾昭旭：《讓孔子教我們愛》（臺北：臺灣商務印書館，2004 年 12 月）。

67. 曾昭旭：《有了自由才有愛——曾昭旭 v.s.孟子的跨時空對談》（臺北：圓神出版社有限公司，2006 年 10 月）。

68. 曾昭旭：《經典。孔子　論語》（臺北：麥田出版社，2013 年 8 月）。

69. 張世英：《哲學導論》（北京：北京大學出版社，2002 年 1 月）。

70. 張世英：《羈鳥戀舊林》（北京：首都師範大學出版社，2008 年 12 月）。

71. 張祥龍：《海德格爾思想與中國天道》（北京：三聯書局，1996 年 9 月）。

72. 張祥龍：《先秦儒家哲學九講　從《春秋》到荀子》（桂林：廣西師範大學出版社，2010 年 1 月）。

73. 張祥龍：《從現象學到孔夫子》（北京：商務印書館，2011 年 10 月）。

74. 張鼎國著，汪文聖、洪世謙編：《詮釋與實踐》（台北：政大出版社），2011 年 12 月。

75. 黃慧英：《儒家倫理：體與用》（上海：三聯書局，2005 年）。

76. 黃慧英：《從人道到天道——儒家倫理與當代新儒家》（新北市：鵝湖月刊社，2013 年 10 月）。

77. 黃勇：《全球化時代的倫理》（臺北：國立臺灣大學出版中心，2011 年 3 月）。

78. 彭國翔：《儒家傳統的詮釋與思辯——從先秦儒學、宋明理學到現代新儒學》（武漢：武漢大學出版社，2012 年 4 月）。

79. 楊伯峻：《論語譯注》，北京：中華書局，2006 年 12 月。

80. 楊祖漢：《儒學與康德的道德哲學》（臺北：文津出版社，1987 年 3 月）。

81. 楊祖漢：《當代儒學思辨錄》（臺北：鵝湖出版社，1998 年 11 月）。

82. 楊儒賓：《中國古代思想中的氣論與身體觀》（台北：巨流圖書公司），1993 年。

83. 楊儒賓：《儒家身體觀》（台北：中央研究院中國文哲研究所籌備處），1996 年。

84. 楊儒賓：《異議的意義——近世東亞的反理學思潮》（台北：國立臺灣大學出版中心），2012 年 11 月。

85. 楊儒賓：《從《五經》到《新五經》》（台北：國立臺灣大學出版中心），2013 年 4 月。

86. 萬俊人著譯：《比照與透析》（廣東：廣東人民出版社，1998 年 10 月）。

87. 劉述先：《全球倫理與宗教對話》（臺北：立緒文化事業有限公司，2001 年 4 月）。

88. 劉述先：《論儒家哲學的三個大時代》（香港：香港中文大學出版社，2008 年）。

89. 劉笑敢：《詮釋與定向——中國哲學研究方法之探究》（北京：商務印書館，2009 年 3 月）。

90. 趙汀陽：《論可能生活》（北京：生活・讀書・新知三聯書局，1994 年 9 月）。

91. 趙汀陽：《長話短說》（北京：東方出版社，2001 年 11 月）。

92. 蔡仁厚：《哲學史與儒學論評：世紀之交的回顧與前瞻》（臺北：台灣學生書局，2001 年 6 月）。

93. 蔡仁厚：《孔孟荀哲學》（臺北：臺灣學生書局，1999 年 9 月）。

94. 錢穆：《孔子與論語》（臺北市：聯經出版事業公司，1984 年）。

95. 錢穆：《論語新解》（臺北：東大出版社，2004 年 7 月）。

96. 賴錫三：《莊子靈光的當代詮釋》（新竹：清華大學出版社，2008 年）。

97. 賴錫三：《當代新道家——多音複調與視域融合》（臺北：臺大出版中心，2011 年 8 月）。

98. 賴錫三：《道家型知識分子論──《莊子》的權力批判與文化更新》（臺北：臺大出版中心，2013 年 10 月）。

99. 賴俊雄：《回應他者──列維納斯再探》（臺北：書林出版有限公司，2014 年 7 月）。

100. 關子尹：《語默無常──尋找定向中的哲學反思》（：牛津出版社，2007 年 1 月）。

### （二）外文譯著（依姓名字母先後排序）

1. 亞里斯多德（Aristotle）著、苗力田註譯：《尼各馬科倫理學》（臺北：知書房出版社，2001 年 1 月）。

2. 亞里斯多德（Aristotle）著、高思謙譯：《尼各馬科倫理學》（臺北：臺灣商務印書館，2006 年 1 月）。

3. 〔美〕柯雄文（Antonio S. Cua）著，李彥儀譯：《君子與禮：儒家美德倫理學與處理衝突的藝術》（南京：江蘇人民出版社，2017 年 3 月）。

4. 〔美〕倪德衛（David S. Nivison）著，萬百安編、周熾成譯：《儒家之道：中國哲學之探討》（南京：江蘇人民出版社，2006 年）。

5. 〔法〕朱利安（François Jullien）著，卓立、林志明譯：《間距與之間》（臺北：五南圖書出版社股份有限公司，2013 年 9 月）。

6. 〔法〕弗朗索瓦‧于連（François Jullien）：《聖人無意──或哲學的他者》（北京：商務印書館，2004 年 9 月）。

7. 〔美〕顧立雅（Greel H. G），高專誠譯：《孔子與中國之道》（鄭州：大象出版社，2000 年 10 月）。

8. 〔德〕于爾根‧哈貝馬斯（Habermas J.）著、曹衛東等譯：《現代性的哲學話語》（南京：譯林出版社，2004 年 12 月）。

9. 〔德〕漢斯—格奧爾格‧迦達默爾（Hans-Georg Gadamer）著、洪漢鼎譯：《真理與方法》Ⅰ、Ⅱ（北京：商務印書館，2007 年 4 月）。

10. 〔美〕赫伯特‧芬格萊特（Herbert Fingarette）著，張華、彭國翔譯：《孔子：即凡而聖》（南京：江蘇人民出版社，2002 年 9 月）。

11. 〔德〕馬丁‧海德格（Martin Heidegger）原著、孫周興譯：《走向語言之途》（台北市：時報文化出版企業股份有限公司，1996 年 7 月初版三刷）。

12. 〔德〕馬丁‧海德格爾（Martin Heidegger）著、陳嘉映、王慶節譯：《存在與時間》修訂譯本（北京：三聯書局，2006 年 4 月三版）。

13. 〔德〕馬丁‧海德格爾（Martin Heidegger）著：《海德格爾自述》（天津：天津人民出版社，2017 年 6 月）。

14. 〔法〕梅洛‧龐蒂（Maurice Merleau-Ponty）、姜志輝譯：《知覺現象學》（北京：商務印書館，2001 年 2 月）。

15. 〔法〕梅洛・龐蒂（Maurice Merleau-Ponty）、龔卓軍譯：《身體部署——梅洛龐蒂與現象學之後》（臺北：心靈工坊文化，2006 年 9 月）。

16. 〔法〕梅洛・龐蒂（Maurice Merleau-Ponty）、龔卓軍譯：《眼與心——身體現象學大師梅洛龐蒂的最後書寫》（臺北：商務印書館，2007 年 10 月）。

17. 〔德〕萊因哈德・梅依（Reinhard May）著、張志強譯：《海德格爾與東亞思想》（北京：新華書局，2003 年 11 月）。

18. 〔美〕南樂山（Robert Cummings Neville）著，辛岩、李然譯：《在上帝面具的背後——儒道與基督教》（北京：社會科學文獻出版社，1997 年 6 月）。

19. 〔美〕安樂哲（Roger T. Ames）、羅思文（Henry Rosemont .Jr）著，《《論語》的哲學詮釋：比較哲學的視域》（北京：中國社會科學出版社，2003 年 3 月）。

20. 〔美〕安樂哲（Roger T. Ames）、郝大維（David Hall）著，施忠連等譯：《期望中國》（上海：學林出版社，2005 年 5 月）。

21. 〔美〕安樂哲（Roger T. Ames）、郝大維（David Hall）著，何金俐譯：《通過孔子而思》（北京：北京大學出版社，2005 年 8 月）。

22. 〔美〕安樂哲（Roger T. Ames）著、彭國翔譯：《自我的圓成：中西互鏡下的古典儒家與道家》（河北：河北人民出版社，2006 年 7 月）。

23. 〔美〕安樂哲著，溫海明等譯：《和而不同：中西哲學的會通》（北京：北京大學出版社，2009 年 11 月）。

24. 〔美〕安樂哲（Roger T. Ames）、羅思文（Henry Rosemont .Jr）著，何金俐譯：《生民之本：孝經的哲學詮釋及英譯》（北京：北京大學出版社，2010 年 6 月）。

25. 〔美〕安樂哲（Roger T. Ames）著，孟巍隆譯：《儒家角色倫理學：一套特色倫理學詞彙》（濟南：山東人民出版社，2017 年 3 月）。

26. 〔美〕余紀元（Yu Jiyuan）著、林航譯：《德性之鏡：孔子與亞里士多德的倫理學》（北京：中國人民大學出版社，2009 年 3 月）。

（三）論文集專書（依姓名筆劃排序）

1. 林維杰、黃雅嫻主編：《跨文化哲學中的當代儒學——工夫論與內在超越性》（臺北：中央研究院文哲研究所，2014 年 2 月）。

2. 周大興主編：《理解、詮釋與儒家傳統 展望篇》（臺北：中國研究院中國文哲研究所，2009 年 12 月）。

3. 〔美〕哈佛燕京學社主編：《波士頓的儒家》（南京：江蘇教育出版社，2009 年 10 月）。

4. 〔美〕姜新豔主編：《英語世界中的中國哲學》（北京：中國人民大學出版社，2009 年 12 月）。

5. 陳嘉映主編:《教化:道德觀念研究》(上海:華東師範大學出版社,2009年7月)。

6. 蔡振豐、林永強、張政遠編:《東亞傳統與現代哲學中的自我與個人》(臺北:國立臺灣大學出版中心,2015年12月)。

7. 楊儒賓、張再林主編:《中國哲學研究的身體維度》(臺北:臺大人社高研院東亞儒學研究中心,2017年10月)。

8. 劉國英、張燦輝編:《求索之迹:香港中文大學哲學系六十周年系慶論文集·校友卷》(香港:香港中文大學,2009年)。

9. 劉國英、張燦輝編:《修遠之路:香港中文大學哲學系六十周年系慶論文集·同寅卷》(香港:香港中文大學,2009年)。

10. 劉國英、伍至學、林碧玲合編:《萬戶千門任卷舒:勞思光先生八十華誕祝壽論文集》(香港:香港中文大學,2010年)。

11. 劉國英、張燦輝主編:《現象學與人文科學》第六期:《梅洛龐蒂:以人文科學》(臺北:漫遊者文化出版,2016年9月)。

12. 盧國龍:《儒教研究》2009年卷總第一輯(北京:社會科學文獻出版社,2009年10月)。

## (四)期刊論文(依姓名筆劃排序)

1. 方志華:〈二十一世紀道德哲學的開發與困境——女性主義關懷倫理學概說〉,《鵝湖月刊》第二十五卷第九期(總第二九七),(2000年3月),頁46～51。

2. 方志華:〈論語「唯女子與小人爲難養也」一章詮釋意識之歷史考察與關懷倫理學新詮〉,《鵝湖月刊》第三六七期(2006年1月),頁14～23。

3. 安樂哲(Roger T. Ames)羅斯文(Henry Rosemont .Jr),謝陽舉譯:〈早期儒家是德性論嗎?〉,《國學學刊》第一期(2010年),頁94～104。

4. 安樂哲(Roger T. Ames)羅斯文(Henry Rosemont .Jr):〈《論語》的「孝」:儒家角色倫理學與代際傳遞之動力〉,《華中師範大學學報》第52卷第5期(2013年9月),頁49～59。

5. 伍曉明:〈仁與他者:再論傳統文化的解讀——回應江怡〉,《中國圖書評論》第4期(2007年4月),頁8～12。

6. 伍曉明:〈《論语》中的「論辯」與孔子對言的態度〉,《中國文化研究》2008年春之卷(2008年3月),頁41～61。

7. 伍曉明:〈文化之間:認同·別異·交流〉,《臺灣東亞文明研究學刊》第10卷第2期(2013年12月),頁273～298。

8. 朱建民:〈應用倫理學的發展與新時代的哲學思維〉,《哲學與文化》第卅二卷第八期(2005年8月),頁5～16。

9. 米建國、朱建民：〈導言：「德性的轉向：德性理論與中國哲學」〉，《哲學與文化》三十九卷第二期（2012 年 2 月），頁 1～5。

10. 米建國、朱建民：〈導言：Virtue Ethics 與 Virtue Epistemology 的對話專題（Dialogue between Virtue Ethics and Virtue Epistemology）〉，《哲學與文化》第四十一卷第三期（2014 年 3 月），頁 1～5。

11. 李晨陽：〈論竹帛《五行》關於德性之和諧的主題〉，《漢學鳴謙集》第八屆（2014 年 2 月），頁 119～133。

12. 李晨陽：〈比較的时代：論當代儒學研究的一個重要特點〉，《周易研究》總第一三一期（2015 年 3 月），頁 82～87。

13. 李明輝：〈儒家、康德與德行倫理學〉，《哲學研究》第 2 期（2012 年），頁 111～117。

14. 李凱：〈孟子的「惻隱之心」與列維纳斯的「感受性」──兼與伍曉明先生商榷〉，《道德與文化》2011 年第 2 期（2011 年 2 月），頁 153～156。

15. 李慧子：〈儒家倫理對西方倫理學的挑戰──評安樂哲的「儒家角色倫理學」〉，《社會科學研究》第 5 期（2014 年 5 月），頁 16～21。

16. 江怡：〈如何解讀《論語》的「微言大義」──談伍曉明《吾道一以貫之──重讀孔子》〉，《中國圖書評論》第 4 期（2007 年 4 月），頁 4～8。

17. 吳先伍：〈儒家倫理的角色化之誤〉，《倫理學研究》總第 90 期，2017 年第 4 期（2017 年 4 月），頁 52～57。

18. 余紀元：〈英美儒家哲學研究評析〉，《儒家研究文化》第六輯（2013 年 8 月），頁 489～530。

19. 余紀元：〈新儒學的《宣言》與德性倫理學的復興〉，《山東大學學報》2007 年第 1 期，頁 1～9。

20. 金小燕：〈《論語》中「孝」的德性期許：道德感與行爲的一致性──兼與安樂哲、羅思文商榷〉，《孔子研究》2016 年第 3 期（2016 年 3 月），頁 5～13。

21. 林建武：〈塑成作爲倫理主體的父母與子女──勒維納斯與儒家的孝道和父道〉，《道德與文化》2016 年第 4 期（2016 年 4 月），頁 84～90。

22. 沈順福：〈德性倫理抑或角色倫理──試論儒家倫理精神〉，《社會科學研究》第 5 期（2014 年 5 月），頁 10～16。

23. 孟巍隆：〈文化比較的思想誤區──兼評安樂哲「儒家角色倫理」〉，《文史哲》2016 年第 1 期（總第 352 期）（2016 年 1 月），頁 143～168。

24. 柯小剛：〈教學與他者的倫理：《論語‧學而》首章解讀〉，《現代哲學》2010 卷第 1 期（2010 年 1 月），頁 115～120。

25. 英冠球：〈《論語》反映的倫理學型態──從德性倫理學的觀點看〉，《國立政治大學哲學學報》第二十四期（2010 年 7 月），頁 107～136。

26. 英冠球:〈《孟子》反映的倫理學型態——從德性倫理學的觀點看〉,《哲學與文化》三十七卷第五期(2010 年 5 月),頁 19～40。

27. 袁保新:〈當代儒學詮釋的分化及其省察〉,《宗教哲學》第五十三期(2010年 9 月),頁 127～147。

28. 袁保新:〈人性與歷史——從當代儒學的詮釋爭議到孟子人性論的新試探〉,《宗教哲學》第八十二期(2017 年 12 月),頁 95～117。

29. 徐寶鋒:〈「他者」的缺席與在場——簡論《禮記》的詩性倫理邏輯〉,《湖北民族學院學報》(哲學社會科學版)第 28 卷第 2 期(2010 年 2 月),頁 89～93。

30. 郜一芝:〈女性主義關懷倫理學視域下的「恕」〉,《牡丹江大學學報》第二十七卷第一期(2018 年 1 月),頁 80～84。

31. 陳榮灼:〈朱子與哈伯瑪斯——倫理學的新方向〉,《當代儒學研究》第13 期(2012 年 12 月),頁 139～170。

32. 陳振崑:〈《思光華梵講詞:哈伯瑪斯論道德意識與溝通行為》導言〉,《鵝湖月刊》第四十三卷第十期(總第 514),(2018 年 4 月),頁 20～33。

33. 陳來:〈早期儒家的德行論——以郭店楚簡《六德》《五行》為中心〉,《北京大學學報(哲學社會科學版)》第五十五卷第二期(2018 年 3 月),頁 40～46。

34. 黃俊傑:〈中國思想史中「身體觀」研究的新視野〉,《中國文哲研究集刊》第 20 期(2002 年 3 月)。

35. 黃勇:〈儒家倫理作為一種美德倫理〉,《華東師範大學學報》2018 年第 5期(2018 年 5 月),頁 16～23。

36. 黃藿:〈評余紀元:《德性之鏡——孔子與亞里士多德的倫理學》〉,《臺灣東亞文明研究學刊》第 13 卷第 1 期(總第 25 期)(2016 年 6 月),頁 167～177。

37. 楊國榮:〈何為儒學?〉,《文史哲》第 5 期(2018 年 5 月),頁 5～12。

38. 郭齊勇、李蘭蘭:〈安樂哲「儒家角色倫理」評析〉,《哲學研究》第 1 期(2015 年 1 月),頁 42～48。

39. 趙清文:〈儒家倫理是「角色倫理」嗎?〉,《學術界》第 12 期(2012 年12 月),頁 103～110。

40. 游惠瑜:〈關懷倫理學作為一種文化視域下的哲學諮商〉,《哲學與文化》第四十四卷第八期(2017 年 8 月),頁 103～120。